A EXPERIÊNCIA DO NASCIMENTO NA OBRA DE D. W. WINNICOTT

Teoria e prática em maternidade

Renata da Silva Coelho

A EXPERIÊNCIA DO NASCIMENTO NA OBRA DE D. W. WINNICOTT

Teoria e prática em maternidade

Artesã

A experiência do nacimento na obra de D. W. Winnicott: teoria e prática em maternidade

COORDENAÇÃO EDITORIAL
Karol Oliveira

DIREÇÃO DE ARTE
Tiago Rabello

ASSISTENTE EDITORIAL
Mariana Almeida

CAPA
Karol Oliveira

IMAGEM DE CAPA
Zach/ Unsplash

PRODUÇÃO EDITORIAL
Casa de Ideias

Dados Internacionais de Catalogação na Publicação (CIP)
Angélica Ilacqua CRB-8/7057

Coelho, Renata da Silva
A experiência do nascimento na obra de D. W. Winnicott: teoria e prática em maternidade / Renata da Silva Coelho. – Minas Gerais: Artesã editora, 2020.

ISBN 978-65-86140-38-5

1. Psicologia 2. Nascimento 3. Maternidade 4. Trauma
5. Winnicott, D. W., 1896-1971. I. Título

13-0001 CDD-155.6463

Índices para catálogo sistemático:
1. Maternidade – aspectos psicológicos

IMPRESSO NO BRASIL
Printed in Brazil

(31)2511-2040 (31)99403-2227
www.artesaeditora.com.br
Rua Rio Pomba 455, Carlos Prates - Cep: 30720-290 | Belo Horizonte - MG
/artesaeditora

Para
Vitor, Leonardo e Amanda,
que trouxeram com eles o começar.

Agradecimentos

O estudo inicial sobre A experiência do nascimento na obra de Winnicott foi uma pesquisa para elaboração de tese de doutorado com orientação do Professor Dr. Zeljko Loparic, a quem agradeço especialmente pela presença constante e confiante e pelo apoio pessoal para transformar a tese em publicação no formato livro.

O curso de doutorado em Psicologia Clínica do qual resultou esse livro foi concluído na Pontifícia Universidade de São Paulo (PUC-SP) no ano de 2009, com bolsa do Centro Nacional de Desenvolvimento Científico e Tecnológico (CNPq). Agradeço aos representantes da instituição de fomento e de ensino pelo apoio à pesquisa inicial.

Meus agradecimentos aos representantes da Fundação de Amparo à Pesquisa do Estado de São Paulo (Fapesp) pelo auxílio para a publicação da primeira edição em 2013. Assim como aos editores da Casa do Psicólogo pelas orientações atenciosas quanto ao preparo dos originais da primeira edição.

Agradeço também aos professores pela participação e colaboração durante as bancas de qualificação e de defesa, Profa. Dra. Edna Maria S. Peters Kahhale, Profa. Dra. Ariadne Alvarenga de Rezende Engelberg de Moraes; Profa. Dra. Maria de Fátima Dias, Prof. Dr. João Paulo Fernandes e Profa. Dra. Marília Ancona Lopes. Duas participações na defesa ainda me vem à memória, mais de dez anos depois, e ainda estão muito nítidas, uma delas a participação da Profa. Dra. Edna Kahhale que mencionou o interesse em como levar à prática do atendimento em maternidade principalmente os aspectos abordados no capítulo três do agora livro em segunda edição. Penso que as publicações vem cumprindo esse papel de questionar e melhorar as práticas de atendimento à mães e bebês no início. E a outra foi a participação da Profa. Dra. Marília Ancona que destacou o seguinte trecho da tese "*A vida humana talvez seja dar sentido à matéria orgânica corporal e a simples capacidade de criar ilusoriamente um mundo de contato e encontro, que termina com o retorno ao não-estar-vivo*". Ela disse que embora houvesse o uso da palavra 'talvez' havia grande afirmação na frase, com o que eu concordei.

Que esse livro possibilite para cada leitor contatos e encontros, que são ilusórios no sentido de que somente acontecem enquanto estamos vivos para criá-los. Com gratidão por sua leitura e por esse encontro.

E em retribuição ao investimento e valorização da pesquisa sobre o desenvolvimento psicológico inicial do ser humano apresentamos a segunda edição com gratidão ao apoio profissional e pessoal da equipe da Editora Artesã, que traz no nome a arte e o fazer.

Sumário

Apresentação

Apresentar o livro *A experiência do nascimento a obra de D. W. Winnicott – teoria e prática em maternidade*, de Renata da Silva Coelho, é uma oportunidade de partilhar com os leitores algumas reflexões que podem auxiliar a prática profissional de assistência às mulheres e seus bebês logo no começo de suas vidas juntos.

O ciclo gravídico puerperal é parte inerente do processo humano. No entanto, os estudos e a compreensão dos processos psicológicos envolvidos nesse processo tiveram início apenas em meados do século XIX e XX, com os estudos da psicanálise. As duas grandes guerras mundiais colocaram questões que propiciaram os estudos e a proposição de uma psicologia feminina (Helen Deusch; Simone de Beauvoir, Melanie Klein, entre outras). Tentou-se compreender os processos envolvidos na fertilização e as dificuldades para engravidar, do desenrolar da gravidez (normal e patológica), nas vivências próprias do parto e do puerpério, nas primeiras relações da mãe com o bebê.

Os parâmetros propostos originalmente por Freud são aplicados e desmembrados para se compreender e propor assistência às mulheres e seus recém-nascidos. Desenvolve-se a psicologia do ciclo gravídico puerperal e fetal. Paralelamente a esses estudos, Winnicott desenvolve, a partir da assistência a famílias e seus bebês ou crianças, uma crítica ao pensamento e método terapêutico da psicanálise clássica (ou tradicional, nos dizeres de Renata Coelho), fundamentada na concepção de doença ou de patologia. Seu trabalho teórico-metodológico assistencial traz contribuições importantes para compreender a natureza humana, além de propor mudanças paradigmáticas para este estudo, mas principalmente tendo como eixo norteador a saúde, e não a patologia.

É neste contexto que se insere *A experiência do nascimento a obra de D. W. Winnicott – teoria e prática em maternidade*. Traz uma contribuição importante tanto para a área de psicoprofilaxia do ciclo gravídico puerperal como da infância. Traz esclarecimentos da teoria winnicottiana sobre o fenômeno experiencial do nascimento: de uma mãe, de um pai, de um bebê, de uma família com particularidades próprias e singulares, que precisam e devem ser compreendidas e respeitadas. Aprofunda e esclarece aspectos subentendidos e subtextuais dos escritos de Winnicott. Só isso já seria uma ótima contribuição para a área, mas o texto não se encerra aí. Explicita as posições winnicottianas que avançam na construção de uma psicanálise da saúde, e não de estados neuróticos e psicóticos. Aponta com clareza a ênfase na saúde psíquica, no surgimento do adoecimento e em como auxiliar a recuperação da saúde.

O livro tem uma leitura fácil, sem perder a precisão e o aprofundamento necessário para propor uma nova psicologia do ciclo gravídico puerperal. É uma contribuição inovadora para a área da psicologia materna e fetal, que rompe com as posições hegemônicas.

O livro termina com um capítulo bastante interessante, em que aponta diretrizes para a assistência às mulheres e aos bebês durante o período de hospitalização nas maternidades, propiciando um trabalho promotor de saúde mental.

Espero que o leitor aproveite essa inovadora construção na área materno-fetal.

Boa leitura.

Edna Maria Severino Peters Kahhale
Professora do Programa de Estudos Pós-Graduados em Psicologia Clínica da Pontifícia Universidade Católica de São Paulo

Introdução

Esse estudo faz parte dos trabalhos realizados pelo Grupo de Pesquisa em Filosofia e Práticas Psicoterápicas (GFPP), e foi desenvolvido a princípio como uma pesquisa de doutorado com orientação do Prof. Dr. Zeljko Loparic, Programa de Estudos Pós-Graduados da PUC-SP, em 2009.

O conhecimento psicanalítico atual fundamenta a compreensão e o atendimento da maternidade em uma estrutura metapsicológica decorrente de relações triangulares edipianas. Desde Freud o nascimento é considerado uma separação traumática estruturante da psique de onde deriva a ansiedade de separação. Freud teoriza o nascer como uma perda da relação de satisfação objetal: o parto a princípio significa um perigo biológico ao qual é atribuído um contexto pulsional por meio da correlação entre a descarga de energia motora e a descarga de energia afetiva derivada da separação.

Para Winnicott, na saúde, o nascimento implica uma experiência de elaboração psicológica do parto como um esforço pessoal bem-sucedido. Após Freud, Melaine Klein continua a aplicar a metapsicologia ao desenvolvimento emocional considerando estruturas edipianas na relação inicial entre mãe e bebê. Com Melaine Klein, as relações objetais de introjeção e projeção muito precoces são consideradas um mecanismo psíquico intermediário no relacionamento entre a mãe e o bebê recém-nascido. Essas apreciações metapsicológicas e objetais têm sido aplicadas nas explicações psicanalíticas sobre a gestação, o parto e o puerpério, com destaque para o trabalho de Raquel Soifer, por apresentar uma referência geral frequentemente citada em publicações sobre o sentimento materno de persecutoriedade durante a gestação e o parto. Essa abordagem teórica, tradicionalmente, estabelece relações com objetos persecutórios como o padrão normal e saudável que envolve o nascimento.

Contrariamente, para Winnicott essa é a descrição do padrão patológico, sendo a maternidade, para a mãe saudável, um período gestacional de elaboração psicológica das mudanças fisiológicas que possibilitam a preocupação materna primária, e, para o feto, um tempo de ser na dependência absoluta do ambiente. O detalhamento da distinção entre a teoria chamada clássica, de Freud, Klein e Soifer, e a teoria de Winnicott será desenvolvido no primeiro capítulo.

Os princípios teóricos winnicottianos excluem completamente a tradição metapsicológica da psicanálise. Seus pressupostos surgem do contato com certos pacientes em condição de regressão clínica que permitiram a Winnicott identificar experiências pessoais do nascimento. O conceito de *experiência* envolve o ponto de vista pessoal do bebê desde antes do nascimento. Para descrever esse conceito, Winnicott apresenta a ideia de uma solidão essencial que só acontece na presença de alguém que cuida. Também descreve a elaboração imaginativa como fenômeno que possibilita a integração psicossomática, tendo como base o corpo, de onde surge a psique, como um acontecimento somático. Para Winnicott, a psique é corpórea e, mediante o cuidado adaptado do ambiente, possibilita a experiência pessoal do nascimento. Esse conteúdo será aprofundado no Capítulo 2.

Winnicott concebe a teoria do nascimento como uma experiência pessoal boa, algo inusitado na psicanálise, que tradicionalmente fundamenta o nascimento como um trauma. Winnicott descreve a experiência de existência pré-natal como uma continuidade de estados de ser interrompida por breves e necessárias intrusões ambientais, que habituam o bebê para a interrupção mais intensa da continuidade de ser, ocasionada pelo parto. Um parto espontâneo é uma experiência que significa esforço pessoal alcançado com a respiração. A mãe gestante com saúde emocional se identifica somaticamente com o bebê e pode entregar-se à experiência do parto tanto quanto ele. Nesse caso, uma patologia gestacional ou puerperal, embora traga sofrimento, pode ser elaborada como mais uma experiência pessoal da mãe. Enquanto a gestante não amadurecida revive experiências decorrentes falhas da inadaptabilidade de seu ambiente inicial, que podem prejudicar sua capacidade de acreditar em um bebê vivo e real no interior de seu corpo. Essa situação – entre outras situações de ansiedade ou depressão materna – pode envolver o bebê ainda antes do nascimento. Para Winnicott, o aspecto ambiental define a possibilidade da experiência traumática do nascimento quando o ambiente se torna intrusivo. Intrusão ambiental no nascimento significa demora para que termine a interrupção da continuidade de ser ocasionada pelo parto. Essa demora prolongada deixa memórias corpóreas e o sentimento de fracasso pessoal quanto à confiança na própria capacidade de viver.

Estudos sobre desenvolvimento fetal corroboram as descrições winnicottianas sobre os estados iniciais de ser. No Capítulo 3 serão apresentadas mais explicações sobre essa teoria e sua aplicação em práticas clínicas.

Capítulo 1

Winnicott e o nascimento na psicanálise tradicional

A vida humana é um intervalo
entre dois estados de não-estar-vivo.
Winnicott

Desde Freud, o nascimento humano é compreendido como uma separação traumática e como a perda de um objeto de amor. Os autores psicanalistas pós-freudianos enfatizaram o fator traumático do nascimento como fundamento do desenvolvimento emocional. No entanto, o trabalho analítico de Winnicott o levou a estudar o nascimento a partir da sugestão de Freud de que há uma continuidade entre a vida intrauterina e pós-natal mais essencial do que a separação do parto. Winnicott amplia essa visão e conceitua o nascimento como uma experiência pessoal fortalecedora do ego. A expressão "trauma de nascimento" é substituída por "experiência do nascimento", com ocorrências mais ou menos traumáticas.

As grandes diferenças estruturais na psicanálise relativas à teoria do nascimento são assinaladas em comparação com a teoria de Winnicott. Deste modo, em Freud o que prevalece são aspectos da ansiedade do nascimento. Já com Melaine Klein, o foco são as relações objetais precoces e a persecutoriedade como fundamentos teóricos que delineiam a psicologia teórica e prática da gestação e parto. Com Soifer, por sua vez, são apresentados detalhamentos clínicos fundamentados na psicanálise edipiana em contraposição à psicanálise dos cuidados ambientais.

O paradigma psicanalítico de Winnicott se sustenta sobre a premissa de que o ser humano é essencialmente necessitado de cuidado para sentir-se vivo e real. Esse modelo orienta práticas clínicas não interpretativas de facilitação ambiental para o nascimento.

1. A psicanálise winnicottiana e a psicanálise tradicional

Em 1994, eu desenvolvia uma pesquisa sobre transtornos do ciclo reprodutivo feminino como trabalho de conclusão de curso da graduação, com base no atendimento de pacientes no ambulatório Pró-Mulher, do Instituto de Psiquiatria da Faculdade de Medicina da Universidade de São Paulo (Ipq-HCFMUSP). O levantamento bibliográfico geral permitiu observar as diversas abordagens que buscavam explicar as causas do aumento da intensidade de sintomas relativos ao ciclo menstrual em determinadas mulheres. Há explicações orgânicas, sociológicas, psicológicas e psicanalíticas. A abordagem psicanalítica, em particular, era apresentada somente por conteúdos persecutórios relativos ao conflito edípico como desencadeador dos sintomas que limitavam a vida relacional e funcional das pacientes. Uma dessas concepções é escrita por Marie Langer (1981), como segue:

> Na minha exposição da teoria psicanalítica falei das fantasias inconscientes da menina pequena de destruir o interior do corpo materno para roubar-lhe o pênis e os filhos que a menina acredita estejam armazenados aí. Estas fantasias hostis provocam o temor à vingança materna ... Ainda que envelhecer sempre seja penoso e mais ainda se gosta da vida, este processo tornar-se-á "crítico" unicamente devido a uma interação de fatores pessoais, ambientais e sociais. Mas a mudança concreta, biológica, que a mulher experimenta nesta época de sua vida, reviverá em seu inconsciente sempre as experiências e os conflitos psicológicos das mudanças sofridas anteriormente por ela ... Os conflitos psicológicos que comovem a menina púbere são uma reedição de suas lutas edípicas. (p. 238-239)

Essa teoria não abarcava maior esclarecimento dos casos em atendimento e não facilitava o contato com as pacientes. Ao contrário, parecia não se encaixar nas histórias das pessoas que procuravam tratamento no ambulatório.

Hoje, considero que muitas de nossas pacientes tenham se beneficiado pela segurança que encontraram no ambiente constante de cuidados pessoais, o que facilitava inclusive a aderência à medicação, em casos específicos e necessários. Ou seja, encontraram um ambiente de sustentação pessoal para sua recuperação. Isso só pode ser conceituado dentro da compreensão clínica e teórica elaborada por Winnicott.

Loparic (2001, 2006) nomeia esse processo de diferenciação teórica e clínica de "mudança paradigmática", no sentido proposto por Thomas Kuhn, caracterizado por uma maneira especializada de ver e de falar sobre os problemas do mundo. Problemas não solucionados por certo modelo de pensar deflagram crises e o surgimento de novos olhares e soluções. No caso da psicanálise, foram os problemas clínicos da tendência antissocial (Garcia, 2004) e da psicose infantil que, para Winnicott, impulsionaram a mudança.

Loparic (2006) detalha alguns aspectos das mudanças teóricas trazidas por Winnicott:

> Começo pelo modelo ontológico do objeto de estudo da psicanálise. Enquanto a psicanálise tradicional estuda o psiquismo humano – concebido metapsicologicamente (especulativamente) como um aparelho movido a pulsões dirigidas para objetos (o papel central do relacionamento objetal sendo a satisfação) –, a winnicottiana jamais se distancia da "relação" factual indivíduo-ambiente, o indivíduo sendo caracterizado pela tendência para o amadurecimento e o ambiente, investido do papel de facilitador dessa tendência. (p. 31-32)

Nesse percurso, Winnicott adota uma linguagem própria, como no exemplo a seguir, em que ele fala de pulsão, a partir do completo abandono dos pressupostos especulativos, o que foi notado por Loparic:

> O lugar especulativo de pulsão é ocupado por, pelo menos, três conceitos radicalmente distintos entre si, todos referentes à experiência possível do bebê humano: 1) o de necessidade (*need*) do indivíduo humano de ter um ambiente favorável no qual possa continuar crescendo, tornar-se alguém (um si-mesmo), e entrar em contato com objetos e relacionar-se com eles de diversas maneiras, 2) o de instinto (*instinct*) ou de impulso (*drive*) biológico, de onde se originam as pressões em direção de objetos externos, e 3) o de desejo (*wish*), que investe

> ou cria objetos, apoiado em sonhos ou fantasias mais ou menos sofisticadas. (Loparic, 2006, p. 31-32)

A leitura criteriosa da obra de Winnicott demonstra essa mudança de modelo para pensar o ser humano. No texto de Loparic há um desencadeamento de ideias:

> A introdução dos conceitos de necessidade, instinto e desejo permitiu a Winnicott dar um outro passo importante: redefinir as relações do indivíduo humano não somente com seus "objetos", isto é, com outros seres humanos, mas com seu mundo, de início também essencialmente humano. ... todo ser humano necessita estar *alojado* (assentado) em um ambiente – em outras palavras *habitar* um ambiente – que lhe facilite a resolução das tarefas específicas da fase do amadurecimento em que se encontra; entre elas, a tarefa de estabelecer, preservar ou modificar suas relações com objetos. (Loparic, 2006, p. 34)

Há um princípio original na apresentação winnicottiana da teoria do amadurecimento humano, uma natureza humana primariamente dependente em que não se estabelecem relações de objetos. Entretanto, a experiência da dependência constitui o indivíduo para as relações tardias de objetos; o indivíduo é, inicialmente, um simples sustentar-se na segurança do ambiente pessoal, sem que haja qualquer objeto intermediário – nem bom, nem mal, nem palavra, nem signo – entre o indivíduo e o ambiente que o sustenta. Há apenas a constante sustentação corpórea afetivamente identificada que gera a confiança e a capacidade de acreditar em um lugar para ser um indivíduo integral e delimitar-se internamente. O processo de ser um indivíduo integral continua na relação com objetos externos e internos.

Para concluir a apresentação quanto à mudança paradigmática, Loparic (2006) diz que:

> ... Winnicott desenvolveu uma teoria do amadurecimento baseada em várias distinções fundamentais, inexistentes ou, pelo menos, não trabalhadas de maneira satisfatória em textos da psicanálise tradicional. A mais decisiva delas é a diferença entre o objeto e o ambiente (mundo), com a ênfase sobre o ambiente enquanto condição não-objetual possibilitadora de objetos, que é o fundamento de uma outra: a distinção entre relação com objetos e relações com o ambiente. Dessa forma, Winnicott abandona um elemento fundamental do componente ontológico da psicanálise tradicional: a relação sujeito-objeto – embutida tanto na teoria freudiana da pulsão como na identificação e que continua presente nas fórmulas dos teóricos das relações objetais (Fairbairn)

> e mesmo na posição idiossincrática de Lacan –, abrindo essa disciplina para dimensão ontológica essencialmente nova. (p. 36)

No andamento da psicanálise tradicional foi possível inserir o bebê nos signos da palavra-linguagem sem que isso causasse qualquer estranhamento teórico. Muitos profissionais, embora tenham decodificado essa teoria, mantiveram-se extremamente confiáveis e identificados com os bebês e as mães dos quais cuidam, como pessoas cuidando de pessoas.

Em *Winnicott e uma psicanálise sem metapsicologia*, Fulgencio (2006) detalha o estudo sobre a estrutura especulativa da psicanálise e define metapsicologia como:

> ... o constructo teórico que considera os processos psíquicos segundo três pontos de vista: o dinâmico (que toma o psiquismo *como se* fosse movido por forças psíquicas em oposição, denominadas por Freud [*Trieb*] pulsões), o tópico (que considera o psiquismo *como se* fosse um *aparelho* dividido em *instâncias* espacialmente figuráveis) e o econômico (que concebe o psiquismo *como se* fosse movimentado por uma energia, que ele caracterizou inicialmente como um *quantum de afeto* e, mais tarde, como *libido*). (p. 403)

Freud utiliza conceitos especulativos como uma metodologia de pesquisa "útil para a observação, o agrupamento e a sistematização dos fatos clínicos" (Fulgencio, 2006, p. 405). Os três pontos de vista da metapsicologia – o dinâmico, o tópico e o econômico – são refutados por Winnicott. O abandono do aspecto dinâmico das forças pulsionais e a descrição substitutiva de instinto já foram citados.

Fulgencio continua a explicação acerca da não utilização das tópicas freudianas e do abandono da noção de aparelho psíquico por Winnicott dizendo que, de acordo com Freud, a maior contribuição da psicanálise para a ciência foi exatamente analisar o psiquismo como se fosse um aparelho – máquina, uma operação que inevitavelmente objetifica o ser humano. Em contrapartida:

> Winnicott procurou desenvolver a psicanálise como uma ciência que pudesse fazer um estudo objetivo da natureza humana. Note-se, por exemplo, quando ele afirma: "Talvez vocês estejam começando a perceber que existe certo sentido em transformar o estudo da natureza humana numa ciência, num processo caracterizado pela observação de fatos, pela criação de teoria e testagem desta teoria, e pela modificação da teoria de acordo com a descoberta de novos fatos" (1945h, p. 32-3). Ele não está se referindo a um aparelho ou a um objeto, mas à própria natureza humana. Poder-se-ia perguntar, mas o que é essa natureza humana? Segundo ele, é um tipo de acontecimento que se realiza numa his-

tória pessoal: "O ser humano é uma amostra temporal da natureza humana" (1988, p. 29 [1990]). Para Winnicott, a natureza humana não será jamais tomada como uma abstração, um conceito filosófico ou uma metáfora, ao contrário, ele tem sempre no seu horizonte pessoas e suas experiências na existência. (Fulgencio, 2006, p. 414)[1]

Winnicott, ao excluir a teorização pulsional e objetificadora para descrever o indivíduo, consequentemente considera que o ponto de vista econômico de uma energia que movimenta o psiquismo não faz sentido algum. Para Winnicott, o indivíduo humano é um *continuar a ser*, que depende de uma psique constituída da sustentação ambiental continuada e progressiva para o amadurecimento pessoal.

É prioritário para o ser humano um ambiente humano para poder nascer e morrer. A visão winnicottiana desloca toda a problemática psicanalítica para as questões somáticas; do corpo, que – na saúde – tende a experiências tranquilas de integração com a psique. Experiências tranquilas são experiências de permanência em estados de continuidade de ser.

Ao contrário, se o ponto de partida teórico é uma origem físico-química da vida humana (Fulgencio, 2008, p. 330-338), matéria inorgânica que por impulsos de energia elétrica toma a vida, o corpo-indivíduo é objeto-resultado de forças alheias. Uma teoria com esse princípio talvez seja um tanto limitada pelo distanciamento dos aspectos humanos que envolvidos na capacidade individual de sentir-se vivo e real, ou um tanto exata demais pela exigência da associação da psique do ser humano com princípios e forças físico-químicas.

A mudança winnicottiana oferece uma peça sensata para a análise da natureza humana, historicamente objetificada pela ausência de considerações sobre a importância do cuidado pessoal na constituição do ser humano, especificamente sobre o nascimento.

A experiência do nascimento é descrita aqui unicamente no percurso da continuidade de ser do indivíduo humano. De outra forma, só se poderia pensar o indivíduo separado, cindido e traumatizado ao nascer. Loparic oferece a reflexão indispensável para essa tese no artigo "Origem em Heidegger e Winnicott" quando diz:

---

[1] As referências de Winnicott citadas por Fulgencio são:
Winnicott, D. W. 1945h: "Para um estudo objetivo da natureza humana". In Winnicott, D. W. *Pensando sobre crianças*. Porto Alegre, Artes Médicas, 1997, pp. 32-3.
Winnicott, D. W. 1988: *Human Nature*. London, Free Association Books. Tradução brasileira: Natureza humana. Rio de Janeiro, Imago, 1990, p. 29.

> Evitando a linguagem objetificadora ... , usada por Freud, Winnicott sustenta que o indivíduo humano ... emerge ... da solidão essencial que é inerente à natureza humana, estado experienciado anteriormente a qualquer instinto, precedido de um estado ainda mais primitivo: o de não-vida ou de não-ser. ... A emergência do ser a partir do não-ser só acontece num ambiente humano. A fim de nascer e tornar-se um existente estabelecido – um *exister*, ... todo ser humano precisa (pelo menos no mundo atual) de uma mãe-ambiente. Depois de ter tido a mãe-útero, precisa da mãe-colo, da qual possa depender totalmente. Precisar do colo da mãe significa, em primeiro lugar, precisar de um contato humano para sentir-se real e poder ser. (Loparic, 2007, p. 265)

A literatura psicanalítica clássica considera o nascimento como protótipo de uma estrutura psicológica que tem como base a separação e a perda do objeto amado. Alguns temas importantes dessa concepção são discutidos a seguir em contraponto com a abordagem winnicottiana sobre a natureza humana de solidão essencial e a necessidade que o bebê tem de um ambiente humano sustentador.

2. Winnicott e Freud

Winnicott e Freud têm visões diferenciadas sobre o nascimento. Freud considera o nascimento o protótipo biológico para os sentimentos de ansiedade. Winnicott conceitua o nascimento como uma experiência pessoal fortalecedora do ego, mas com variações da normalidade que podem ser traumáticas em circunstâncias específicas de inadaptabilidade da mãe-ambiente.

Freud apresenta a teoria sobre o nascimento e sua relação com a ansiedade no texto intitulado "Inibições, sintomas e ansiedade", em 1926. E explica a ideia de que " ... o ego foi preparado para esperar a castração, tendo sofrido perdas de objeto constantemente repetidas" (Freud, 1996b, p. 129) a partir do nascimento, considerado a primeira experiência de ansiedade e símbolo de separação. Citando Freud:

> A primeira experiência de ansiedade pela qual passa um indivíduo (no caso de seres humanos, seja como for) é o nascimento, e, objetivamente falando, o nascimento é uma separação da mãe. Poderia ser comparado a uma castração da mãe (equiparando a criança a um pênis). Ora, seria muito satisfatório se a ansiedade, como símbolo de uma separação, devesse ser repetida em toda ocasião subsequente na qual uma separação ocorresse. Mas infelizmente estamos impedidos de fazer uso da correlação pelo fato de que o nascimento não é expe-

> rimentado subjetivamente como uma separação da mãe, visto que o feto, sendo uma criatura completamente narcísica, está totalmente alheio à sua existência como um objeto. (1996b, p. 129-30)

Apesar de Freud verificar a impossibilidade das relações de perda de objeto, pois o feto não experimenta subjetivamente o nascimento, ele apresenta explicações que encadeiam a ansiedade com a separação biológica do nascimento e, posteriormente, ao seu conteúdo psíquico de perda de objetos de satisfação. A princípio, a ansiedade é um estado especial de desprazer associado a sensações físicas de perigo frequentemente ligadas aos órgãos respiratórios e cardíacos; o que durante o processo de nascimento prepara para a atividade pulmonar. Para Freud, o fator puramente fisiológico não é satisfatório, então ele presume um fator histórico que une as sensações de ansiedade e suas inervações motoras. Ele afirma que:

> De conformidade com nossos pontos de vista gerais devemos estar inclinados a pensar que a ansiedade se acha baseada em um aumento de excitação que, por um lado, produz o caráter de desprazer e, por outro, encontra alívio através dos atos de descarga já mencionados [de inervações motoras]. Presumimos, em outras palavras, que um estado de ansiedade é a reprodução de alguma experiência que encerrava as condições necessárias para tal aumento de excitação e uma descarga por trilhas específicas, e que a partir dessa circunstância o desprazer da ansiedade recebe seu caráter específico. No homem, o nascimento proporciona uma experiência prototípica desse tipo, e ficamos inclinados, portanto, a considerar os estados de ansiedade como uma reprodução do trauma do nascimento. (Freud, 1996b, p. 132)

O nascimento é o protótipo da ansiedade em termos das reações fisiológicas características que são repetidas em situações ulteriores, às quais se acrescenta o fator psicológico de percepção de perigo. Após apresentar essa estrutura da ansiedade, Freud conclui que a ansiedade é uma reação ao perigo e se reproduz em estados de perigo de perda de objeto de satisfação. A percepção da mãe como objeto externo de satisfação conduz à ideia de ansiedade pela separação do objeto amado, como foi no processo mecânico do parto.

Freud chega a conclusões acerca da ansiedade por meio da observação de crianças de colo em momentos de manifestação de ansiedade, em condições como " ... a de sentir falta de alguém que é amado e de quem se sente saudade"

(Freud, 1996b, p. 135). Esses sentimentos explicados pela perturbação econômica, como demonstra a seguinte citação:

> A razão por que a criança de colo deseja perceber a presença de sua mãe é somente porque ela já sabe por experiência que esta satisfaz todas as suas necessidades sem delongas. A situação, portanto, que ela considera como um "perigo" e contra a qual deseja ser protegida é a de não satisfação, de uma *crescente tensão devida à necessidade*, contra a qual ela é inerme ... A situação de não satisfação na qual as quantidades de estímulo se elevam a um grau desagradável sem que lhes seja possível ser dominadas psiquicamente ou descarregadas deve, para a criança, ser análoga à experiência de nascer – deve ser uma repetição da situação de perigo. O que ambas as situações têm em comum é a perturbação econômica provocada por um acúmulo de quantidades de estímulos que precisam ser eliminadas. Em ambos os casos a reação de ansiedade se estabelece. (Essa reação é ainda conveniente na criança de colo, pois a descarga, sendo dirigida para o aparelho respiratório e os músculos vocais, agora convoca a mãe para ela, logo que ativou os pulmões do recém-nascido para livrar-se dos estímulos internos). É desnecessário supor que a criança traz mais alguma coisa com ela da época do seu nascimento do que essa maneira de indicar a presença de perigo. (Freud, 1996b, p. 136)

Freud passa a seguir para as associações com as relações de objeto elaboradas por um processo cognitivo do bebê, a lembrança do parto associada à ausência da mãe, ou seja, a perda do objeto e seu correlato biológico. A explicação de Freud segue da seguinte maneira:

> Quando a criança houver descoberto pela experiência que um objeto externo perceptível pode pôr termo à situação perigosa que lembra o nascimento, o conteúdo do perigo que ela teme é deslocado da situação econômica para a condição que determinou essa situação, a saber, a perda de objeto. É a ausência da mãe que agora constitui o perigo, e logo que surge esse perigo a criança dá o sinal de ansiedade, antes que a temida situação econômica se estabelece. Essa mudança constitui o primeiro grande passo à frente na providência adotada pela criança para a sua autopreservação, representando ao mesmo tempo uma transição do novo aparecimento automático e involuntário da ansiedade para a reprodução intencional da ansiedade como um sinal de perigo. Nesses dois aspectos, como um fenômeno automático é um sinal de salvação, verifica-se que a ansiedade é um produto do desamparo mental da criança, o qual é um símile natural de seu desamparo biológico. (Freud, 1996b, p. 136)

A questão da autopreservação biológica atrelada a um contexto pulsional levou Freud a ver o nascimento basicamente como desamparo mental da criança, e a consequente postulação da perda objetal. Mesmo quando não seria possível falar em perda ou separação devido ao precoce desenvolvimento mental do feto ou recém-nascido, Freud vê a relação do feto com a mãe como uma relação de satisfação de necessidades do feto pelo aparelho do corpo da mãe, que é perdido. E em termos de satisfação das necessidades, que significa redução de tensão, Freud afirma que:

> Há muito mais continuidade entre a vida intrauterina e a primeira infância do que a impressionante censura do ato do nascimento nos teria feito acreditar. O que acontece é que a situação biológica da criança como feto é substituída para ela por uma relação de objeto psíquica quanto à sua mãe. Mas não devemos nos esquecer de que durante sua vida intrauterina a mãe era um objeto para o feto, e que naquela ocasião não havia absolutamente objetos... O significado da perda de objeto como um determinante da ausência se estende consideravelmente além desse ponto, pois a transformação seguinte da ansiedade, a saber, a ansiedade de castração, que pertence à fase fálica, constitui também medo da separação e está assim ligada ao mesmo determinante. (1996b, p. 137)

A expressão " ... muito mais continuidade entre a vida intrauterina e a primeira infância", para Freud, significa perigo de castração. A mãe, portanto, era um objeto ainda não percebido, que passa a ser percebido como e quando é perdido. Nesse sentido, o nascimento é traumático pela separação da relação de satisfação imposta pelo parto como um perigo biológico. Como afirma Freud:

> A situação traumática de sentir falta da mãe difere num aspecto importante da situação traumática de nascimento. No nascimento não existia qualquer objeto e dessa forma não se podia sentir falta alguma deste. A ansiedade era a única reação que ocorria. Desde então, repetidas situações de satisfação criaram um objeto da mãe e esse objeto, sempre que a criança sente uma necessidade, recebe uma intensa catexia que pode ser descrita como de "anseio". A dor é assim a reação real à perda de objeto, enquanto a ansiedade é a reação ao perigo que essa perda acarreta e, por um deslocamento ulterior, uma reação ao perigo da perda do próprio objeto. (Freud, 1996b, p. 165)

Embora Freud indique uma continuidade entre a vida intrauterina e a infância mais relevante do que o parto compreendido como uma separação, ele teoriza o perigo de perda de um objeto de satisfação por meio de uma correlação entre a descarga motora e a descarga de energia afetiva. Ele se vale de uma construção artificial para entender a psique e perde de vista a simples continuidade de um relacionamento entre a mãe e o bebê. Entretanto, Freud é ponderado e cuidadoso em sua elaboração teórica, inclusive ao criticar o trabalho de Rank sobre o trauma de nascimento.

O livro *Trauma de nascimento*, de Otto Rank, foi comentado por Freud, que anuncia como único mérito do texto de Rank o que mostra no trecho abaixo:

> Já ... traçamos a linha de desenvolvimento que liga essa primeira situação de perigo e determinante da ansiedade com todas as ulteriores, e vimos que todas conservam uma qualidade comum até onde significam, em certo sentido, uma separação da mãe – de início somente num sentido biológico, a seguir como uma perda direta do objeto e depois como uma perda do objeto e depois como uma perda do objeto incorrida indiretamente. A descoberta dessa extensa concatenação constitui indubitável mérito da construção de Rank. (Freud, 1996b, p. 147-148)

Freud faz duas objeções ao trabalho de Rank. A primeira objeção é que Rank presume que a criança recebe certas impressões sensoriais que são renovadas em eventos visuais posteriores, e que podem lembrar o trauma de nascimento e evocar uma reação de ansiedade, como, por exemplo, a capacidade de perceber uma analogia entre animais que se escondem em buracos escuros e o nascimento, e sentir medo. Freud considera essa capacidade infundada e não crível. A segunda objeção é a oscilação de Rank entre considerar, como melhor lhe convém, ora a lembrança de uma feliz existência intrauterina, ora a lembrança da perturbação traumática que interrompe essa existência para explicar a ansiedade.

De qualquer modo, o significado do nascimento do ser humano se desdobra em Freud desde a perda biológica do corpo da mãe, seu significado psicológico de ansiedade de separação, que ocorre com o desenvolvimento do ego, até a ansiedade edipiana de castração e outras ansiedades de separação.

Ao falar sobre a relação entre a ansiedade e o trauma de nascimento, Winnicott comenta: "Agrada-me a ideia de que Freud estava dando voltas em torno da questão sem chegar a uma conclusão definitiva" (Winnicott, 2000, p. 255 [1958f]). Mesmo que Freud não tenha chegado a conclusões definitivas e tenha deixado margem para outras explicações sobre a ansiedade no campo científico, o que se observa constantemente na literatura psicanalítica sobre o nascimento são derivações da ansiedade de separação. Nos estudos de Marie Langer, psicanalista argentina, há o prosseguimento do trabalho de Helene Deutsch, contemporânea de Freud e primeira psicanalista a especializar-se em psicanálise da feminilidade, como pode ser notado na transcrição a seguir sobre os aspectos psicológicos da mãe durante o processo de parto:

> Para Helene Deutsch o parto é a revivescência mais exata que podemos ter de nosso próprio trauma de nascimento. A mulher, identificada com seu filho, vive através dele todo o temor de separar-se de sua mãe. Identifica-se com seu desamparo e sente não poder continuar protegendo-a contra a vida. Sente que ele perde a mãe e vive o parto como perda dele. Este temor à separação é a ansiedade maior do parto e a que devemos tomar mais em conta se queremos atingir partos fáceis ... A angústia do parto é, pois, a revivescência da angústia mais antiga e arcaica que conhecemos, a da separação da mãe. (Langer, 1981, p. 216-217)

O trauma de nascimento é generalizado, e os interessantes aspectos da identificação da mãe com o filho e da regressão da mãe tornam-se simplesmente elementos da angústia do parto.

Esses conceitos são seguidos posteriormente por Raquel Soifer e outros psicanalistas, e são o fundamento da compreensão psicanalítica sobre maternidade e nascimento traduzida ou publicada também no Brasil.

Há uma enorme lacuna científica devido à ausência de citações sobre uma teoria que considera o nascimento algo além de uma ocorrência traumática da existência humana. O que pode ser dito sobre isso é que houve, no mínimo, ênfase restrita para a situação patológica do nascimento em detrimento da condição de saúde.

Winnicott considerou a teoria freudiana do parto traumático, mas não de forma exclusiva. Ele ampliou a concepção freudiana de continuidade entre a vida intrauterina e pós-natal particularmente sob os aspectos biológicos, porém afastando a ênfase no trauma. Note-se o seguinte comentário de Freud (1996b):

> A impressionante coincidência como a ansiedade do bebê recém-nascido e a ansiedade da criança de colo são condicionadas pela separação da mãe não precisa ser explicada em moldes psicológicos. Essa explicação pode ser apresentada simples e suficientemente de forma biológica, portanto, da mesma maneira que a mãe originalmente satisfez todas as necessidades do feto através do aparelho do próprio corpo dela, assim, agora, após o nascimento daquele, ela continua a fazê-lo, embora parcialmente por outros meios. (p. 136-137)

Winnicott aborda a continuidade por meio do aspecto biológico que ele chama de "instinto", ou seja, a necessidade corpórea do bebê de receber cuidados. Quando Freud indica que os acontecimentos do parto não precisam ser explicados em termos psicológicos, a psicologia em questão é a do modelo edipiano de castração, que ele mesmo reconhece não ser aplicável ao feto e ao bebê recém-nascido. Aparentemente, muitos outros autores contrariaram essa observação freudiana insistindo no Édipo muito precoce. Mas não Winnicott, que se referiu à biologia e a um sentido psicológico de sentir-se vivo. Winnicott elabora uma psicologia factual, e não objetificadora, para falar do desenvolvimento inicial. Ele não exclui a questão edipiana, mas a coloca como muito tardia. Ele exclui a linguagem que se refere a processos não humanos como aparelho do próprio corpo, substituindo-a por fatos ambientais de cuidados absolutamente necessários. Nessa psicologia, o parto é uma experiência pessoal e de continuidade ou de descontinuidade, que pode ser significativa, e, neste caso, traumática.

Dessa forma, Winnicott vai também desencadear uma sequência de acontecimentos a partir do nascimento, entretanto sua concepção sobre a natureza humana o conduz a outros desdobramentos do nascimento. Para Winnicott, a origem do indivíduo humano se dá pela união entre o bebê e a mãe-ambiente; união que significa uma unidade capaz de sustentar a existência e a condição de ser vivo e real para o bebê. A partir dessa concepção, o parto, momento de nascer, é também um momento de interrupção da continuidade de ser. Interrupção momentânea para a qual a união bebê-mãe está preparada, desde que não seja excessivamente demorada. Especificamente nesse caso de demora importante ocorre o nascimento traumático.

Se Winnicott não considera o nascimento como inerentemente traumático, a ansiedade, sendo um fenômeno universal, não pode ser estabelecida pelo trauma de nascimento. Na opinião de Winnicott, inclusive, a ansiedade não está presente no nascimento de maneira alguma. Após esclarecimentos sobre sua concepção de que as experiências do nascimento são boas, Winnicott (2000) afirma:

> Já deve ter ficado claro que para mim é difícil pensar na ansiedade como sendo determinada por um trauma do nascimento, pois isto implicaria em que o indivíduo recém-nascido de modo natural não teria ansiedade ou não teria como *mostrar* que está ansioso. E isto seria absurdo.

> Gostaria de trazer para a discussão, neste momento, a palavra "ansioso". Não consigo pensar que um bebê esteja ansioso ao nascer, pois não existe repressão nem inconsciente reprimido nesse estágio tão inicial. Se a ansiedade significa algo simples como o medo ou a irritabilidade reativa, está tudo bem. Parece-me que o termo "ansioso" pode ser aplicado quando um indivíduo vê-se às voltas com alguma experiência física (excitação, raiva, medo ou qualquer outra) que ele não pode nem evitar nem entender. Ou seja, ele desconhece a parte maior das causas do seu estado. Com o termo "desconhecido" refiro-me ao inconsciente reprimido. Caso ele tome conhecimento do que está ocorrendo, ele não sentirá mais ansiedade e sim excitação, medo, raiva etc. (p. 262 [1958f])

Assim como Freud, Winnicott desvincula a repressão inconsciente do nascimento. No entanto, Freud mantém a ideia de um estado ansioso do recém-nascido, atribuído à agitação psicomotora do bebê. Além de afastar a ideia de inconsciente reprimido, Winnicott considera a agitação psicomotora como instintual e ligada à biologia, como uma fase de excitação na circunstância ambiental do parto, por exemplo.

Winnicott não pode concordar com a explicação de Freud de que o bebê se lembra do nascimento e associa a separação do parto com as separações posteriores da mãe, o que atribui ao nascimento o fator psicológico de origem da ansiedade. Articular aspectos cognitivos com aspectos emocionais precoces é algo para descrever um desenvolvimento patológico, de acordo com Winnicott, pois, caso o bebê precise reconhecer um ambiente perturbador durante o nascimento, há uma intrusão ambiental significativa que o leva à reatividade de defesas cognitivas.

Uma explicação breve e geral sobre o nascimento traumático dentro das pressuposições de Winnicott demonstra como o despertar cognitivo precoce se aproxima da patologia. A interrupção da continuidade de ser ocasionada pelo parto é facilmente superada pelo bebê, quando ele encontra nas circunstâncias imediatamente posteriores a retomada de sua sustentação ambiental na relação adequada com sua mãe-ambiente, o que torna a experiência do nascimento sem significância para o bebê: ele simplesmente continua a ser.

Diante de uma demora prolongada do parto, o bebê experiencia uma intrusão marcante em sua continuidade de ser, e isso pode despertar, por exemplo, o uso de processos cognitivos reativos à interrupção intrusiva para superar a experiência intolerável da descontinuidade. Para Winnicott, a psique envolve o intelecto, e este se desenvolve mais tardiamente com a rotina de cuidados ambientais oferecida ao bebê.

> Numa situação mais especificamente traumática o intelecto desenvolve-se excessivamente, e pode mesmo tornar-se aparentemente mais importante que a psique, e depois do nascimento pode continuar a esperar e mesmo ir de encontro às perseguições, a fim de colecioná-las e preservá-las ainda no intuito de proteger a psique. (Winnicott, 2000, p. 274-5 [1958f])

A psique diz respeito à espontaneidade somática e psicológica, enquanto que o intelecto que surge precocemente é reativo à intrusão ambiental que interfere na continuidade de ser do indivíduo. A distinção entre psique e mente será detalhada no Capítulo 2. Nesse sentido, o intelecto é uma defesa cognitiva ao sentimento de perseguição. O que se estabelece com o trauma de nascimento é uma disposição paranoide, não a ansiedade originária de separação, como observa-se na citação de Winnicott:

> É possível que a chave para o tão conhecido fato de que existe uma relação clínica entre manifestações de ansiedade e alguns detalhes do trauma do nascimento seja a de que este fenômeno determina o padrão dos sentimentos de perseguição posteriores. Desta forma, o trauma do nascimento estabelece *de modo indireto* a maneira pela qual a ansiedade se manifesta em certos casos ... Minha sugestão, baseada na minha experiência psicanalítica, é a de que em certos casos em que a história retrocede até o nascimento há uma predisposição tão forte para as ideias persecutórias (bem como para um padrão organizado para a perseguição), que nesses casos a paranoia provavelmente não deriva do sadismo oral [como na teoria de Klein sobre a ansiedade paranóide] ... pois existe para além disso a necessidade de uma revivência da experiência traumática no nascimento no interior do contexto analítico. É preciso que um fator ambiental dê lugar a outro. (Winnicott, 2000, p. 273 [1958f])

A graduação de intensidade temporal do nascimento traumático pode determinar um padrão de expectativa de perseguição, pois o trauma que ocasiona a necessidade de reação provoca um sentimento de insegurança e aloja a expectativa de novas interrupções da continuidade de ser. Em "Memórias do nascimento, trauma do nascimento e ansiedade", Winnicott fala de uma desesperança congênita quanto à possibilidade de alcançar uma vida pessoal; uma desesperança que envolve " ... a intolerável experiência de sofrer o efeito de algo sem ter a mínima ideia de quando isto irá terminar" (Winnicott, 2000, p. 266 [1958f]). Em geral, Winnicott associa a ansiedade ao sentimento de insegurança, que pode, inclusive, remeter à experiência do nascimento, ou ainda às experiências posteriores e fracassadas no manejo do bebê. Winnicott foi enfático nesse ponto, como se pode ler em seu artigo "Ansiedade associada à insegurança" (2000 [1958d]):

> Os analistas ... falam frequentemente como se a vida do bebê começasse com a experiência instintiva oral e com a emergência da relação objetal da experiência instintiva. No entanto, todos nós sabemos que o bebê pode sentir-se muito mal como consequência de uma falha que ocorre num campo bem diferente, ou seja, no campo dos cuidados a ele dispensados ... Ao menos esta é a minha opinião, e por esta razão ocorre-me dizer que existe uma urgente necessidade de martelarmos esse ponto nas discussões sobre os significados da ansiedade, quando a sua causa é uma falha nas técnicas do cuidado, como por exemplo a falha em dar o apoio vital contínuo que faz parte da maternagem. Estou ciente de que este tema pode levar-nos de volta à época do nascimento, ou seja, à época em que o feto está pronto para nascer – por volta da trigésima sexta semana de vida intrauterina ... As técnicas do cuidado suficientemente bom neutralizam a perseguição externa, e previnem os sentimentos de desintegração e de perda de contado entre a psique e o soma. (p. 164, 166)

Os significados da ansiedade não se restringem ao nascimento, mas à necessidade de adaptação do ambiente de cuidado. Para Winnicott, é preciso abordar nas discussões psicanalíticas a necessidade de cuidados suficientemente bons para que o bebê continue a ser e constitua uma base segura para seu viver. Além da ansiedade paranoide, Winnicott encontra, em sua experiência analítica com pacientes regredidos, uma relação entre o trauma de nascimento e os distúrbios psicossomáticos, especialmente certas dores de cabeça e problemas respiratórios de vários tipos, relacionados às impressões corporais deixadas no bebê durante a experiência do parto. O Capítulo 3 aprofunda as explicações sobre a experiência do nascimento na concepção winnicottiana.

Mesmo sustentando ideias divergentes das apresentadas por Freud, Winnicott aproximou-se muitíssimo de diversos pontos indicados por ele, mas que não foram aprofundados, ampliados ou pesquisados antes por outros psicanalistas. Em seu artigo "Memórias do nascimento, trauma do nascimento e ansiedade", Winnicott cita dois trechos do estudo de Freud sobre "Inibições, sintomas e ansiedade" (1996b). A primeira citação é destacada a seguir:

> Talvez a melhor citação que eu poderia fazer [de Freud] é a seguinte: "Seria muito gratificante descobrir que a ansiedade, como símbolo da separação, repete-se em cada ocasião subsequente em que a separação venha a ocorrer, mas infelizmente não temos como fazer esta correlação pelo fato de que o nascimento não é experimentado subjetivamente como uma separação da mãe, visto que o feto, sendo uma criatura inteiramente narcisista, não tem consciência alguma da existência de um objeto". E novamente, ao comparar o nascimento com desmame, ele diz: "A situação traumática por sentir a falta da mãe difere em um importante aspecto da situação traumática ocorrida no nascimento. Ao nascer não havia objeto algum, e assim não haveria uma falta a ser sentida. A ansiedade era a única reação capaz de ocorrer". (Winnicott, 2000, p. 254-5[1958f]).

A ideia de que o nascimento não é experimentado subjetivamente como uma separação da mãe foi aprimorada por Winnicott, que descreveu que a unidade ambiente-indivíduo, a partir o nascimento, pode ser uma experiência pessoal para o bebê.Winnicott (2000 [1958f]) comenta seu interesse no texto de Freud:

> O que a mim interessa é precisamente esse tema do feto e da criança que está nascendo, essa "criatura inteiramente narcisista". Interessa-me compreender o que está realmente ocorrendo aqui. Agrada-me a ideia de que Freud estava dando voltas em torno da questão sem chegar a uma conclusão definitiva, porque lhe faltavam certos dados essenciais para a compreensão do problema. Ao refletirmos sobre o pensamento de Freud, portanto, deveríamos nos lembrar constantemente do que faria ele, um cientista, se estivesse vivo hoje e participasse ativamente do mundo psicanalítico, podendo levar em consideração os avanços em nossos conhecimentos sobre a primeira infância. (p. 255)

Ainda antes do segundo trecho de Freud citado e valorizado por Winnicott, há outros comentários nos quais o autor retoma o pensamento de Freud.

> Eu pensava que, para Freud, na história de cada indivíduo havia traços mnemônicos da experiência do nascimento, que determinavam os padrões de ansiedade pela vida afora do indivíduo ... No entanto, o que quer que Freud tenha escrito ou deixado de escrever, o fato é que para ele a experiência pessoal do nascimento era importante, do ponto de vista do indivíduo, caso o episódio seguinte mereça crédito: Ao ouvir que uma certa criança nascera por intervenção cesariana, ele teria comentado que seria interessante lembrar-se desse fato, pois ele poderia talvez afetar o padrão de ansiedade daquele indivíduo. (p. 255-256)

Aqui fica bastante claro que Winnicott vê em Freud sua ideia de que o padrão paranoide de ansiedade pode ser derivado da experiência do nascimento. Em especial, a atenção dada ao fato de Freud se interessar pelo nascimento por intervenção cesariana como um fato que afeta o padrão de ansiedade. Mas Winnicott vai desenrolar essa observação de Freud nas circunstâncias temporais do parto, particularmente o parto demorado.

Winnicott também vai creditar a Freud o uso da expressão "experiência do nascimento" em vez de "trauma do nascimento", como pode ser notado na transcrição abaixo:

> Creio que as sugestões de Freud tornam-se muito mais compreensíveis quando ele separa experiências do nascimento de trauma do nascimento. Greenacre também sublinha esta ideia. É possível que as experiências do nascimento sejam tão suaves que dificilmente se tornam significativas. Este é o meu ponto de vista atualmente. Ao contrário, as experiências do nascimento que fogem ao normal além e acima de um certo limite tornam-se traumas do nascimento, e são imensamente significativas. (Winnicott, 2000, p. 261 [1958f])

Winnicott desdobra sua leitura de Freud com a insistência, a organização e o aprofundamento de um ponto de vista desconsiderado anteriormente. Finalmente, a segunda citação do texto freudiano levantada por Winnicott:

> Uma afirmação positiva pode ser feita agora. Freud reconhece uma continuidade entre a vida uterina e a vida após o parto. Creio que não estamos em condições de saber até que ponto ele teria podido sustentar esse lampejo intuitivo proveniente de seu trabalho analítico. (Winnicott, 2000, p. 274 [1958f])

Os lampejos analíticos são importantes e superam a estrutura representacional que, por qualquer motivo, tornou-se aparentemente mais visível e importante que o trabalho analítico essencialmente confiável realizado por Freud, em termos ambientais, para usar uma palavra da psicanálise pós-freudiana de Winnicott.

Concluindo este tópico, Winnicott, apesar de discordar do pressuposto teórico de associar ansiedade e nascimento, parece dar outra ordem para o trabalho especificamente descritivo de Freud.

3. Winnicott e Melaine Klein

Neste momento serão brevemente apresentados os principais conceitos teóricos kleinianos, especialmente a respeito da persecutoriedade e das relações de objeto que constituem o desenvolvimento egoico do bebê. Para estabelecer um paralelo entre esses princípios e a abordagem teórica frequentemente utilizada nas publicações sobre a maternidade, alguns serão apresentados neste estudo. A partir do estudo clínico do caso Dick, um menino, a análise teórica é conduzida para a compreensão do início do ser humano, de acordo com Klein. A teoria kleiniana não será aqui explorada a fundo, apenas são indicados os elementos estruturais de sua teoria.

Com Melaine Klein a psicanálise faz dois avanços importantes: o progresso na análise de crianças pequenas e nos casos de psicose. Calcada nos pressupostos teóricos básicos relativos à sexualidade infantil, os mesmos encontrados em Freud, as relações edipianas com o casal parental marcam o desenvolvimento psicológico do ser humano.

É inegável que a valorização do brincar como técnica de análise para crianças representa um grande progresso para a psicanálise. Porém, essa técnica de análise não fica isenta de questionamentos, por exemplo: qual o alcance do manejo interpretativo da brincadeira nos mesmos moldes da interpretação da fala de adultos?

Melaine Klein sustenta sua abordagem interpretativa de repressões pulsionais em vários artigos, em um deles, "Princípios psicológicos da análise de crianças pequenas", de 1926, ela diz:

> Assim como o meio de expressão das crianças não é o mesmo que o dos adultos, a situação analítica na análise de crianças também parece completamente diferente. No entanto, em ambos os casos ela é *essencialmente* a mesma. Interpretações consistentes, a solução gradual das resistências e o rastreamento persistente da transferência até as situações mais iniciais: tanto com as crianças quanto com os adultos, são estes os elementos que caracterizam a correta situação analítica. (1996a, p. 161-162)

Hoje, com a consolidação da psicanálise de crianças, o método não surpreende. No entanto, em sua origem, no final da década de 1920, foi preciso insistir na técnica do brincar e em sua interpretação edipiana por ser contrária ao escasso, mas já existente trabalho sobre análise de crianças. Melaine Klein diz que "Anna Freud, assim como Hug-Hellmuth, acredita que, ao analisarmos as crianças, não podemos descobrir mais sobre o período inicial da vida do que analisando os adultos – ao contrário, poderemos descobrir *menos*" (Klein, 1996b, p. 169).

Desse modo, para estabelecer seus fundamentos, Klein precisou insistir em seus princípios, e isso pode ser visto no trecho abaixo:

> Se dediquei tanto espaço ao problema da técnica a ser empregada é porque, na minha opinião, isso é fundamental para a questão da análise de crianças. Quando Anna Freud rejeita a técnica do brincar, o seu argumento não se aplica à análise de crianças pequenas, mas também, creio eu, ao princípio básico da análise de crianças mais velhas, como eu a entendo. A técnica do brincar nos oferece grande quantidade de material e nos dá acesso aos estratos mais profundos da mente. Se nós a utilizarmos, chegaremos inevitavelmente à análise do complexo de Édipo e, uma vez lá, não poderemos impor limites à análise em qualquer direção. Assim, se realmente quisermos evitar a análise do complexo de Édipo, não devemos recorrer à técnica do brincar, nem mesmo na sua aplicação adaptada às crianças mais velhas. (Klein, 1996b, p. 178)

As observações analíticas de crianças pequenas realizadas por Melaine Klein a conduziram a evidências empíricas acerca do complexo de Édipo muito precoce. O modelo clínico de interpretação do brincar pode ser notado pelo relato da primeira sessão do caso Dick, um menino de quatro anos de idade, atendido por Melaine Klein:

> Na primeira vez que veio ao meu consultório ... Dick não demonstrou nenhum tipo de afeto quando a babá o entregou a mim. Quando lhe mostrei os brinquedos que tinha preparado, o menino olhou para eles sem o menor interesse. Peguei um trem grande e o coloquei ao lado de outro menor, chamando-os de "Trem-Papai" e "Trem-Dick". Então ele pegou o trem chamado "Dick", empurrou-o até a janela e disse "Estação". Expliquei: "A estação é a mamãe; o Dick está entrando na mamãe". Ele largou o trem, correu para o espaço entre a porta de fora e a porta interior do consultório, fechou-se lá dentro, disse "escuro" e saiu correndo na mesma hora. Repetiu os mesmos movimentos diversas vezes. Então eu lhe expliquei: "É escuro dentro da mamãe. O Dick está dentro da mamãe escura". Enquanto isso, o menino pegou o trem novamente, mas logo depois correu de volta para o espaço entre as portas. Quando expliquei que ele estava entrando na mamãe escura, Dick disse duas vezes, num tom questionador: "Babá?" Respondi: "A babá já vem", frase que ele repetiu, empregando as palavras mais tarde de forma correta, retendo-as na sua mente. (Klein, 1996d, p. 257)

Klein parece tão focada na interpretação edipiana que ignora fatores primordiais do caso clínico, como toda a história anterior de dificuldade de amamentação até seis semanas após o nascimento " ... fazendo com que o bebê quase morresse de fome" (Klein, 1996d, p. 254). A atitude ansiosa da mãe, a falta de afeto do pai e da primeira babá até dois anos de idade. "Dick cresceu num ambiente escasso de amor" (idem, p. 255), diz Klein. Mesmo diante da intensidade desses fatores ambientais, as queixas de rebaixamento intelectual, atraso psicomotor e de linguagem e dificuldade de estabelecer relações emocionais foram tidas como constitucionais em termos psicanalíticos.

É preciso notar que, quando Melaine Klein interpreta o movimento de Dick dizendo "A estação é mamãe, o Dick está entrando na mamãe", ele larga o brinquedo e corre para a porta. Trazer a cena primária incestuosa para essa situação é algo inadequado como qualquer outra palavra explicativa seria para o momento em que uma criança, com dificuldade de estabelecer relacionamento pessoal, faz um gesto de comunicação como este de pegar o brinquedo. Conduzir a brincadeira nomeando os brinquedos e dizer, com um objetivo interpretativo, que a janela-estação é a mamãe, talvez seja um excesso de informação desnecessária. A brincadeira é um momento de criação e comunicação da criança, e deve ser espontânea.

A situação importante e não analisada ocorre quando Klein fala da mamãe e Dick corre, se fecha e chama a babá, que era bastante afetuosa. Como não voltar a atenção para o fato de que, nesse momento, a criança chama pela companhia da babá, e não da mãe? Até mesmo a babá, que também é mulher, poderia suscitar interpretações edipianas. Ao contrário, Klein oferece à criança explicações utilizando linguagem interpretativa.

Aparentemente, a linguagem explicativa de Klein parece repetir a atitude pedagógica e mecânica da mãe, o que pode ser notado no seguinte relato:

> ... a mãe de Dick às vezes conseguia sentir no menino uma forte atitude negativa que se expressava no fato de frequentemente fazer o *oposto* daquilo que se esperava dele. Por exemplo, quando ela conseguia fazer com que o menino repetisse depois dela algumas palavras diferentes, ele muitas vezes as alterava completamente, apesar de pronunciá-las perfeitamente em outras ocasiões. Outras vezes, ele pronunciava as palavras corretamente, mas continuava a repeti-las sem parar, mecanicamente, até todos à sua volta simplesmente não aguentarem mais. (Klein, 1996d, p. 253-254)

A alternativa terapêutica para o brincar interpretativo edipiano seria o brincar criativo e espontâneo em um ambiente clínico confiável, conforme a proposta winnicottiana[2]. Isso pode despertar a noção de que o mais indicado seria ir de encontro à solicitação de Dick e brincar com ele.

O caso Dick, de Melaine Klein, é um modelo de sua técnica psicanalítica do brincar. Em seu método clínico a autora considera a brincadeira de Dick com trens como uma encenação de suas fantasias sexuais inconscientes dirigidas à mãe e ao triângulo edípico. Ao interpretar esses conteúdos, Klein considera que Dick pode substituir mentalmente determinado objeto por outros, desviando-se de objetos que lhe causavam grande angústia para outros, e produzindo uma equação de igualdade simbólica entre esses objetos e levando Dick a expandir seu mundo de relações, o que produziria uma diminuição das ansiedades e tornaria possível a simbolização e a retomada de seu desenvolvimento psicossexual.

A interpretação de fantasias inconscientes em crianças pequenas baseia-se no complexo de Édipo precoce e desencadeia relações simbólicas que são objetais.

Cabe perguntar, portanto, como se originam as relações de objeto?

No texto "Inveja e gratidão", de 1957, Melaine Klein (1996h) fala da importância fundamental da primeira relação de objeto, a relação com o seio materno, objeto originário que é introjetado, enraíza-se no ego e assenta a base para o desenvolvimento satisfatório da personalidade.

Essa relação entre o bebê e a mãe por meio de processos de introjeção é favorecida por fatores inatos, pois

> ... o seio gratificador em certa medida restaura, se tudo corre bem, a perdida unidade pré-natal com a mãe e o sentimento de segurança que a acompanha ... O seio bom é tomado para dentro e torna-se parte do ego, e o bebê, que antes estava dentro da mãe, tem agora a mãe dentro de si. (Klein, 2006d, p. 210).

---

[2] Todo o contexto trazido por Winnicott para o *brincar* é extremamente diferenciado deste de interpretações edipianas, e seria preciso um longo trabalho para apresentá-lo, o que não é o objetivo neste estudo. Contudo, é possível indicar que Winnicott relaciona o brincar com o gesto espontâneo e o viver criativo em uma área intermediária existente entre o indivíduo e o mundo, chamada de espaço potencial. Winnicott resume essa ideia em seu texto sobre a localização da experiência cultural dizendo: "O espaço potencial entre o bebê e a mãe, entre a criança e a família, entre o indivíduo e a sociedade ou o mundo, depende da experiência que conduz à confiabilidade. Pode ser visto como sagrado para o indivíduo, porque é aí que este experimenta o viver criativo. Em contraste, a exploração dessa área leva a uma condição patológica em que o indivíduo sofre o estorvo de elementos persecutórios dos quais não consegue livrar-se, já que não dispõe de meios para tanto. A partir daí, talvez seja possível perceber quão importante pode ser para o analista reconhecer a existência desse lugar, o único em que a brincadeira pode ser iniciada" (Winnicott, 1975, p. 142-143 [1967b]). A brincadeira só ocorre em um *espaço sagrado* para o indivíduo, o que significa sem intrusões, como considero que seriam interpretações edipianas.

Melaine Klein sugere que a relação dupla com a mãe, o seio bom e o seio mau, possivelmente seja prenunciada pelas experiências pré-natais que abrangem o sentimento de unidade e segurança, mas também experiências desagradáveis de perturbações dependentes das condições físicas e psicológicas da mãe e de certos fatores do bebê ainda não nascido.

Para Melaine Klein, o nascimento suscita a primeira forte ansiedade persecutória, pois o bebê perde o sentimento de segurança e unidade com a mãe. Embora a autora valorize as circunstâncias externas de cuidados maternos como fatores que influenciam a internalização do seio bom, permanece o anseio universal pelo estado pré-natal e o sentimento de persecutoriedade trazido pelo nascimento que rompe com a unidade pré-natal. Nas palavras de Klein (2006d):

> Um elemento de frustração por parte do seio está fadado a entrar na relação mais inicial do bebê como seio, porque até mesmo uma situação feliz de amamentação não pode substituir completamente a unidade pré-natal com a mãe ... Pois, mesmo nos estágios mais iniciais, a premência por obter constante evidência do amor da mãe está fundamentalmente enraizada na ansiedade. (p. 210-211)

Para Klein (2006d), a ansiedade persecutória é fundamentada na ideia de que há um conflito de amor e ódio inerente ao ser humano, como demonstra a citação seguinte:

> Concomitantemente a experiências felizes, ressentimentos inevitáveis reforçam o conflito inato entre o amor e o ódio, isto é, basicamente entre as pulsões de vida e de morte, o que resulta no sentimento de que existem um seio bom e um seio mau. Consequentemente, a vida emocional arcaica caracteriza-se por uma sensação de perda e recuperação do objeto bom. Ao falar de um conflito inato entre amor e ódio, deixo implícito que a capacidade tanto para amor quanto para impulsos destrutivos é, até certo ponto, constitucional, embora varie individualmente em intensidade e interaja desde o início, com as condições externas. (p. 211)

Deste modo, inicialmente, o desenvolvimento psicológico do ser humano tem natureza persecutória, e as relações de objetos têm origem e objetivo compensatório de redução de ansiedade persecutória.

A partir da ansiedade de nascimento se organiza, então, o desenvolvimento psicológico, em dois estágios estruturados em função da cisão ou unificação das pulsões de amor e ódio introjetadas e projetadas nas relações de objetos. No primeiro estágio, chamado esquizoparanoide, as relações objetais de amor e ódio estão cindidas em termos da incapacidade do bebê para perceber que o objeto-mãe amado é o mesmo que é odiado. No segundo estágio, chamado de posição depressiva, o bebê percebe a mãe-objeto-inteiro ao qual dirige seus impulsos destrutivos, o que gera a ansiedade depressiva.

A posição esquizoparanoide é explicada por Klein da seguinte maneira:

> O trabalho interno da pulsão de morte ... dá origem ao medo de aniquilamento, e essa é a causa primordial da ansiedade persecutória. Além disso, desde o início da vida pós-natal ... os impulsos destrutivos dirigidos contra o objeto incitam o medo da retaliação ... O bebê dirige seus sentimentos de gratificação e amor para o seio "bom" e seus impulsos destrutivos e sentimentos de perseguição para aquilo que sente como frustrador, isto é, o seio "mau". Nesse estágio, os processos de cisão estão em seu ponto mais alto, e o amor e o ódio, bem como os aspectos bons e maus do seio, são mantidos amplamente separados um do outro. A relativa segurança do bebê baseia-se em transformar o objeto bom em objeto ideal, como uma proteção contra o objeto perigoso e persecutório. Esses processos – isto é, cisão, negação, onipotência e idealização – são predominantes durante os três ou quatro primeiros meses de vida [o que denominei "posição esquizoparanoide", 2006a [1946]]. Dessa forma, em um estágio muito inicial, a ansiedade persecutória e seu corolário, a idealização, influenciam fundamentalmente as relações de objeto. (Klein, 2006c, pp. 71-72 [1952]).

O bebê de Klein surge de sentimentos persecutórios, e, ao aplacar as perseguições por meio de processos projetivos, sente-se culpado pela destruição que a projeção de seu ódio pode causar. A pulsão de morte aparentemente impõe um grande esforço ao ego para manter-se íntegro, enquanto que a pulsão de vida impõe idealizações de objetos na mesma intensidade e em sentido contrário. Klein apresenta o seguinte prosseguimento para o desenvolvimento mental do bebê a partir dos três meses de idade:

> A crescente capacidade do ego de integração e síntese leva cada vez mais, mesmo durante esses primeiros meses, a estados em que o amor e o ódio e, correspondentemente, aspectos bons e maus dos objetos são sintetizados. E isso dá origem à segunda forma de ansiedade – a ansiedade depressiva –, pois os impulsos e os desejos agressivos do bebê, dirigidos ao seio mau (mãe), são sentidos agora como perigosos também para o seio bom (mãe). Entre o quarto e o sexto mês essas emoções são reforçadas, pois, nesse estágio, o bebê percebe e introjeta cada vez mais a mãe como uma pessoa. A ansiedade depressiva é intensificada, pois o bebê sente que destruiu ou está destruindo um objeto inteiro

> com sua voracidade e agressividade incontroláveis. Além do mais, devido à síntese crescente de suas emoções, ele agora sente que esses impulsos destrutivos são dirigidos contra uma *pessoa amada*. Processos semelhantes se dão em relação ao pai e a outros membros da família. Essas ansiedades e correspondentes defesas constituem a "posição depressiva", que chega a um clímax por volta dos seis meses e cuja essência é a ansiedade e a culpa relativas à destruição e perda dos objetos amados internos e externos. (Klein, 2006c, p. 73)

Melaine Klein concebe a precocidade do complexo de Édipo nesse momento do desenvolvimento egoico, em que o bebê, no anseio por reduzir a culpa e a ansiedade persecutória e depressiva, amplia seu campo objetal para projeções. Transcrevo a sequência do texto de Klein apresentado logo após a explicação sobre o estágio da posição depressiva, em "As origens da transferência", de 1952:

> É nesse estágio, e ligado à posição depressiva, que se instala o complexo de Édipo. A ansiedade e a culpa acrescentam um poderoso impulso em direção ao início do complexo de Édipo, pois elas aumentam a necessidade de externalizar (projetar) figuras más e de internalizar (introjetar) figuras boas; de ligar desejos, amor, sentimentos de culpa e tendências reparadoras a alguns objetos, e ódio e ansiedade a outros; de encontrar representantes de figuras internas no mundo externo. Entretanto, não é apenas a procura de novos objetos que domina as necessidades do bebê, mas também o impulso em direção aos novos alvos: afastando-se do seio em direção ao pênis, isto é, dos desejos orais em direção aos desejos genitais. Muitos fatores contribuem para esses desenvolvimentos: o impulsionamento da libido, a crescente integração do ego, das habilidades físicas e mentais e a adaptação progressiva ao mundo externo. Essas tendências estão ligadas ao processo de formação de símbolos, o qual capacita a criança a transferir não somente interesse, mas também emoções e fantasias, ansiedade e culpa, de um objeto para outro. (2006c, p. 73)

Aos seis meses de idade, aproximadamente, o bebê é capaz de elaborar relações amorosas triangulares, que envolvem amor, ódio e ciúme. Através da formação de símbolos, o bebê desloca seu interesse do seio para os objetos, e transfere para os objetos relações pessoais e emoções tais como raiva, ódio, ansiedades persecutórias, ansiedades depressivas e culpa, o que causa alívio da ansiedade persecutória e depressiva de acordo com Klein (2006c).

O ponto principal é que, para Melaine Klein, as relações de objetos organizam o desenvolvimento mental do ser humano e estão fundadas inicialmente em ansiedades persecutórias. De acordo com a autora (2006c):

> ... não existe urgência pulsional, situações de ansiedade, processo mental que não envolva objeto, externo ou interno; em outras palavras, as relações de objeto estão no *centro* da vida emocional. Além do mais, amor e ódio, fantasias, ansiedades e defesas também operam desde o começo e encontram-se *ab initio* indivisivelmente ligados a relações de objeto. (p. 75-76).

O meu interesse sobre essa questão justifica-se por suas implicações na compreensão da maternidade. Klein considera que a personalidade da mulher constitui-se de persecutoriedade e medo de destruição de seus objetos internos. Assim, durante a gestação, os bebês são considerados objetos internos aos quais se aplicam toda a dinâmica de ansiedade persecutória. Apresento trechos do trabalho da autora para mostrar que esse aspecto é claramente teorizado. No primeiro texto (2006b) ela diz:

> Consideremos agora a principal ansiedade nas mulheres. O medo da menina de que a mãe temida vá atacar seu corpo e os bebês que ele contém, que é na minha concepção a situação fundamental de ansiedade na mulher, é persecutória por definição. No entanto, como esse medo implica a destruição de seus objetos amados – os bebês que ela sente estarem dentro dela –, ele contém um forte elemento de ansiedade depressiva. (p. 67)

A rivalidade edipiana gera conflitos emocionais intensos e negativos intrínsecos à maternidade em todos os casos e para todas as mulheres, por ser um aspecto constituinte da personalidade, conforme a compreensão de Klein e outros autores orientados por essa proposta. Essa ideia fica detalhada no trecho abaixo, quando Klein (1996c) afirma:

> Um elemento que prejudica bastante o desenvolvimento da menina é o seguinte: enquanto o menino de fato *possui* o pênis, a partir do qual entra numa rivalidade com o pai, a menina tem apenas o desejo *insaciado* de ser mãe – a respeito do qual, aliás, tem apenas uma noção vaga e incerta, ainda que muito intensa. Não é apenas essa incerteza que perturba sua esperança de um dia ser mãe. Ela é muito mais enfraquecida pela ansiedade e o sentimento de culpa, que podem danificar séria e permanentemente a capacidade materna da mulher. Por causa das tendências destrutivas que dirigiu contra o corpo da mãe (ou alguns de seus órgãos) e as crianças dentro do útero, a menina espera ser castigada com a destruição de sua própria capacidade de ter filhos, dos órgãos ligados a essa função ou de seus próprios bebês ... É provável que esse medo profundo da destruição dos órgãos internos seja a causa psíquica da maior sus-

> cetibilidade das mulheres, em comparação com os homens, à histeria de conversão e às doenças orgânicas. (p. 223-224)

Na teoria kleiniana, a maior suscetibilidade da mulher não é restrita a algumas situações e casos específicos, é um aspecto decorrente da castração generalizada a todas as meninas. A psicologia da maternidade, por conseguinte, é associada ao desejo insaciado, incerteza, desesperança, culpa e castigo. E o bebê, objeto interno persecutório, nasce no contexto desses sentimentos.

Todos esses sentimentos podem ser facilmente observados na clínica. Em maior ou menor intensidade, a persecutoriedade faz parte dos sentimentos despertados pela maternidade. Contudo, quanto maior a intensidade, maior a proximidade de quadros patológicos que exijem maior atenção e cuidados profissionais. A própria Melaine Klein aponta o aspecto patológico. Entretanto, a partir dos pressupostos kleinianos, desenvolve-se toda uma organização teórica e clínica da maternidade pautada em interpretações edipianas e persecutórias.

A concepção patológica foi aplicada como critério interpretativo para a psicologia do nascimento humano a partir do trabalho de Melaine Klein, mas também de outros autores, como por exemplo Helen Deutsch.

No próximo item, serão apresentados alguns detalhes da relação entre a psicologia do nascimento e a interpretação edipiana e persecutória, de acordo com Soifer, e a abordagem winnicottiana, que traz contrapontos firmados em princípios diferenciados e voltados para a saúde, como, por exemplo, a preocupação materna primária, a regressão à dependência, a tendência inata à integração, entre outros.

4. WINNICOTT E RAQUEL SOIFER

Winnicott apresenta a ideia de uma gravidez saudável relacionada ao desenvolvimento emocional da mãe. A gestante amadurecida emocionalmente *acredita em* sua própria capacidade de gerar um bebê vivo e real. No caso da gestante pouco amadurecida emocionalmente, talvez haja uma importante interferência de fantasias persecutórias para o prosseguimento da gravidez.

Essa abordagem winnicottiana de uma gestação saudável não faz parte da literatura em geral. Entre outros psicanalistas que trabalham com o ciclo gravídico-puerperal, Raquel Soifer considera a interferência das fantasias persecutórias uma ocorrência comum na gravidez saudável. A opção por abordar a teoria de Soifer se justifica por ela ser, ainda, uma autora de grande receptividade na área de psicologia voltada à obstetrícia. Seu livro *Psicologia da gravidez, parto e puerpério* (1980) é bibliografia básica para o assunto da maternidade. Soifer é muito citada na hora de explicar aspectos psicólogos da gestante, sem que possa ser acentuada como compreensão exclusivamente patológica da gestação, não aplicada a todos os casos, o que é verificado com a própria experiência clínica em obstetrícia e pediatria. A comparação entre a abordagem teórica winnicottiana e aquela que fundamenta a prática clínica psicológica tradicional com gestantes é útil como um recurso teórico para compreender o processo gestacional saudável.

Para Soifer, a observação clínica permite situar movimentos específicos de aumento da ansiedade durante a gravidez. Essa ansiedade gestacional pode provocar sintomas físicos leves, como vômitos, ou graves, como aborto ou parto prematuro. É caracterizada por " ... fantasias bem determinadas e específicas, cujo conhecimento possibilita ao profissional realizar a higiene mental adequada, a fim de prevenir um ulterior agravamento" (Soifer, 1980, p. 21). A base teórica que fundamenta as observações clínicas de Soifer é encontrada em autores como Melaine Klein, Marie Langer e Arminda Aberastury, entre outros, que fornecem os subsídios para a interpretação e tratamento das ansiedades agrupadas do seguinte modo pela autora: ansiedades no começo da gestação, durante a formação da placenta, diante da percepção dos movimentos fetais, pela instalação franca dos movimentos, pela versão interna, no início do nono mês, nos últimos dias antes do parto.

Serão comentados os capítulos 1 e 2, que abordam as ansiedades da gestação e parto, sempre com apresentações de citações que evidenciem a fundamentação na psicanálise edipiana em contraposição à abordagem winnicottiana.

Ansiedades do início da gravidez

Soifer caracteriza a situação psicológica do início da gravidez por meio de ansiedades com manifestações físicas de sonolência e vômitos, relacionadas à regressão e identificação fantasiada com o feto e também por ambivalência diante das vivências persecutórias edipianas intensificadas pela maternidade. O processo de identificação durante a gestação descrito por Winnicott recebe uma conceituação baseada no pressuposto de integração psicossomática que conduz ao amadurecimento pessoal, e, nesse sentido, a identificação da mãe gestante com seu próprio corpo gera um interesse saudável sobre a gravidez. As fantasias persecutórias têm espaço apenas quando há problemas de desenvolvimento emocional materno, ou, ainda, quando o ambiente não permite à mãe a regressão e retraimento saudável.

Embora Soifer considere vômitos e náuseas comuns, também aponta um aspecto psicopatológico associado a esses sintomas: o temor da incapacidade de dar à luz e nutrir uma criança. Esse temor é baseado no terror e na rejeição ao próprio filho, representante de hostilidades edipianas, e no desenraizamento cultural em relação aos conhecimentos sobre lactação. Apesar de assinalar que está tratando da gravidez normal, o que quer dizer saudável, Soifer indica o aspecto psicopatológico do temor. Em nota de rodapé, a autora cita uma interpretação de Angel Garma que associa a reação de vômito a fantasias de agenesia ou dismorfia fetais, com projeções no embrião do complexo de castração da mulher, que, inconscientemente, considera sua genitalidade incompleta e perversa, classificada como monstruosa por seu superego, uma compreensão psicanalítica tradicional da sexualidade humana quando comparada à teoria da sexualidade no contexto psicanalítico winnicottiano. Loparic detalha essa teoria em seu artigo "Elementos da teoria winnicottiana da sexualidade" (2005), dizendo que:

> Na psicanálise tradicional a oposição entre masculino e feminino é essencialmente vinculada ao problema da castração, sendo o termo "mulher" praticamente sinônimo de "macho castrado". Na redescrição winnicottiana, essa oposição é desvinculada da castração e associada à problemática da constituição da identidade pessoal, relacionada à elaboração imaginativa das funções corpóreas e às identificações de vários tipos. (p. 332)

A partir da compreensão winnicottiana, Loparic (2005) indica que a inveja do pênis é apenas uma fase curta do desenvolvimento sexual feminino, como pode ser visto no trecho a seguir:

> A inveja do pênis caracteriza, portanto, somente uma fase, de resto bastante curta, do desenvolvimento sexual feminino, em que a menina integra o seu elemento masculino. Esse período logo é ultrapassado pela inserção desse elemento [masculino] no *todo* das aquisições anteriores (inclusive as mais primitivas), entre outras a de ter um interior e de poder guardar segredo – prefigurações da capacidade genital plena de engravidar, dar à luz e amamentar. (p. 332)

De acordo com a visão tradicional da sexualidade humana exposta por Soifer, " ... quando uma mulher engravida, é porque sua tendência à maternidade superou amplamente o terror aos filhos" (1980, p. 27), o terror é atenuado pelo desejo de ser mãe. Por outro lado, Winnicott constata na gestante uma atitude de identificação crescente com o filho, relacionada inicialmente às mudanças fisiológicas elaboradas imaginativamente pela gestante saudável emocionalmente. Esse aspecto é denominado "preocupação materna primária"[3]. A constatação de Winnicott está publicada no artigo "O relacionamento entre uma mãe e seu bebê", sob o item "A parceria entre mãe e bebê", em que a ênfase da condição materna gestacional recai sobre o relacionamento, que permite à mãe grávida voltar-se para dentro do próprio corpo e desviar o interesse de seu si-mesmo para o bebê ainda em formação. Embora seja um estado de muita vulnerabilidade da mulher, os elementos persecutórios são minimizados pela sensibilidade materna.

Soifer indica ainda o temor da incapacidade de nutrir uma criança como outro aspecto importante na psicopatologia das náuseas e vômitos. Embora a amamentação seja um aspecto relativo ao pós-parto, a capacidade de comunicação com o bebê por meio desse processo se desenvolve ao longo de toda a gestação em termos de saúde emocional materna, e não em termos de psicopatologia, como afirma Soifer.

Para Winnicott a alimentação natural é parte importante da relação entre a mãe e o bebê. Bebês que se relacionam com suas mães preparadas para a experiência na qual elas sabem o que ninguém mais sabe, ou seja, como o bebê pode estar se sentindo, por terem sido elas próprias um bebê e por terem brincado de bonecas quando criança. É esse o aspecto infantil recordado com a gestação e a maternidade, que favorece a amamentação, e não o surgimento gestacional de náuseas e vômitos. A capacidade materna para amamentar e segurar o bebê nos braços não implica em conhecimentos ou ensinamentos. Winnicott percebe a relação entre a mãe e o bebê como uma experiência natural:

> ... o essencial constitui a mais simples de todas as experiências, a que se baseia no contato sem atividade e que cria as condições necessárias para que se mani-

---

[3] No artigo "A preocupação materna primária" (2000 [1958n]), Winnicott considera que essa condição materna tem início durante e principalmente o final da gestação, com duração de algumas semanas após o nascimento do bebê, o que possibilita adaptação sensível, delicada e exacerbada – quase uma doença – às necessidades do bebê, fornecendo o contexto para que a tendência inata ao desenvolvimento comece a manifestar-se. Em 1949, a ideia inicial deste estado materno é apresentada na expressão "a mãe devotada comum" quando Winnicott enfatiza a importância do período de nove meses de preparação e transformação para a experiência de saber "... muitíssimo bem quais são as necessidades do bebê" (2006, p. 4 [1987e]).

> feste o sentimento de unidade entre duas pessoas, que de fato são duas, e não apenas uma. Estas coisas dão ao bebê a oportunidade de ser. (Winnicott, 2006, p. 5 [1987e])

Quanto à ansiedade representante de hostilidades edipianas, Winnicott (2006 [1969b]), no texto "A amamentação como forma e comunicação", relata mães com dificuldades pessoais de amamentar devido a conflitos internos talvez relacionados a experiências da infância. No entanto, ele diz tentar descrever:

> ... a sensação de realização que a mãe pode sentir quando a fisiologia e a anatomia, que talvez tenham sido para ela um grande incômodo, de repente fazem sentido e lhe permitem lidar com o medo de que o bebê vai comê-la, ao descobrir que ela de fato tem algo chamado leite, com o que pode acalmá-lo temporariamente ... e por mais satisfatório que possa ser, a satisfação da mulher capaz de usar uma parte de seu próprio corpo desta forma é algo totalmente diferente. A satisfação está ligada às suas próprias experiências como bebê. (p. 25)

Chama a atenção explorar o sentido da anatomia e fisiologia para descobrir algo no próprio corpo que acalma o bebê, e mais ainda que essa descoberta seja ligada à memória de experiências infantis, de ter sido alimentada e nutrida e agora, naturalmente, alimentar seu bebê. Em uma trajetória natural em que a saúde mental do bebê está sendo constituída em um ambiente de interações pessoais que atende e facilita o desenvolvimento da tendência inata ao amadurecimento. Embora Winnicott esteja falando da relação mãe-bebê após o nascimento, a experiência de fazer sentido da anatomia e fisiologia pode se desdobrar para a gestante.

Essas experiências abrangem, evidentemente, mais do que a amamentação do bebê. O ato de segurar e manipular o bebê como uma totalidade e de acordo com suas necessidades físicas e instintuais é tão importante quanto a alimentação, que pode inclusive ocorrer por meio da mamadeira e ser repleta de sentido para o bebê. Para Winnicott (2000, p. 243 [1948b]), a alimentação por mamadeira pode ser um grande alívio quando a mãe é totalmente incapaz de usar seu peito, pois, estando desobrigada da amamentação ao peito, pode estabelecer um contato mais natural com o filho.

Winnicott conclui o artigo "Alimentação do bebê" (1982 [1945c]) dizendo que a relação bem-sucedida entre a mãe e o bebê ocorre sem que se interponha qualquer regra entre eles, nem mesmo a amamentação ao peito materno. A obrigação da amamentação é, de certa forma, reflexo do relativo exagero da evidência dada ao seio pela psicanálise. Winnicott considera que, " ... com o passar do tempo, constatamos que o 'seio bom' é um jargão que, de modo geral, significa uma maternidade e paternidade satisfatórias" (2006, p. 21 [1969b]).

O caso de pacientes soropositivas pode servir como exemplo da capacidade materna independente da possibilidade de amamentação. Durante o ano de 2005, participei do trabalho de duas colegas psicólogas[4] com gestantes e mães HIV positivo. Uma das mães tinha uma profunda preocupação com indicações sobre distúrbios do desenvolvimento emocional infantil decorrentes do não aleitamento materno. Obviamente, as mães soropositivas não amamentam. Em um dos casos acompanhados pelas colegas, a mãe havia contraído o vírus em uma transfusão de sangue cerca de quinze anos antes, em decorrência de uma perda fetal anterior. O pai não era portador do vírus. Essa paciente não manifestava sintomas e foi acompanhada semanalmente durante o final da gestação e nas três primeiras semanas após o parto, em ambulatório e enfermaria. Ela e seu bebê precisavam ser medicados em horários rígidos, inclusive durante o horário de atendimento psicológico, tarefa que a mãe fazia demonstrando um cuidado tranquilo. O horário da medicação era importante na rotina da família. A mãe não oferecia o peito, mas algo que o substituía em termos de experiência de comunicação e contato com o bebê. O papel ambiental de facilitador do relacionamento entre a mãe e o bebê, nesse caso, envolvia um pai bastante continente e uma abordagem terapêutica basicamente não intrusiva, sem recomendações, lembretes ou vigilância excessiva.

Winnicott escreveu uma passagem que pode ser útil na análise desse caso: " ... há tantas razões para justificar um malogro e tanto pode ser feito mais tarde para compensar" (1982, p. 36 [1945c]). Ele está refletindo sobre a alimentação do bebê, quando tudo corre bem, mas a mãe está preocupada com regras e fica impedida de cuidar do bebê de sua própria maneira, um pequeno malogro diante de uma fatalidade após a perda fetal.

No sentido winnicottiano, filhos não são objetos internos de terror infantil. As ansiedades persecutórias estão relacionadas à incapacidade materna de confiar no ambiente e regredir ao estado de identificação, mas de forma alguma caracterizam uma gravidez saudável e amadurecida. Winnicott (2005 [1965vf]) assinala que, no caso de rupturas das forças ambientais protetoras, além da incapacidade

---

[4] Este caso clínico foi publicado nos estudos de Pereira (2006) e Matheus (2006).

de regredir ao estado de identificação com o bebê, a mãe fica sujeita a distúrbios mentais puerperais. Esse aspecto será apresentado no item "A experiência materna durante a gestação", no Capítulo 3.

É interessante notar que o texto de Soifer data de 1977, tardio em relação à divulgação do trabalho winnicottiano. No entanto, não há a menor menção à teoria do pediatra e psicanalista inglês.

ANSIEDADES DO PRIMEIRO TRIMESTRE DE GESTAÇÃO – FORMAÇÃO DA PLACENTA

Soifer relata a ansiedade no período de formação da placenta a partir do trabalho de interpretação de sonhos que se manifestam por reativação de fantasias persecutórias de roubo e esvaziamento do corpo por medo da castração pelo amor incestuoso do período edípico infantil. Essas fantasias ocorrem devido à percepção inconsciente do processo de formação da placenta, a partir da concepção interpretativa de que o processo biológico é agressivo ao organismo materno. Entretanto, ao se estudar o processo de embriogênese, verifica-se que não há agressão ao organismo materno decorrente da gestação ou formação da placenta. Quanto aos sonhos associados a fantasias persecutórias, podem ser considerados patológico dentro da teoria do amadurecimento humano de Winnicott.

Para Soifer, a formação da placenta e a nidação (implantação do embrião) são consideradas um ato agressivo e, junto com o processo de nutrição do zigoto, determinam mudanças psicológicas persecutórias. É preciso esclarecer estes processos embrionários para distinguir a fisiologia e a interpretação emocional persecutória que se faz de suas alterações durante a gestação. A gravidez não é uma agressão ao organismo materno, mas um processo para o qual o corpo da mulher está biologicamente preparado. O sentimento de perseguição originário das mudanças fisiológicas gestacionais indica a incapacidade de acreditar em seus próprios bebês vivos e reais, portanto, é um movimento de falta de amadurecimento pessoal da mãe gestante.

Os relatos de Soifer são referentes à gestação patológica, e não ao processo gestacional normal. Pensando em termos da elaboração psicossomática como base da teoria do amadurecimento pessoal, as gestantes estudadas pela autora apresentam uma dissociação entre sua fisiologia e seus sentimentos. Esses dois aspectos do desenvolvimento, o soma e a psique, são dissociados na descrição de Soifer. Dissociação é um aspecto do desenvolvimento humano que Winnicott (2000, p. 226 [1945d]) relaciona a uma incompletude da integração psicossomática.

Primeiro, serão expostos esclarecimentos sobre a embriologia. Depois, comentários sobre a integração psicossomática e sobre os sonhos.

Soifer fala sobre vilosidades, nutrição do embrião e nidação em apenas um parágrafo, e passa rapidamente para a descrição de sonhos. Para relacionar diretamente fisiologia e persecutoriedade, seria indicado fazer uma explicação maior do aspecto orgânico. No entanto, essa relação não seria possível, como demonstram estudos de fisiologia disponíveis no período em que Soifer escreve seu texto.

Embora os conhecimentos médicos fossem restritos, se comparados com os atuais, Francone, Stanley e Walter (1990), em 1965, definem, a implantação do embrião dizendo que:

> O trofoblasto escava o revestimento endometrial e esculpe um ninho para o blastocisto[5], que, então, se aprofunda no tecido conjuntivo subjacente. Os vasos e glândulas uterinas na área penetrada rompem-se; o líquido assim formado fornece nutrição para o blastocisto implantado. O epitélio cicatriza-se sobre o embrião, e este desenvolve-se nos tecidos da parede uterina – não na cavidade, como ocorre na maioria dos animais inferiores. (p. 519)

O trofoblasto escava o epitélio uterino endometrial, que vai se espessando, em preparação durante cerca de três semanas. O local de nidação do óvulo fecundado, portanto, é um tecido nutritivo preparado pelo organismo materno a cada ciclo menstrual ao longo do período de vida reprodutiva.

A parede uterina tem três camadas: a camada de revestimento epitelial externo; a camada média, miométrio de feixes entrelaçados de fibras musculares lisas embebidas em tecido conjuntivo e muitos vasos sanguíneos; e a camada interna, ou endométrio, que consiste em tecido conjuntivo, chamado estroma, suporte para glândulas epiteliais.

Na fase proliferativa do ciclo menstrual, a secreção de estrogênio aumenta e há um rápido crescimento de glândulas e tecido conjuntivo de suporte. As alterações do endométrio ainda não são exuberantes como na fase secretora, quando há diferenciação de um tipo de tecido secretor capaz de propiciar a implantação do embrião. Se não há implantação, no caso de não fertilização, começa a fase menstrual. A constrição intermitente das artérias uterinas causa anoxia resultante no enrugamento da camada superficial do endométrio. O tecido necrótico é derramado, e a isso se segue a ruptura dos vasos superficiais. A camada

---

[5] A palavra "blastocisto" deriva de dois termos gregos: *blasto*, que vai gerar algo, e *cisto*, cavidade.

funcional completa é geralmente escarificada, restando apenas a camada basal profunda, intacta.

O tecido materno quando não utilizado pelo blastocisto, cavidade que vai gerar algo ou alguém, é necrosado, eliminado e reconstruído para a próxima possível implantação. A nidação, portanto, não é um processo agressivo, mas um processo natural e adaptado para a reprodução humana. Nesse sentido, os sentimentos ansiosos e de terror gerados pelo estado de gravidez podem estar ligados à história de vida da mulher, e seus sonhos são decorrentes desta história, já que a natureza biológica parece ser menos severa e voraz do que a fantasia persecutória.

De acordo com Soifer, os sonhos são a base para compreender a ansiedade e persecutoriedade advindas da percepção orgânica inconsciente do processo de placentação, que reativa fantasias persecutórias de roubo e esvaziamento devido ao risco frequente de aborto no primeiro trimestre de gestação. São sonhos em que direta ou simbolicamente aparecem elementos de sangue.

Soifer cita o relato de uma paciente sobre um sonho que traz pensamentos de queixas dos pais, discussões com o marido e incapacidade de resolver o problema no lar. Riscas vermelhas representam o elemento sangue no sonho.

> Uma paciente, no segundo mês de gravidez, sonhou que haviam colocado em sua casa um jogo de estantes embutidas na parede, forradas com um tecido de quadrados grandes, com riscas vermelhas. O jogo de estantes representava claramente as vilosidades placentárias, e o tecido de quadrados, os vasos em formação. As associações do sonho tinham um conteúdo persecutório, pois a levavam a pensar em suas queixas contra os pais, por não lhe haverem dado o bastante (as toalhas de mesa que não lhe haviam comprado e que deveriam cobrir as estantes) e nas discussões com o marido sobre a dificuldade de se aceitar como dona de casa. Ambas as vivências relacionavam-se, por um lado, com seu rancor edipiano contra o pai, por preferir a mãe, e por outro, ao ressentimento contra a mãe, dona de casa muito experiente, cuja intensidade impedia a filha de se identificar bem com ela. Esses sentimentos de ódio tornavam-se ameaçadores nas atuais circunstâncias e levavam essa mulher a confundir o filho com um roubo. As estantes vazias representavam o roubo, ao mesmo tempo que simbolizavam sua vivência de vacuidade mental, ao sentir-se incapaz de resolver os problemas do lar. Ou seja, o conteúdo profundo do sonho exprimia o terror de estar sendo dilacerada e esvaziada. Desse modo, ela dava vazão a seus terrores inconscientes através da imagem onírica; e pela realização fantástica de desejos (toalhas-filho) adquiria a capacidade de tolerar a ansiedade e de prosseguir na gravidez. (1980, p. 26)

As interpretações do sonho são baseadas em rancor edipiano[6], apesar de o sonho fazer a paciente pensar nos conflitos relacionais e na incapacidade de resolvê-los, aspecto perturbador do ambiente da gestante. Soifer negligencia completamente o aspecto ambiental e interpreta uma sensação de terror de ser devorada e esvaziada por um monstro, o aborto, que simboliza o filho. Esse terror costuma ser associado à percepção orgânica do processo de placentação. Porém, o estudo da fisiologia revela que esse órgão está mais ligado à vitalidade fetal do que ao sangramento ou perda, com exceção de condições orgânicas patológicas.

A placenta é um órgão endócrino, e, como descrevem Francone *et al.* (1990):

> A placenta desenvolve-se a partir do córion [revestimento externo] do embrião e da decídua basal do útero [membrana mucosa do útero, porção subjacente ao embrião entre a vesícula coriônica e o miométrio]. Por volta do terceiro mês de gestação, a placenta está completamente formada pela infiltração das vilosidades [pequena projeção alongada da superfície de uma membrana] do córion na decídua basal. Essas vilosidades crescem, multiplicam-se e ramificam-se a tal ponto que cada uma está banhada em um lago de sangue materno. Na realidade, não existe nenhuma troca de sangue entre as porções materna e fetal da placenta. A placenta fetal é banhada em sangue materno e recebe substâncias nutritivas por difusão [transferência de substâncias de uma região de maior para outra de menor concentração, como resultado do movimento aleatório das partículas] através das vilosidades. A placenta forma o único meio pelo qual as funções nutricional, respiratória e excretora do feto são possíveis. (p. 520-521)

Assim, sangue e placenta são indicadores do desenvolvimento saudável do feto, e não de abortamento. O componente placentário é um dos componentes da homeostase materno-fetal, que engloba o componente materno de aporte, o componente fetal de aproveitamento de oxigênio e nutrientes e o componente placentário de transporte de nutrientes e oxigênio. Esse conceito confere concretude à expressão "conjunto ambiente-indivíduo" (Winnicott, 1990, p. 178 [1988]) e à ideia da solidão essencial que ocorre apenas diante da presença de alguém. Dentro da perspectiva winnicottiana, o terror e a expectativa de perda fetal se-

---

[6] Sobre sonhos, Winnicott nota que, por vezes, os pacientes produzem *o tipo do material que o analista gosta de receber*, ele ainda comenta que "... analistas junguianos costumam receber sonhos 'tipicamente junguianos', enquanto os analistas freudianos só raras vezes ouvirão formações oníricas misticamente elaboradas" (2000, p. 161-162 [1958p]).

riam ocasionados por uma condição materna não favorável para a maternidade. O aspecto somático é fortemente enfatizado por Winnicott, mas dentro da perspectiva da integração entre o soma e a psique. Winnicott discute o relacionamento entre a mãe e o feto e descreve um contato extremamente íntimo – o bebê está no corpo da mãe – e, mesmo assim, de isolamento, pois eles estão separados pela placenta. A placenta é o elemento separador e nutridor do relacionamento.

Winnicott faz a seguinte relação entre a biologia e a psicologia do indivíduo, no sentido de direcionar uma integração entre o soma e a psique a partir de um contato extremamente íntimo em contraposição a um espaço de isolamento absoluto e protegido:

> ... do ponto de vista físico também é possível dizer que entre a mãe e o bebê há um conjunto de substâncias, que são absolutamente essenciais até o momento da separação. Esse conjunto de substâncias será perdido tanto pela mãe quanto pelo bebê. Neste estágio, tão difícil de descrever, podemos, na condição de observadores, perceber com facilidade onde termina a mãe e onde começa o bebê. Na psicologia do indivíduo, entretanto, há um aspecto importante do relacionamento e sobre o qual podemos dizer que mesmo no contato mais íntimo possível haverá uma ausência de contato, de modo que cada indivíduo manterá, essencialmente, um isolamento absoluto, permanentemente e para sempre. Na analogia física, é verdade que o ovo era um hóspede no corpo na mãe, e não uma parte dela, e que após a fertilização ocorre uma organização gradativa visando o estabelecimento da independência; biologicamente falando, podemos dizer que a mãe não perde nada de seu quando nasce o bebê, exceto aquela parte do endométrio que se entremesclou à placenta ... Após o nascimento do bebê, essa substância, que tanto une quanto separa, passa a ser representada por objetos e fenômenos sobre os quais se pode dizer, novamente, que ao mesmo tempo em que eles são parte do bebê, eles também são parte do ambiente. (Winnicott, 1990, p. 178 [1988])

Se focarmos apenas a analogia entre o biológico e o psicológico, é possível entender o contato e o isolamento que ocorrem como uma experiência de comunicação somática tanto para a mãe como para o feto.

Do ponto de vista do feto, de acordo com o desenvolvimento neurológico, essa experiência corporal pode ser armazenada como memória. As experiências corporais começam a se juntar para formar um novo ser humano (Winnicott, 1990, p. 39 [1988]), pois, do acúmulo de memórias, surge a psique, que tem como base o corpo ou as elaborações imaginativas desse corpo.

Winiccott (1990, p. 37, 46-47 [1988]) descreve o soma e a psique em termos evolutivos. O soma se forma antes e oferece a base para a elaboração imaginativa das funções somáticas, tendo como tarefa mais importante estabelecer a continuidade temporal das experiências e dar sentido ao sentimento de eu. Em um processo gradual de desenvolvimento emocional e pessoal, a concepção é a única data segura para se falar do início do ser humano: ao nascer, o bebê já apresenta uma individualidade.

No início, diz Winnicott, não há vínculo algum entre corpo e psique (1990, p. 153 [1988]). Há somente dependência do ambiente e, mesmo na sustentação do ambiente, ainda a experiência de solidão. Esse estado de solidão original, já experimentado no lugar de existência sustentada no tempo primeiro pelo útero durante a gestação e depois da experiência de nascimento, pelo colo, jamais é abandonado. É um lugar de memória materna da mulher, principalmente durante a regressão e identificação da maternidade.

Do ponto de vista da mãe grávida, o período de formação da placenta, no primeiro trimestre de gestação, também implica nas elaborações imaginativas do corpo, de formação de um órgão vital para o embrião. É a experiência que envolve a capacidade adaptativa e a vitalidade da mãe para nutrir o filho. Nesse sentido, os sonhos ficam distantes de representar ansiedade persecutória de terror da perda do filho roubado.

Ao falar sobre "A contribuição da psicanálise à obstetrícia" (2006 [1957f]) Winnicott comenta que:

> Em termos quase universais, a mãe sente, com pequena ou grande intensidade, que ela roubou o seu bebê de sua própria mãe. Isto tem suas origens no fato de ela ter brincado de pai e mãe, e de seus sonhos na época em que ela era apenas uma garotinha e tinha no pai o seu *beau ideal*. (2006, p. 70 [1957f])

Mesmo no reconhecimento da relação edípica, o sentimento provém das experiências infantis de brincar e sonhar, e não do desejo infantil reprimido que torna todo o acesso à realidade permeado de fantasias e, no caso da descrição de Soifer, de fantasias maternais persecutórias.

Os sonhos das gestantes, em Soifer, são imagens que remetem a desejos e fantasias incestuosas por meio de associações livres dentro de certa lógica argumentativa e com o propósito de dar vazão à tensão pulsional. Porém, a mãe grávida experimenta um período de transformações físicas e emocionais, em um estado de regressão muito primitiva e anterior ao período edípico, quando, inclusive, as palavras não fazem sentido.

Winnicott (1975) demonstra diferenças sutis entre o sonhar e o fantasiar através da descrição de uma história clínica. O sonhar, assim como o viver, envolve relacionamentos com objetos reais. O sonho traz vários sentidos originados da realidade interna e externa do indivíduo, e cria como que uma ponte entre esses dois espaços de experiência. O sonho é a elaboração imaginativa que dá sentido ao sentimento de si mesmo. Envolve um elemento temporal de continuidade ao ligar o passado já vivenciado ao presente e à esperança de futuro, diferente da fixidez temporal do fantasiar indicativa de uma atividade mental dissociada, na qual a vida permanece paralisada pela ausência de contato com objetos reais.

O sonho é espaço pessoal de a criação do mundo que se dá pela confiança no ambiente, assim como o viver. Ou seja, uma capacidade de relaxar que acontece no ambiente confiante, apesar da ilusão que existe nesse espaço de criação. Ilusão no sentido de que o ambiente, ou o mundo, é criado por contato e solidão, uma condição de estar só diante de alguém que cria a ilusão de que é possível confiar no mundo. Assim como no espaço uterino há uma substância intermediária de separação e união, a confiança e a criação do ambiente e do mundo são ilusórias, criadas num espaço intermediário entre o ser, sempre potencialmente total, pois nunca abandona completamente os estágios iniciais, e o outro, ambiente de sustentação.

Retomando o relato da paciente de Soifer, que não conseguia resolver os problemas do lar, mas sonhava um sonho de espaços organizados e cobertos de tecidos, como se faz nos quartos de bebês: organiza-se o espaço, forra-se o armário, revestem-se as paredes com papéis coloridos e suaves, acolchoa-se o berço. É interessante notar o aspecto espacial do ambiente sonhado para o qual se volta a mãe grávida. Esse sonho comunica muito mais sobre essa mãe do que as riscas vermelhas. Há todo um contexto ambiental de cuidado e de preocupação com os espaços internos, que podem revelar a capacidade de se devotar ao bebê e de se sensibilizar com as mudanças trazidas pela gestação, apesar do ambiente familiar de conflito. Isso indica que o ambiente terapêutico deve oferecer um suporte maior de acolhimento para favorecer o estado de preocupação materna primária para essa gestante. Os procedimentos desse acolhimento são simples e podem envolver especialmente o fator temporal de presença da gestante no ambiente terapêutico, com retornos semanais individuais, encaminhamento para grupo de gestantes, indicação para práticas corporais, como hidroginástica e relaxamento, e, ainda, disponibilidade para acolhimentos não previstos que podem ocorrer por telefone, e-mail ou retorno ao consultório e hospital. Em alguns casos, é indicada a presença de alguém confiável durante as consultas médicas, durante o parto e até nos primeiros dias com o bebê. Não precisa ser necessariamente o terapeuta, mas uma enfermeira ou babá. Se o atendimento for institucional, a internação pode ser indicada tanto por motivos físicos como emocionais[7].

Movimentos fetais

O enfoque de Soifer sobre os movimentos fetais enfatiza a percepção sensorial que estimula fantasias inconscientes oriundas do conflito edipiano. Winnicott somente considera a predominância de fantasias incestuosas e sentimentos de culpa materna nos casos em que a gestante apresenta problemas em seu amadurecimento pessoal. Em Winnicott, a mobilidade fetal é pensada na relação com o ambiente adaptativo como experiência pessoal que possibilitam ao bebê o sentido de ser vivo e real.

Para Soifer, a percepção dos movimentos fetais desencadeia ansiedade culposa pela evidência da união pessoal e íntima da mãe com o feto, uma união na qual ninguém pode interferir. Essa ansiedade é dominante em toda a gravidez que, segundo Soifer, " ... reativa no inconsciente as fantasias incestuosas e masturbatórias infantis" (1980, p. 30). Diante dessa perspectiva teórica, Soifer interpreta as queixas referentes aos fortes pontapés do bebê, que impedem a gestante de dormir, trabalhar e caminhar, como um mecanismo de projeção, que transfere para o feto uma imagem de terror identificada com ele. Nas palavras Soifer (1980):

> A criança é sentida, assim, como um ser perigoso, cujos movimentos bruscos, agressivos e sádicos ameaçam causar um severo dano físico à mãe. O que se projeta em tal imagem são os impulsos hostis em relação à própria mãe grávida. (p. 29)

Essa hostilidade se desencadeia a partir do desejo incestuoso reprimido na infância. E leva a elaboração de defesas maníacas como o devaneio e as fantasias de um filho bonito e bom que trará felicidade. As defesas são como um refúgio idealizado que permite o prosseguimento da gravidez, atribuídas ao instinto maternal, que, em psicanálise, diz Soifer, é derivado das tendências reparatórias da

---

[7] Essas medidas terapêuticas e especialmente preventivas de transtornos relacionais entre a mãe e o bebê poderiam ser operacionalizadas para o atendimento de atenção primária em saúde pública, por meio de programas de cooperação envolvendo principalmente as universidades e o Estado, mas também o sistema privado, com o objetivo de promover assistência e pesquisa. Evidentemente, a necessidade de alguma dessas medidas é sempre pessoal e particular.

imagem materna e da necessidade de recriá-la por identificação. Os mecanismos maníacos podem ser exagerados e associados a transtornos somáticos, tais como hipertensão ou hipotensão, estase venosa pronunciada, varizes doloridas, insônia, bulimia ou excesso de peso, padecimentos físicos que representam o masoquismo e as fantasias de expiação da culpa para alívio das intensas vivências terroríficas. Soifer indica um nível crescente de ansiedade relacionado a fantasias inconscientes derivadas do conflito edipiano e do temor da morte, frente a percepção dos movimentos fetais.

Embora Soifer remeta à compreensão da psicologia materna, para aspectos da vida infantil trazidos para o momento de gestação, o seu ponto de vista teórico permite apenas observar a persecutoriedade e a culpa materna como elementos constantes e básicos do processo gestacional, o que deveria ser descrito somente para caracterizar ocorrências patológicas. Não há distinção entre fenômenos saudáveis e patológicos em sua teoria, apenas variações no nível de intensidade do medo e da culpa.

Soifer observa, por exemplo, quadros de contratura muscular determinados por conflitos psíquicos de ansiedades e terror que poderiam ser analisados, com proveito, sob o ponto de vista teórico winnicottiano, como o exemplo a seguir:

> Um quadro anômalo frequente é a exageração do tono muscular uterino que, por sua vez, provoca mais movimentos fetais, num circulo vicioso: movimentos – contratura – movimentos mais bruscos. O trabalho clínico tem-nos demonstrado que as crianças nascidas desse tipo de gravidez apresentam características hipercinéticas. (Soifer, 1980, p. 35)

A observação é extremamente interessante e demonstra um raciocínio clínico atento e de proximidade com a paciente, entretanto não alcança a compreensão do relacionamento entre o feto e o ambiente intrauterino adaptativo. O aspecto somático dessa relação é importante, pois o bebê está no corpo da mãe. E, assim, as contraturas e o relaxamento do corpo materno interferem nos estados de quietude e movimentação fetal.

Afastados os riscos de perda fetal ou trabalho de parto prematuro, o quadro frequente de tensão e relaxamento muscular pode ser compreendido como condição para um estado inicial de ser do bebê durante o período de vida intrauterino. Para examinar esse estado antes e após o nascimento, Winnicott apresenta um diagrama como analogia ao conceito do conjunto ambiente-indivíduo. O diagrama é composto de uma figura circular no interior de outra maior, como duas bolhas. A existência do conjunto e sua continuidade ocorrem em função da adaptação da pressão externa à pressão interna. Esse diagrama da bolha foi apresentado a Winnicott por uma paciente psicótica em estado terapêutico regredido, e foi analisado em termos da experiência de ser inicial do bebê que se dá no contato com a mãe-ambiente. Esse contato pode ser espontâneo ou reativo. Se espontâneo, do isolamento e quietude absolutos o indivíduo entra em contato com o ambiente a partir do movimento. Se reativo a uma intrusão ambiental, ocorre uma interrupção temporária no estado de ser do bebê.

Winnicott escreve que o movimento de contato do bebê talvez seja " ... o movimento físico real da espinha ou da perna dentro do útero" (Winnicott, 1990, p. 149 [1988]). O que é extremamente pertinente, pois considerar o movimento físico do feto como movimento pessoal de busca de contato ou de reação à intrusão ambiental significa apenas dar continuidade à compreensão do desenvolvimento emocional do animal humano em termos de elaboração imaginativa, considerando-se a experiência pessoal do contato, no sentido descrito por Winnicott (1990 [1988]):

> Existem boas evidências de que os movimentos do corpo na vida intrauterina são significativos, e é plausível que, de um modo silencioso, a quietude vivenciada naquele período também o seja. (p. 39)

Retomando o relato de Soifer, bebês nascidos do círculo vicioso da contratura muscular e movimento fetal são hipercinéticos. Aqui há mais uma oportunidade para pensar a relação indivíduo e adaptabilidade do ambiente.

A ansiedade, ou mesmo o estado depressivo da mãe-ambiente neste momento do desenvolvimento, interferem na quietude e continuidade de *ser* do bebê e estabelecem desde o início precoce um padrão de reação à intrusão. O desenvolvimento de um padrão de contato espontâneo ou reativo amplia-se num padrão de comunicação para além da vida intraútero. Winnicott (1990 [1988]) faz a seguinte observação acerca da importância do contato inicial:

> ... a influência ambiental pode iniciar-se numa etapa muitíssimo precoce, determinando se a pessoa, ao buscar uma confirmação de que a vida vale a pena, irá partir à procura de experiências, ou se retrairá, fugindo do mundo. (p. 149)

Assim, para compreender a questão das contrações uterinas e a intensidade dos movimentos fetais, seria preciso abordar o relacionamento que se estabelece durante o desenvolvimento emocional inicial que exige um ambiente com máxima adaptação às necessidades do bebê. O padrão de um relacionamento não adaptado e intrusivo pode ocorrer desde a vida intrauterina. Em termos winnicottianos, " ... a rigidez ou inadaptabilidade da mãe (devidas à ansiedade ou a um estado depressivo) podem, portanto, tornar-se evidentes para o bebê antes mesmo que este tenha nascido" (Winnicott, 1990, p. 150 [1988]).

A reação do bebê ao ambiente pode ser observada, por exemplo, nas situações que exijam procedimentos médicos, em que é necessário que um catéter espiralado seja inserido na região dorsal do feto através do abdômen da mãe, nas últimas semanas de gestação, para drenagem e melhora do funcionamento renal do bebê. É comum encontrar o catéter solto durante o parto, por ter sido retirado pelo bebê.

Para Winnicott, a mobilidade fetal é analisada no contexto de sua teoria do amadurecimento pessoal como gesto pessoal e relacional.

Ansiedades do último trimestre e do parto

A proximidade do momento do parto na visão de Soifer reativa vivências edipianas que podem conduzir ao parto prematuro, devido à ativação de mecanismos de defesa, como a expulsão ou a sintomatologia física, como a hipertensão. A conduta terapêutica e preventiva adotada nesses casos é a higiene mental, tanto para a parturiente como para o pai do bebê. Esse procedimento consiste em técnicas de esclarecimento e aprendizagem da maternidade e paternidade. Esses dois fatores, a vivência edipiana e o atendimento de higiene mental, serão comentados a seguir, segundo os pressupostos winnicottianos.

O texto de Soifer focaliza as ansiedades causadas pela percepção dos movimentos fetais de forma crescente no último trimestre e dias antes do parto. As ansiedades são decorrentes da temática de fantasias de esvaziamento, relativas à sensação de perda que caracterizam intensas fantasias de parto prematuro a partir do sexto mês de gestação. Soifer comenta que a dinâmica psíquica que desencadeia partos prematuros está ligada ao sentimento de terror causado pelo filho, identificado com o sinistro e a loucura, a diferentes sintomas psicossomáticos e ao temor da incapacidade de criar bem o filho. Soifer relata um caso clínico com o objetivo de ilustrar essa dinâmica psíquica que desencadeia partos prematuros:

> Na mulher, a percepção da versão uterina havia reativado o medo ao incontrolável, determinando uma ansiedade tal que a levou a desencadear o parto como

> transação: pôde assim dar forma ao seu terror, estruturando o mecanismo defensivo que é a evacuação (projeção), pelo qual conseguiu assumir conscientemente as características ativas de sua personalidade. (Soifer, 1980, p. 37)

O movimento do bebê de posicionar-se para o parto desencadeou na mãe uma ansiedade persecutória que conduziu ao parto antecipado. Se não ocorre o parto prematuro, quando a gestação continua, a ansiedade se acentua pela indefinição da data, segundo Soifer (1980):

> Nessa ansiedade derivada da incerteza, desempenha um papel preponderante o narcisismo infantil, que é a defesa habitual contra tais estados. O narcisismo infantil dispõe do pensamento mágico e da onipotência das ideias. Mas nenhum dos dois consegue desempenhar totalmente seu papel, já que, apesar de tudo, a gravidez continua transcorrendo. Isso gera mais ansiedade, porquanto se assiste ao fracasso da defesa. Às vezes, a defesa vem a ser vitoriosa em certo sentido, e responsável pelo *parto antecipado* (aos oito meses completos), como maneira de eliminar o estado de espera e incerteza e resolvê-los. O mecanismo para o qual apela é a evacuação, transferida para o processo de parto. (p. 42)

Nas explicações psicológicas de Soifer, não há integração entre a fisiologia e a psique: os dois aspectos são dissociados com uma mínima ligação realizada pela imposição de elaborações mentais baseadas em fantasias persecutórias. Em Soifer, as modificações fisiológicas se intensificam e exacerbam as ansiedades pela proximidade do parto e pelo temor de morte no parto. Este temor mobiliza, como defesa, o narcisismo infantil do pensamento mágico e da onipotência, que pode fracassar quando a gravidez continua, ou vencer, se ocasiona o parto antecipado para eliminar a espera de uma data incerta.

Soifer (1980) considera o parto uma situação de angústia traumática, e trata de várias ansiedades que decorrem dessa situação, sintetizadas a seguir:

> As ansiedades básicas da situação estruturam-se, por assim dizer, sobre uma armação, que é a reativação da angústia do nascimento. Tais ansiedades são: de perda, de esvaziamento, de castração, de castigo pela sexualidade e de defrontação com um desconhecido, o filho. A angústia traumática é de natureza desintegradora e catastrófica; a ansiedade de esvaziamento e a de perda têm caráter depressivo; o temor ao castigo, a ansiedade de castração e o medo ao desconhecido prendem-se a uma raiz paranóide. Seu interjogo produz o estado de confusão, com as sensações concomitantes de estranheza, despersonalização e perda de identidade. As confusões giram em torno da equiparação fezes-bebê-pênis

> (partes do próprio corpo); defecação-parto; ato sexual-parto; sujeito-objeto (quem dá à luz e quem nasce, ou seja, vítima-vitimário). Os mecanismos de defesa que se estabelecem, sempre que o ego consegue o mínimo de integração necessário a esse fim (já que, em caso contrário, entraria em *estado de choque*), são os seguintes: negação, dissociação, mania, projeção, identificação projetiva total, retraimento narcisista, fragmentação esquizóide, condutas psicopáticas, mecanismos obsessivos, sublimação e reparação. (p. 60-61)

Para Soifer, o nascimento é uma condição traumática da qual o ser o humano é vítima e do qual a mulher grávida procura defender-se, inclusive com condutas psicopáticas. Soifer comenta as várias defesas e indica que essas condutas são causadas pela fragmentação do ego. As pacientes tornam-se manipuladoras e transmitem suas angústias para todos os envolvidos na situação de parto. As consequências podem ser o uso de fórceps ou a cesariana. O relacionamento paciente-terapeuta seria um tema interessante e necessário de ser discutido nesses casos.

O parto, para Soifer, não é um processo fisiológico específico e natural, e sim uma defesa para expulsão de um objeto que representa dano corporal. Embora Soifer indique o aspecto corporal em sua relação com a ansiedade, são interpretações edipianas sobre a fisiologia que orientam essa relação. O corpo, ou parte do corpo simbolizam objetos de expulsão.

O que Soifer não pôde perceber, pois as bases de sua psicologia não permitiam, foi a ancoragem da psique no soma mediante o cuidado ambiental. Para Soifer, são os processos mentais de representações e símbolos que explicam a elaboração de ansiedades causadas por alterações fisiológicas naturais. Ao falar sobre o mecanismo de evacuação transferido para o de parto, por exemplo, Soifer apresenta uma interpretação psicanalítica de angústia para as sensações de compressão retal causadas pelo processo de parto, que consiste na reativação da dinâmica inconsciente infantil de castração. De acordo com a compreensão simbólica da autora (1980):

> A experiência psicanalítica nos levou a compreender que a percepção de um estímulo evacuativo anal aterroriza pela confusão a que induz ... a equiparação narcisista de bebês, pênis e fezes ... Essas fantasias determinam a confusão entre três elementos assim equiparados, excremento-pênis-bebê, ... por causa desse mecanismo, a defecação é sentida como uma castração (parto = castração). (p. 56)

As fantasias de esvaziamento que ocorrem desde o início da gestação, com o medo de abortamento, até o período expulsivo do parto são, portanto, consequentes da angústia ocasionada pela ameaça de castração. Soifer caracteriza a gestação e o parto como ansiedades de perda e separação e também de terror pelo ataque do feto ao corpo da mãe. A parturiente, segundo Soifer (1980), " ... revive inconscientemente a angústia sofrida durante sua própria passagem pelo canal de parto, ou seja, vai irrompendo nela a angústia do trauma de nascimento" (p. 51).

É preciso descrever a clara e óbvia distinção entre essa compreensão, baseada em Freud, e a compreensão de Winnicott relativa ao processo de parto, devido às implicações diretas sobre o acompanhamento terapêutico de parturientes. Quando Winnicott diz que, durante o parto, a mãe está vivendo um processo tão natural e automático quanto a ingestão, a digestão e a eliminação, uma leitura rápida poderia levar a pensar que os significados psicológicos são os mesmos nas duas abordagens. Entretanto, em Winnicott, não há reativação consciente ou inconsciente de elaborações mentais e representações persecutórias genéricas advindas do funcionamento fisiológico. Para Winnicott, a ingestão, a digestão e a eliminação são funções do aparelho digestivo que manifestam a excitação instintiva dominante do bebê e sua necessidade de cuidado. No relacionamento entre a mãe e o bebê ocorrem experiências de cuidado baseadas na excitação fisiológica, que significam fortalecimento egoico para o bebê.

Mesmo que as vivências do período expulsivo do parto estejam relacionadas ao retorno de memórias infantis da experiência anal, essas experiências são extremamente pessoais e estão associadas ao processo digestivo e às questões da alimentação do bebê. Portanto, o mais importante a se considerar seria a relação inicial de cuidado entre a mãe e o bebê, que, de alguma forma, é revivida nos processos de regressão e dependência relacionados à gestação e ao parto.

Winnicott apresenta uma descrição integradora do indivíduo e não metafórica de fantasias persecutórias acerca das funções fisiológicas. Mãe gestante amadurecida emocionalmente vive a maternidade como um papel natural e espontâneo de sua capacidade de gerar filhos vivos e reais.

Sobre a prática clínica, Soifer considera que o conhecimento das ansiedades persecutórias permite que os profissionais auxiliem as pacientes na elaboração do terror característico da gestação. A autora indica a higiene mental em cursos psicoprofiláticos que incluem o ensino prático da puericultura, com o objetivo de habilitar a gestante para a maternidade e reduzir sua ansiedade e o risco de prematuridade. Para Soifer (1980):

> Em nossa época, em geral, as mulheres têm escassa ou nenhuma oportunidade de aprender a tarefa maternal de forma direta, através do ambiente. Já não ocorre como em outros tempos, quando as famílias numerosas ofereciam continuamente essa experiência através dos irmãozinhos menores, priminhos, sobrinhos, etc., que se criavam junto à menina ou à adolescente, ou a quem ela mesma criava. As bonecas atuais, por perfeitas que sejam, embora sirvam de estímulo ao instinto maternal, não permitem essa experimentação real nem muito menos o aprendizado das virtudes adquiridas por outras mulheres com a maternidade. Encontramo-nos, pois, ante uma séria situação deficitária, que deve ser urgentemente resolvida. (p. 41)

O termo "ambiente" é utilizado por Soifer no sentido instrucional. Não há nada no relato de Soifer que faça lembrar a relação de cuidado fundamental para suprir essa deficiência da infância da mãe e propiciar um grau elevado de identificação com o bebê. Aparentemente a descrição ambiental de Soifer está mais próxima da abordagem de aprendizagem. Embora Soifer indique seu enfoque social que inclui a mãe, o pai, a criança e as circunstâncias gerais, o ambiente pessoal adaptado à necessidade de cuidado não é valorizado. O ambiente no contexto winnicottiano se refere à capacidade materna de adaptação às necessidades do bebê, o que não pode ser aprendido, somente experienciado.

A capacidade de cuidar de um bebê origina-se da experiência materna de ter sido um bebê que teve as necessidades instintivas supridas por uma mãe suficientemente boa. Essa mãe realiza a tarefa de ser um ambiente facilitador para que o bebê possa elaborar imaginativamente o cuidado recebido, e ser um indivíduo capaz de partir à procura de experiências de sentir-se real. As elaborações imaginativas dependem do cuidado ambiental à medida que o bebê se sente excitado por uma condição fisiológica como a fome ou outro desconforto qualquer, que deve ser adequadamente cuidado e pode voltar ao estado de tranquilidade física e afetiva. O padrão repetitivo desse cuidado suficiente para que o bebê seja atendido dentro da capacidade crescente de tolerar as falhas maternas oferece significado para as funções corpóreas do bebê, e vai constituindo sua identidade, de forma sólida e integrada em termos psicossomáticos. Esse processo não tem relação com a aprendizagem da observação, do ensino ou do treino, mas com a experiência corporal que possibilita a capacidade para a tarefa materna. Os sentimentos pessoais desses cuidados físicos são revividos durante a gestação e parto.

Winnicott (1997 [1968f]) relata que em sua longa experiência profissional teve oportunidade de conhecer muitos médicos, enfermeiras e professoras que achavam que podiam dizer às mães o que fazer, e passavam muito tempo dando instruções. Até que essas pessoas se tornaram mães e pais e passaram elas mesmas a ter longas conversas com Winnicott sobre suas dificuldades. Frequentemente, eles concluíram que suas teorias interferiram muito no início da vida de seus bebês, impedindo uma criação e reações espontâneas. Seguem trechos do relato:

> ... cada mãe tem de se adaptar às necessidades de um novo bebê. Ela precisa fazer isso sozinha, porque não existem dois bebês iguais, não existem duas mães iguais e cada mãe é diferente com cada criança. A mãe não pode aprender o que precisa fazer através de livros, enfermeiras ou médicos. Ela pode ter aprendido muito por ter sido um bebê e também ao observar pais com bebês ... Ela tem de saber isso em nível mais profundo e não necessariamente naquela parte da mente que tem palavras para tudo. As coisas mais importantes que uma mãe faz com o bebê não podem ser feitas através de palavras ... Gradualmente, eles conseguiram largar essa camada inútil de conhecimento, entrelaçada com palavras, e conseguiram se envolver com este bebê único. O fato é que, para ser uma mãe ou para ser maternal (incluo o homem aqui), deve haver um grau muito elevado de identificação com o bebê, embora evidentemente a mãe mantenha seu *status* adulto ao fazer esta identificação. (Winnicott, 1997, p. 60 [1968f])

Winnicott (2005 [1957f]) considera, em primeiro lugar, que a mãe saudável não é uma paciente, mas uma pessoa capaz de tomar decisões, e até mesmo de delegar todo o controle da situação de parto à pessoa que a assiste. Em segundo lugar, considera que o médico, a enfermeira, a psicóloga e outros profissionais da equipe têm sentimentos e, inclusive, que a mãe pode ser uma pessoa mais amadurecida do que o profissional que a atende. Sobre a parteira, Winnicott (2005 [1957f]) observa que:

> Ela não é apenas uma especialista, é humana também; tem sentimentos, humores, sabores e dissabores; talvez queira estar no lugar da mãe, do bebê, do pai, ou em todos de uma vez. O fato de ser parteira no mais das vezes lhe traz satisfação, mas pode também ser-lhe frustrante. (p. 154)

Winnicott insiste no aspecto relacional como mais essencial que qualquer aspecto técnico: mesmo o hospital mais esterilizado e moderno possível perde o valor se a mãe não conhecer, antes do momento do parto, o médico e a enfermeira que a atenderão. Winnicott (2005 [1957f]), ao falar sobre o relacionamento entre a mãe, o médico e a enfermeira, faz o seguinte comentário sobre o relato de uma paciente:

> ... A mãe sentia que as enfermeiras eram antipáticas e não a deixavam por tempo suficiente em contato com o bebê. Afirma que elas empurravam sua boca em direção ao peito, seguravam seu queixo para fazê-lo sugar e apertavam seu nariz para tirá-lo de lá. Quando chegou em casa, sentiu não ter qualquer problema para estabelecer uma amamentação regular e normal.
>
> Não sei as enfermeiras sabem ser esse o tipo de reclamação que as mulheres têm a fazer. Talvez não tenham oportunidade de ouvir seus comentários, e é bastante improvável que as mães queiram contra enfermeiras que tanto as ajudaram. Além disso, não devo acreditar que os relatos das mulheres forneçam-me uma imagem precisa do ocorrido. Tenho de reconhecer nisso também o papel da imaginação, uma vez que não somos apenas feixes de fatos; a maneira pela qual as experiências chegam a nós e entrelaçam-se com nossos sonhos é parte daquele todo a que chamamos vida e experiência individual. (p. 159-160)

A ansiedade da equipe pode levar a práticas um tanto intrusivas do relacionamento natural entre a mãe e o bebê, mesmo antes do nascimento. Uma questão importante indicada por Winnicott é a oportunidade de ouvir os comentários da paciente e estar atento a suas comunicações silenciosas e gestuais. No caso da mãe sadia, o papel desses profissionais será fornecer orientação, se necessário. Por outro lado, no caso da mãe doente, será oferecer um ambiente de confiança e de segurança, não informação.

A proposta psicoprofilática de Soifer é um protocolo de atendimento generalizado para a realização de assepsia da higiene mental, como se toda a vivência da mãe pudesse ser esquecida para facilitar a realização de um procedimento técnico, o parto. Soifer apresenta a profilaxia – aplicação de meios para evitar doenças ou contágios –, entretanto, não há como evitar a doença já instalada em uma mãe imatura, deprimida, ansiosa ou confusa. A técnica que emprega estratégias verbais de traduções oníricas, elaborações conscientes de conflitos inconscientes para reduzir ansiedade e, algumas vezes, controle de respiração e relaxamento são intrusivas no contexto de comunicação silenciosa que leva a mãe à identificação com seu filho. Até mesmo técnicas respiratórias ou de relaxamento podem ser intrusivas da espontaneidade da experiência do parto – se forem impostas –, um tempo especial de retraimento e regressão, em que palavras não fazem muito sentido. Essa técnica psicoprofilática ignora a concepção de parto como um processo essencialmente natural e espontâneo. Winnicott considera que, durante o parto, " … a mãe está vivendo um processo tão natural e automático quanto a ingestão, a digestão e a eliminação; quanto maior a parte que se conceder à natureza, melhor para a mãe e o bebê" (2005, p. 157 [1957f]).

A experiência do médico e da enfermeira é indispensável, pois eles têm o papel de estar presente para ajudar de maneira correta e no tempo certo se algo porventura não correr bem. O papel dos profissionais é preparar um ambiente de cuidado suficientemente bom para a mãe e o bebê.

Capítulo 2

Conceito de experiência em Winnicott

O que é o sagrado? É o que une diversas almas,
Mesmo de modo leve, como o junco prende a coroa.
Goethe

A estrutura do pensamento de Winnicott o conduziu a uma linguagem própria e à elaboração de conceitos tais como experiência, solidão essencial, ilusão de contato e elaboração imaginativa. Esses conceitos se originam na compreensão somática que o autor oferece à psicanálise. Uma compreensão que o faz definir a psique como um aspecto corpóreo capaz de elaborar um sentimento de existência pessoal, com base no princípio de uma tendência inata à integração psicossomática completamente dependente da facilitação e do acolhimento humano. Experiência, de certa forma, é marca corpórea do sentimento de estar vivo, de um soma que vai sendo elaborado imaginativamente por estar imerso e envolvido em um ambiente pessoal de cuidados. O elemento fundamental nesse relacionamento é um estado de solidão, chamada de essencial porque é o lugar de onde parte a vida e o próprio núcleo do viver, como um silêncio do primeiro tempo de existência psicossomática que se torna fonte da espontaneidade para o contato com o mundo. O contato apresenta-se com uma característica muito especial: é ilusório, embora seja a possibilidade mais real do viver. Ilusório traz a noção de acontecimento, de encontro, e, ao mesmo tempo, de permanência do espaço de solidão essencial.

Esses conceitos serão aprofundados em comparação à psicanálise tradicional quanto a suas repercussões e desdobramentos teóricos e clínicos. Serão também comentados em relação ao raciocínio clínico da maternidade e início do desenvolvimento emocional.

1. EXPERIÊNCIA

Para Winnicott, a experiência é caracterizada como uma teoria descritiva da natureza humana. Winnicott descreve as experiências de ser indivíduo humano como uma continuidade de acontecimentos pessoais desde o início de solidão relacional e essencial, o contato ilusório com o ambiente de cuidado, o gesto espontâneo e criativo, entre outros, até a experiência última da morte. Todas essas são descritas como saúde em termos de integração psicossomática que acontece pela elaboração imaginativa do corpo. Dentro desse contexto, a obra winnicottiana apresenta uma definição de experiência não encontrada na obra freudiana.

Fulgencio (2011) explicita a importância da noção de experiência dentro da estrutura do pensamento de Winnicott trazendo, inicialmente, os trabalhos de Loparic (1999, 2001, 2006) sobre filosofia da psicanálise e a rejeição de especulações metapsicológicas para, em seguida, abordar o modo como Winnicott pensa a psicanálise:

> Loparic ... coloca em evidência as diferenças entre aspectos metafísicos da teoria psicanalítica freudiana e o modo não metafísico como Winnicott concebe a teoria e a prática psicanalíticas ... o que Winnicott não fez – não especulou com base em um modelo naturalista caracterizando o homem como um aparelho movido por forças e energias. (p. 58-59)

Essa temática é analisada em *O método especulativo em Freud*, de Leopoldo Fulgencio (2008). Na apresentação desse estudo, Loparic diz que a objetificação do mundo pressupõe um:

> ... processo que transforma as coisas em conjuntos de dados representaconais a serem colhidos por operações perceptivas ou mesmo intrusivas (experimentos) e, em seguida, processados por fórmulas, expressas de preferência na linguagem matemática, visando a determinação – no sentido de previsão e, no caso ideal, de cálculo – de novos dados, em particular, a produção de coisas. Em virtude do processo de objetificação, baseado no que diz Heidegger, na representidade e calculabilidade de tudo o que há, ficam assegurados o domínio e o controle do homem sobre o mundo. Diferentemente de Heidegger, acabei concluindo

> que a destruição do mundo natural pela objetificação ocorre menos em nome da vontade de poder do que em virtude das exigências internas do processo de amadurecimento dos seres humanos. (p. 10)

Exigências internas são compreendidas como a necessidade humana de cuidado, necessidade única que não pode ser traduzida por uma equação matemática, mas tão somente pela presença pessoal integradora de seres humanos. Há, no mínimo, uma discrepância quando as exigências internas do processo de amadurecimento dos seres humanos e a objetificação mediada pela representação da relação com o mundo são aproximadas. As consequências desse ponto de vista para a psicanálise são clara e fortemente indicadas por Loparic (2001) no artigo "Esboço do paradigma winnicottiano", como pode ser visto no trecho destacado a seguir:

> ... Winnicott foi conduzido a novas questões, e em seguida a novos resultados. Exemplos de tais questões, "raramente levantadas na teoria psicanalítica", são as seguintes: de que precisamos para nos sentirmos vivos ou reais? De onde vem o sentimento (*sense*), quando o temos, de que nossas vidas valem a pena? (p. 12)

Essas questões não poderiam ser levantadas a partir do modelo especulativo da metapsicologia ou mesmo da psicologia empírica freudiana orientada pela situação edípica. Pensar que a vida humana surgiu de matéria inorgânica, que, estimulada por energia e força externa, passa ao estado de matéria orgânica que busca manter-se em equilíbrio basal por eliminação, projetiva e introjetiva, do aumento de energia pulsional, não poderia organizar reflexões a respeito do que precisamos para nos sentirmos reais ou de onde vem o sentimento de que a vida vale a pena.

Winnicott compreende as restrições e as imposições que a escolha de uma linguagem traz ao se percorrer uma teoria. Por esse motivo, ou tão somente pela experiência clínica com bebês, com as mães e com pacientes psicóticos, Winnicott utiliza sua própria linguagem para descrever as experiências pessoais de suas pacientes e conceitua, por exemplo, a experiência inicial do ser humano como solidão essencial[1].

---

[1] A solidão essencial é estar só diante de alguém que é ambiente sustentador que se mantém enquanto necessário, uma condição não representável pela percepção, pois não há linguagem ou signo que possa colocar o indivíduo nessa condição essencial, somente a ocorrência mesma do lugar onde estar só pode favorecer essa condição. A solidão essencial não pode ser considerada um objeto de estudo observável, mesmo porque não haveria lógica na solidão acompanhada, assim não pode ser observada e codificada por letras ou números. A solidão não é lugar de palavra, e tampouco do silêncio, é espaço-e-tempo de vivência. O mesmo ocorre, mais tardiamente, com os fenômenos transicionais de amálgama de separação-e-união, " ... a separação que não é uma separação, mas uma forma de união" (Winnicott, 1975, p. 136 [1967b]). Não é possível transformar em objeto de estudo observável, quantificável ou metapsicológico a presença-na-ausência. Esse tema será aprofundado a seguir.

O sentido de experiência, em Winnicott, não é arremessado para estruturas externas metapsicológicas como são as observações empíricas de Freud, mas é a compreensão direta no interior da própria história dos pacientes ou das pessoas. A diferença entre o aspecto objetificador do empirismo de Freud e o aspecto não objetificador e pessoal da descrição de Winnicott é bastante sutil, contudo, indica radicalmente as escolhas estruturais em cada autor e as repercussões para seus conceitos teóricos e pressupostos clínico-terapêuticos.

Durante a jornada "Winnicott – cem anos de um analista criativo", na PUC-RJ, Lins (1997) lembra que Winnicott foi formado dentro de uma tradição da filosofia empirista inglesa, no sentido de usar a observação como método de investigação, entretanto, " ... sem os excessos empiristas da prática médica" (Lins, 1997, p. 19).

Lins afirma que a linha teórica de Winnicott não pode ser considerada empirista, e o cita dizendo que: "A psicanálise continua onde a fisiologia parou. Ela expande o território científico para abranger os fenômenos da personalidade humana, do sentimento humano e do conflito humano" (Lins, 1997, p. 19).

O termo *Erlebnis*, traduzido do alemão como "experiência", é encontrado no texto freudiano, como observa Barretta (2007):

> ... o tema da experiência, em Freud, é abordado a partir do problema clínico das experiências traumáticas. O termo empregado por Freud, repetidas vezes, para se referir à "experiência" da experiência traumática é o termo alemão *Erlebnis*. O termo [*Erlebnis*] é derivado do verbo alemão *erleben*, o vivido. O verbo era usado para se referir àquilo que uma pessoa, ela mesma, teve experiência, e não que ouviu dizer ou presumiu, ou teve acesso de algum outro modo indireto. O termo "vivido", por sua vez, era usado para designar um conteúdo que permanece da vivência transitória, algo marcante ou significativo. (p. 141-142)

Barretta indica que Freud engloba ambos os sentidos: " ... vivência como 'ter uma experiência', direta e pessoalmente, ou como uma experiência determinante, que resultou daquela experiência direta" (Barretta, 2007, p. 142). No entanto, o aspecto decisivo da compreensão freudiana de experiência é sua concepção de vivência direta e pessoal como significativa e orientada para mostrar a gênese fisiopsicológica da vivência patológica:

> ... com Freud, então, o termo "vivência" pode ser usado para se referir a uma experiência direta, mas também ao resultado dessa experiência. A primeira é pensada por Freud à luz de suas considerações sobre o sistema perceptivo do aparelho psíquico; a segunda, à luz de suas considerações sobre o sistema mnemônico ... como vivência percepção, em Freud: ter experiência de algo é pensado em termos de uma relação causal que deixa um indício, um traço, um signo de uma outra coisa. Desse modo, segundo o esquema teórico de Freud, nunca me relaciono diretamente com as coisas, nunca tenho uma experiência imediata das coisas reais, como são em si mesmas, mas apenas uma relação mediata, através de signos, que estão dentro do psiquismo ... O resultado da vivência perceptiva assim concebida é a formação, dentro do psiquismo, de uma representação (imagem) mental ... e esse é o segundo sentido do termo *vivência*, o resultado de uma vivência é algo significativo, duradouro, no sentido de ser algo a partir do qual pode-se entender determinada decisão, conduta, sintoma neurótico, etc., decisiva na vida de uma pessoa. (p. 157-158)

"Experiência", em Freud, é explicada por um processo mental de percepção direta ou mediada por uma representação mnemônica, processo relativo à compreensão metapsicológica característica de sua teoria. Com Winnicott, no entanto, o conceito de experiência surge de um estilo teórico plenamente descritivo, sustentado em uma relação direta e não mediada por objetos/signos entre o indivíduo e o mundo. Mesmo antes da formação de um indivíduo total, já se descreve a natureza humana de necessidade e cuidado quando, por exemplo, destaca a experiência pessoal do nascimento.

O termo "experiência" torna-se um elemento teórico importante no contexto psicanalítico winnicottiano de abandono da metapsicologia, que utiliza analogias e comparações mecânicas como modelo estrutural especulativo para elaborar uma teoria da natureza humana.

A experiência de que fala Winnicott compreende o processo de ser. No início da vida humana, ser somente é possível no contato absoluto com a mãe-ambiente. Para Winnicott, além do contato com a mãe-ambiente não há o bebê que pode sentir-se vivo e real. O sentir-se vivo e real é estar em contato [ilusório] sustentador com alguém e, posteriormente, partir para outras experiências pessoais de relacionamento de dependência absoluta, relativa, objetal, criativo e cultural.

ESTADOS DE SER EM WINNICOTT E HEIDEGGER

A análise do conceito de experiência na obra de Winnicott segue um encadeamento teórico que tem sido estudado pelo filósofo Zeljko Loparic. Como observa Loparic (1995), o modo como Winnicott descreve o ser humano apresenta coincidências com o pensamento de Heidegger. Há um paralelo entre os estilos de linguagem adotados pelos autores, e ambos conceituam a constituição de sentidos de ser e o relacionamento com a realidade como um dos problemas do existir desde o início da vida. As dificuldades e sutilezas das coincidências são também consideradas por Loparic no artigo "Heidegger e Winnicott", de 2006, entre outras publicações. Loparic esclarece, dentro do sentido da linguagem psicanalítica adotada por Winnicott, a necessária atenção com o uso dos termos que caracterizam a natureza humana, o que pode ser notado na citação a seguir:

> Ao invés de falar em "processo" que produz ou do qual resulta o ser humano, parece mais adequado dizer que a natureza humana "acontece". Creio ser esclarecedor, no presente contexto, recorrer a Heidegger, que diz que o ser humano não é, tal como uma coisa qualquer, um mero *ente*, e sim um *acontecente* (*geschichtlich*), e que a sua existência tem o sentido de uma *acontecência* (*Geschehen*), a qual, por sua vez é um *modo de temporalização* do ser humano. Na linguagem de Heidegger, o homem existe como um estendimeto (*Erstreckung*) entre o nascimento e a morte, ele é alguém que nunca terminou de nascer e que desde sempre já começou a morrer, em suma, um acontecente, que é simultaneamente um nascente e um morrente. (Loparic, 2000, p. 357)

A proposta do acontecer maturacional, que compreende o estabelecimento de um paralelo teórico entre Heidegger e Winnicott, é aprofundada por Loparic (2007) em seu artigo "Origem em Heidegger e Winnicott".

Para descrever a experiência de ser e de nascer, tema deste trabalho, Loparic sugere, em orientação pessoal, a busca de uma comparação entre a condição existencial do ser humano de acordo com Winnicott e a filosofia de Heidegger, por meio da proposta de leitura do parágrafo 12 de *Ser e tempo*. Assim, a fusão indivíduo-ambiente de Winnicott e a relação ser humano e mundo de Heidegger são aproximadas.

Em *Ser e tempo*, parágrafo 12, Heidegger afirma que " ... o 'ser-junto' ao mundo, no sentido de empenhar-se no mundo, o que ainda deve ser interpretado mais precisamente, é um existencial fundado no ser-em" (1989, p. 92). Heidegger considera o imperativo de se interpretar o sentido de ser-junto ao mundo de maneira mais precisa, e oferece uma abertura para essa tarefa com a seguinte definição da expressão *ser-em*:

> O ser-em, ao contrário, [do que é simplesmente dado, como coisa que ocorre "dentro" do mundo] significa uma constituição ontológica da presença e é um *existencial*. Com ele, portanto, não se pode pensar em algo simplesmente dado de uma coisa corporal (o corpo humano) "dentro" de um ente simplesmente dado. O ser-em não pode indicar que uma coisa simplesmente dada está, espacialmente, "dentro de outra", porque, em sua origem, o "em" não significa de forma alguma uma relação espacial desta espécie; "em" deriva de *innan*, morar, habitar, deter-ser; *"an"* significa: estou acostumado a, habituado a, familiarizado com, cultivo alguma coisa; possui o significado do *colo* no sentido de *habito e diligo*. O ente, ao qual pertence o ser-em, neste sentido, é o ente que sempre eu mesmo sou. A expressão "sou" se conecta a "junto"; "eu sou" diz, por sua vez: eu moro, me detenho junto ... ao mundo, como alguma coisa que deste ou daquele modo, me é familiar. O ser, entendido como *infinitivo*[2] de "eu sou", isto é, como existencial, significa morar junto a, ser familiar com ... O *ser-em é, pois, a expressão formal e existencial do ser da pre-sença que possui a constituição essencial de ser-no-mundo*. (p. 92)

Quando *em* significa *colo*, e, nesse sentido, acompanha a importância do ambiente sustentador da existência e continuidade de *ser* do bebê e do feto, no caso do colo tido como útero, a espontaneidade e a adaptação do conjunto ambiente-indivíduo oferecem uma interpretação winnicottiana bastante precisa ao ser-junto-no-mundo. Para Heidegger, "sou" se conecta a "junto", para Winnicott, o bebê somente "é bebê", inicialmente, no conjunto ambiente-indivíduo. A experiência de ser vivo e real significa encontrar sentido de permanência temporal no ambiente de cuidado.

A aproximação entre os dois autores pode, portanto, ser pensada a partir da afirmação de Heidegger quanto à espécie de relação espacial que originalmente significa colo no sentido *habito* e *diligo*[3], que quer dizer "amar e segurar". Para

---

[2] No original está "*Sein als Infinitiv des „ich bin"...*" (Heidegger, 1927, § 12). Corrigido da tradução brasileira consultada que diz infinito.

[3] Heidegger utiliza em seu texto as palavras em latim *habito* e *diligo*. Essas palavras têm um amplo significado que resume a ideia da relação *ser humano* e *mundo* de contato pessoal. O significado de *habito* é segurar, sustentar, considerar, atender a, crer, cuidar de, passar tempo com, habitar, morar, existir, ocupar, demorar-se, viver, identificar-se com e permanecer. O significado de *diligo* é amar, querer bem, ter afeição por; apreço, estima, respeito, proteção e boa acolhida.

Winnicott não há bebê se não há mãe que o ame e segure. Lembrando que, para o mesmo autor (1990, p. 151 [1988]), estar no útero-colo, é sentir-se amado por todos os lados, quando a mãe-ambiente é emocionalmente amadurecida para permanecer tranquila, não estar deprimida ou ansiosa demais. Com Heidegger pode-se dizer que, para Winnicott, a continuidade da existência do bebê é entendida como na expressão "eu-sou se conecta a junto-com".

É importante destacar o tema do corpo humano apresentado por Heidegger e ressaltar a questão somática que é um aspecto prioritário na totalidade da psicanálise descrita por Winnicott, particularmente valorizado aqui para tratar dos estados iniciais do ser humano.

Heidegger considera o corpo humano diferente " ... do que é simplesmente dado, como coisa que ocorre 'dentro mundo'", mais que matéria orgânica, ele considera o corpo como presença que habita, habitua-se e detém-se junto ao mundo, um mundo de presença humana, de presença do ser humano. A partir da unidade ambiente-indivíduo desenhada nos esquemas de Winnicott (1990, p. 148-149 [1988]), vê-se que é o corpo do bebê que, em movimento – gesto – espontâneo, encontra ou descobre o ambiente-corpo da mãe. Esses encontros, quando repetidos, tornam-se acúmulo de experiências para o bebê ainda não nascido, que constituem a base do sentimento de vida e realidade pessoal. A experiência de ser vivo e real para o bebê é um acontecer de encontros somáticos em ambiente adaptado. Enquanto que, para Heidegger, a presença é um existencial somático, o que significa "estou acostumado a, habituado a, familiarizado com"; sou o colo de amor e segurança onde me detenho.

A questão corpórea que atravessa toda a descrição psicanalítica de Winnicott traz a concepção de ser humano como uma tendência inata para a integração psicossomática, que acontece apenas por meio de um relacionamento com um ambiente adaptado às necessidades que conduzem à integração. A integração, entretanto, não é constante ao longo da vida, é alternada por estados de não integração e quietude, o que pressupõe o ambiente não intrusivo para o retorno a um estado basal chamado de solidão essencial, mantido por um tipo de relacionamento permeado por isolamento e um não contato momentâneo com o mundo.

Para Winnicott (1990, p. 153-156 [1988]) há um estado originário de não ser, do qual surge o ser, um princípio de solidão e não contato essencial para que se estabeleça o contato espontâneo. Na saúde, essa solidão, definida como "essencial", torna-se um núcleo de isolamento permanente e necessário como princípio da espontaneidade de ser. O todo, ou a integração psicossomática do indivíduo, oculta a solidão, e isso faz cuidar da própria integração, elaborada por continuidades e não continuidades e, portanto, sempre precária. Loparic (1995) comenta a característica da precariedade do sentimento de realidade pessoal ao estudar o modo de pensar de Winnicott e de Heidegger, ao dizer, por exemplo:

> ... para ambos o existir humano é caracterizado por uma relação íntima com o não-ser e essencialmente finito. Em Winnicott, o ser do homem surge da solidão absoluta e o contato com o real nunca passa de mera ilusão que nos permite levar a vida e cuja precariedade é assinalada, para os sadios, no cansaço e tédio de viver e, para os depressivos e os psicóticos, na luta perpétua para continuarem a sentir-se vivos. (p. 60)

A solidão e o isolamento absolutos são essenciais, uma vez que guardam o tempo da unidade indivíduo-ambiente que permitiam existir. São lugares de retorno que recompõem o sentimento de vida. O homem surge da solidão e volta para a solidão. Quando não está muito cansado, estabelece contato com a realidade criada ilusoriamente por ele mesmo (Winnicott, 1990, p. 120-135 [1988]).

Sobre o contato com a realidade, pode-se perguntar: qual a condição do contato diante do estado inicial de isolamento absoluto? Além de espontâneo, qual a natureza ou o princípio desse contato? Se a solidão é inerente à natureza humana e permanente quando há saúde, o contato não se rompe com o isolamento essencial, como pode ser notado na citação de Winnicott (1990 [1988]):

> Na psicologia do indivíduo ... há um aspecto importante do relacionamento sobre o qual podemos dizer que mesmo no contato mais íntimo possível haverá ausência de contato, de modo que cada indivíduo manterá, essencialmente, um isolamento absoluto, permanentemente e para sempre. (p. 178)

A psicologia do indivíduo explicitada nesta citação se refere à situação anterior ao nascimento, aos estágios iniciais. Esse contato relacional da unidade ambiente-indivíduo, que une e separa ao guardar o espaço do isolamento essencial e absoluto, é chamado em um momento posterior do desenvolvimento emocional de "ilusão de contato". Contato ilusório porque preserva e é decorrente da natureza humana de solidão originária e intransponível. Winnicott (1990, p. 178 [1988]) inclusive faz analogia com a gestação quando a mãe tem o bebê em seu útero separado pela barreira placentária, condição de contato mais íntimo e ao mesmo tempo de isolamento vital, embora nesse momento ele não utilize a expressão "ilusão de contato", pois está se referindo ao ambiente de cuidado.

É possível estreitar a relação entre ilusão de contato, solidão essencial e experiências pré-natais acompanhando Winnicott no artigo "Estabelecimento da relação com a realidade externa", de 1990, quando o autor fala do bebê ao nascer:

> O estado tranquilo certamente é o primário, merecendo um estudo por direito próprio. Muitas coisas que dizem respeito à qualidade desse estado tranquilo são tidas como inteiramente garantidas, presumindo-se que o bebê tenha sido (fisicamente) bem cuidado, tanto no útero antes do nascimento, quanto no manejo geral após o parto. Podemos estudar com proveito as consequências da falha no cuidado físico, e assim tentar descobrir o que é realmente produzido pelo cuidado bem-sucedido, para além da satisfação das exigências instintivas. (p. 134 [1988])

O estado tranquilo pode ser compreendido como de quietude e solidão, dependendo do cuidado desde o útero. As primeiras experiências de contato foram vividas antes do nascimento e têm a mesma natureza da ilusão de contato posterior, ou seja, dependem do ambiente que sustenta a solidão. No prosseguimento do texto, Winnicott esclarece que o reconhecimento da solidão e até da ilusão de contato é tardio:

> ... alguns bebês têm a sorte de contar com uma mãe cuja adaptação ativa inicial à necessidade foi suficientemente boa. Isso os capacita a terem a ilusão de realmente encontrar aquilo que eles criaram (alucinaram). Finalmente, depois que a capacidade para o relacionamento foi estabelecida, estes bebês podem dar o próximo passo rumo ao reconhecimento da solidão essencial do ser humano. Mais cedo ou mais tarde, um desses bebês crescerá e dirá: "Eu sei que não há nenhum contato direto entre a realidade externa e eu mesmo, há apenas uma ilusão de contato". (1990, p. 135 [1988])

Desde a analogia com a fisiologia da gestação até o reconhecimento tardio da condição da ilusão não há mudança na natureza do contato ilusório com a realidade. Loparic (2007) resume as colocações de Winnicott da seguinte maneira:

> ... no início, o homem *não é ainda* um existente; ele tende a tornar-se um e, para tanto, precisa assentar-se num mundo humano e, desta forma, ter a oportunidade de contato. Mais precisamente, de ilusão de contato, pois não há contato direto possível entre o ente fundamentalmente solitário e a realidade externa. (p. 266)

A experiência de ilusão de contato com a realidade que envolve o ser humano desde o início descrita por Winnicott parece estar em outros termos em Heidegger, no seguinte fragmento de texto:

> Como existencial, o "ser-junto" ao mundo nunca indica um simplesmente dar-se em conjunto de coisas que ocorrem. Não há nenhuma espécie de "justaposição" de um ente chamado "presença" a um outro ente chamado "mundo". Por vezes, sem dúvida, costumamos exprimir com os recursos da língua o conjunto de dois entes simplesmente dados dizendo: "a mesa está junto à porta", "a cadeira 'toca' a parede". Rigorosamente, nunca se poderá falar aqui de um "tocar", não porque sempre se pode constatar, num exame preciso, um espaço entre a cadeira e a parede, mas porque, em princípio, a cadeira não pode tocar a parede mesmo que o espaço entre ambas fosse igual a zero. Para tanto, seria necessário pressupor que a parede *viesse ao encontro* "da" cadeira. Um ente só poderá tocar um outro ente simplesmente dado dentro do mundo se, por natureza, tiver o modo do ser-em, se, com sua pre-sença, já se lhe houver sido descoberto um mundo. Pois a partir do mundo o ente poderá, então, revelar-se no toque e, assim, tornar-se acessível em seu ser simplesmente dado. Dois entes que se dão simplesmente dentro do mundo e que, além disso, são em si mesmos *destituídos de mundo*, nunca se podem "tocar", nunca um deles pode "ser e estar junto ao" outro. (Heidegger, 1989, p. 93)

O "ser junto" refere-se à presença pessoal no mundo que não ocorre pelo posicionamento físico. Heidegger explica essa situação diferenciando coisa e ser humano. Ao humano é possível o toque, pois tocar pressupõe a espontaneidade do vir ao encontro, do modo de ser-em que descobre ou cria o mundo. O movimento do próprio indivíduo descobre o ambiente e cria a realidade do mundo. Nesse, sentido o bebê, mesmo antes de nascer, apenas toca o ambiente descoberto ou criado por ele mesmo. Não toca por estar dentro da barriga da mãe, toca porque o ambiente permanece adaptado para ser encontrado, o que significa para o bebê a experiência de vida e realidade. O toque é criado pela presença pessoal.

Quando Winnicott (1990 [1988]) comenta a presença confiante implícita na relação especial do bebê com a mãe, ele diz que um deles está de qualquer modo só e, complementa dizendo que, talvez, ambos estejam sós, e ainda assim a presença de um é importante para o outro. A presença pessoal que se dá na relação da unidade indivíduo-ambiente compreende o ser junto e só. Nesse sentido, a mãe não pode ser substituída, por exemplo, por um útero artificial sem que ocorra a perda dessa condição essencial de ser-em, o que quer dizer ser no útero e no colo, que conferem o sentimento de ser amado.

EM QUE IDADE O SER HUMANO COMEÇA A TER EXPERIÊNCIAS?

Winnicott apresenta essa pergunta no texto "Os estados iniciais em Natureza humana" (1990 [1988]). E considera esse início muito antes do parto por meio da descrição de um estado de ser espontâneo e pouco reativo na relação com o ambiente intrauterino não intrusivo – o Capítulo 3 aprofunda a descrição dessa questão. Essa experiência inicial de ser é fundamento para a possibilidade de todas as outras experiências de uma vida que possa fazer sentido pessoal.

As descrições sobre o início da vida humana devem servir de pano de fundo para a compreensão dos demais estados e experiências humanas, pois implicam o modo característico como Winnicott pensa a psicanálise. O conceito de experiência não deveria ser aplicado de forma parcial e isolado em apenas um estágio tardio do desenvolvimento emocional, como é observado no artigo "A noção de experiência no pensamento de Winnicott como conceito diferencial na história da psicanálise" (Naffah, 2007).

Fulgencio (2011, nota p. 60) comenta que Naffah (2007, p. 231) analisa o conceito de experiência considerando que " ... toda experiência se produz no espaço potencial". Naffah se apoia no texto "A localização da experiência cultural", de Winnicott (1975 [1967b]), e escreve que a experiência, em Winnicott, ficou restrita a um estágio avançado do desenvolvimento emocional, a transicionalidade. Entretanto, para Winnicott, o conceito de experiência envolve toda a existência psicossomática do ser humano, desde as mais primitivas.

Naffah (2007) procura mostrar que a noção de experiência em Winnicott contempla um novo ponto de vista teórico-interpretativo, o ponto de vista do bebê, apoiado na constatação clínica da existência de psiquismos[4] verdadeiros e falsos. No entanto, o sentido dado por Naffah ao ponto de vista do bebê é o de que somente é possível considerar experiências pessoais aquelas que surgem a partir da formação do espaço potencial. Mesmo notando a importância que Winnicott atribui às experiências de vida nos primeiros estágios da existência individual, e baseado nessas observações, ele afirma:

> Podemos dizer que *toda* experiência se produz no *espaço potencial* ... toda experiência é *experiência cultural*, na medida em que há um *contínuo* entre as

[4] Talvez o termo psiquismo não seja o mais adequado quando associado ao conceito de experiência em Winnicott, que fala em verdadeiro e falso si-mesmo, utilizando claramente uma linguagem mais pessoal e direta. Psiquismo está tradicionalmente relacionado ao conceito de aparelho psíquico e às especulações metapsicológicas de Freud.

> primeiras experiências de amamentação – e os elementos lúdicos que a acompanham – e a aquisição posterior de toda a bagagem cultural, simbólica, com possíveis contribuições à transformação da mesma. (Naffah, 2007, p. 231)

A constatação clínica relacionada à experiência relativa ao ponto de vista do bebê não está relacionada – por Winnicott – tão somente a aspectos estritos de manifestações de falso si-mesmo e à formação do espaço potencial, ou então não se poderia constatar as experiências do nascimento quando fossem traumáticas. A presença clínica de Winnicott o levou a postular o "ponto de vista do bebê" como uma experiência pessoal. Entretanto, ainda antes que o bebê vivencie as experiências relativas aos objetos e fenômenos transicionais (se tudo correu bem anteriormente), Winnicott descreve as experiências do nascimento[5].

Em "Memórias do nascimento, trauma do nascimento e ansiedade", artigo de 1949, Winnicott relata episódios de análise nos quais os pacientes o aproximam do que ele chama de "experiência do nascimento", obviamente considerando o ponto de vista pessoal do indivíduo ou do bebê que surge por meio das comunicações somáticas e relacionais, em forma de *acting out*, retraimento ou regressões a momentos da história do paciente em que as importantes falhas ambientais impediram sua continuidade de ser. Isso ocorre em um ambiente clínico confiável e oferece a compreensão da necessidade de adaptações ambientais antes não experienciadas.

---

[5] De qualquer modo, não seria possível que, ao tratar de um ponto específico, Winnicott ou outro autor esclarecesse todas as implicações de seus apontamentos estruturais. Algumas vezes Winnicott utiliza certos recursos didáticos para facilitar a comunicação, como, por exemplo, partir de pontos já conhecidos como os objetos transicionais, há muito tidos como a contribuição importante de Winnicott para a psicanálise, para então chegar a seu ponto principal. O ponto principal do texto em questão, "A localização da experiência cultural" (Winnicott, 1975 [1967b]) parece ser, nas palavras de Winnicott: " ... saber sobre o que versa a vida. Nossos pacientes psicóticos nos forçam a conceder atenção a essa espécie de problema básico. Percebemos agora que não é a satisfação instintual que faz um bebê começar a ser, sentir que a vida é real, achar a vida digna de ser vivida" (1975, p. 137). "O problema básico é o que está relacionado ao começar a ser do bebê, e obviamente o início de ser do bebê não é a transicionalidade. Ao final, no resumo de seu texto, Winnicott associa experiência e confiança: o espaço potencial entre o bebê e a mãe, entre a criança e a família, entre o indivíduo e a sociedade ou o mundo, depende da experiência que conduz à confiança. Pode ser visto como sagrado para o indivíduo, porque é aí que este experimenta o viver criativo" (1975, p. 142). A resposta ao problema é indicada com a experiência que conduz à confiança e o viver criativo, do gesto espontâneo e do encontro do ambiente sustentador, o que encaminha o pensamento para as experiências iniciais bem-sucedidas.
Ainda pode ser que haja momentos nos quais o autor esteja um pouco cansado do uso de recursos didáticos, pois poucas vezes são tão bem-sucedidos como no texto sobre os elementos masculinos e femininos ex-cindidos (1994 [1971va]), no qual Winnicott utiliza os termos, elementos masculinos e femininos como uma escada para se reportar à natureza do fator ambiental, ou seja, a questão de ser e fazer.

Winnicott, portanto, descreve o paciente, suas atuações, dores, história, e postula a experiência pessoal de continuidades e descontinuidades mais ou menos intensas de sentir-se real, existente e integrado. É evidente que, nos casos mais graves, as interrupções ou descontinuidades foram frequentes e até impeditivas da integração psicossomática. Winnicott também vai chamar de experiência a vivência da descontinuidade de sentir-se real, mesmo muito precocemente. A experiência traumática do nascimento é o acontecimento pessoal, do ponto de vista do bebê, trazido por determinados pacientes, o que é associado por Winnicott (2000 [1958f]) a distúrbios psicóticos com manifestações psicossomáticas, paranoias e outros.

Assim, não é possível aceitar que experiência signifique acontecimentos de vida processados pelo si-mesmo verdadeiro das relações objetais no espaço potencial, como sugere Naffah (2007, p. 234). Nem mesmo poderia significar experiência e si-mesmo com processamento. A experiência não é processada ou codificada em representações mentais, é vivida. Talvez haja alguma condição de realidade pessoal nas manifestações do tipo falso si-mesmo de nossos pacientes, fragmentada pelas interrupções significativas da continuidade de ser; condição de necessidade de encontro de um ambiente suficientemente bom para o desenvolvimento da integração psicossomática, mesmo que marcado permanentemente pela experiência de interrupção traumática de sua existência.

Experiência, portanto, é um conceito transversal na teoria e clínica winnicottiana, e, nesse sentido, extensivo, por estar muito próximo da importância do ambiente sustentador que possibilita ao indivíduo acreditar que a vida vale a pena. Evidentemente, o melhor valor de sentir-se real.

De certa forma, Winnicott (2000 [1958f]) faz essa aproximação entre experiência e ambiente, ao afirmar que:

> O analista deve estar preparado para aceitar qualquer material que surja na análise, *inclusive o relativo ao nascimento*. O analista deve, na verdade, esperar por materiais referentes a todos os tipos de fatores ambientais. Por exemplo, é necessário reconhecer e avaliar o tipo de ambiente que pertence às experiências intrauterinas, e também aquele que pertence às experiências do nascimento. Igualmente quanto à capacidade da mãe de devotar-se ao recém-nascido, e à capacidade do casal de assumir uma responsabilidade conjunta à medida que o bebê desenvolve-se e se transforma numa criança. E também à capacidade do grupo social de permitir à devoção da mãe e à cooperação dos pais fazerem a sua parte, e levarem adiante a sua tarefa a ponto de permitir ao indivíduo participar da criação e da manutenção do contexto social. (p. 257-258)

> O tipo de ambiente que pertence às experiências relacionais falhas é exposto em um enquadramento clínico confiável. Isso possibilita que os momentos de desenvolvimento anterior, em que ocorerram falhas importantessejam revividos com o acolhimento clínico ambiental adequado, e que, com o tempo, o amadurecimento pessoal prossiga, mesmo quando se trata de experiências intrauterinas. Não para que haja classificação psíquica, como parece indicar o texto de Naffah (2007). Naffah instrumentaliza a noção de experiência dizendo que "... se existem psiquismos verdadeiros e falsos, clinicamente falando, é preciso um *critério diferencial* que dê conta dos dois tipos de produção psíquica. Esse critério diferencial será justamente a noção de *experiência*". (p. 230)

Se entendo bem, esse critério significa que a experiência é um instrumento de diagnóstico, o que não é cabível para um conceito tão amplo e consistente com uma abordagem que não está voltada para questões da psicopatologia, mas sim para questões sobre a natureza humana.

Além disso, para tratar de experiência em Winnicott parece necessária ao menos uma tentativa de usar um vocabulário que afaste a abordagem de aspectos objetificadores e representacionais, como sugere a escolha do termo "produção psíquica". Produto bem-sucedido quando há produção de experiências pelo falso si-mesmo, e malsucedido quando não há produção de experiências pela incapacidade do falso si-mesmo de produzir experiências de realidade.

Em termos de produção, não há espontaneidade possível ao indivíduo, o que fica claro no relato do caso B., descrito por Winnicott, em "Holding e interpretação". A mãe que oferece cuidados perfeitos, ao contrário do esperado, produz um filho que opera uma vida perfeita, mas falsa, sem sentido pessoal. B. adulto tinha pouca capacidade de ser espontâneo. Sua análise revelou o sentimento de completo aniquilamento nas experiências iniciais de amamentação e a necessidade atual de que suas necessidades fossem compreendidas. Necessidades de criar esperanças de encontros, e não de objetos, mas da própria capacidade de encontrar algo buscado espontaneamente. Não houve experiências de amadurecimento pessoal.

O ponto de vista do bebê é uma teoria dos estados iniciais dentro do contexto do amadurecimento pessoal, que deixa ao indivíduo sentir-se vivo e real. Para Winnicott (1975 [1967b]):

> Essa teoria não afeta o que conhecemos a respeito da etiologia das psiconeuroses, ou do tratamento de pacientes psiconeuróticos; tampouco se choca com a teoria estrutural da mente, formulada por Freud em termos de ego, id e su-

> perego. Mas afeta nossa visão da pergunta: sobre o que versa a vida? Podemos curar nosso paciente e nada saber sobre o que lhe permite continuar vivendo. Para nós é de suma importância reconhecer abertamente que a ausência de doença psiconeurótica pode ser saúde, mas não é vida. Os pacientes psicóticos que pairam permanentemente entre o viver e o não viver forçam-nos a encarar esse problema, problema que realmente é próprio, *não dos psiconeuróticos, mas de todos os seres humanos*. (p. 138-139)

O ponto de vista do bebê é orientado para o que é viver e continuar vivendo. No texto intitulado "A localização da experiência cultural", Winnicott (1975) oferece uma condução para essas questões iniciais do viver, quando diz:

> Raramente, porém, chegamos ao ponto em que podemos começar a descrever o que se parece à vida, à parte a doença ou a ausência desta. Isso equivale a dizer que ainda temos de enfrentar a questão de saber *sobre o que versa a vida*. Nossos pacientes psicóticos nos forçam a conceder atenção a essa espécie de problema básico. Percebemos agora que não é a satisfação instintual que faz um bebê começar a ser, sentir que a vida é real, achar a vida digna de ser vivida. (p. 137 [1967b])

Considerando a rejeição de Winnicott do aparelho psíquico pulsional organizado por Freud, a satisfação instintiva relativa à redução da tensão da energia libidinal de forma alguma faz parte da questão de saber sobre o que versa a vida. Embora Winnicott esteja tratando da experiência cultural, sua questão principal é a experiência. Ele diz: "Empreguei o termo 'experiência cultural' como uma ampliação da ideia dos fenômenos transicionais e da brincadeira, sem estar certo de poder definir 'cultura'. A ênfase, na verdade, recai na experiência" (p. 137-138 [1967b]). O texto prossegue descrevendo fenômenos transicionais e culturais como exemplos da "ação recíproca entre separação e união" (p. 138). Sobre esse tema há o seguinte esclarecimento:

> Tenho de desenvolver um pouco mais esse tópico, em função das experiências mais primitivas do bebê, quando as diversas capacidades estão em início, tornando-se ontogeneticamente possíveis devido à adaptação extremamente sensível da mãe às necessidades do seu bebê, baseada em suas identificações com ele. (Refiro-me aos estádios de crescimento anteriores à época em que o bebê adquire mecanismos psíquicos que logo se tornarão disponíveis para a organização de defesas complexas. Repito aqui: um bebê humano precisa de certa distância das experiências primitivas, a fim de adquirir maturidade para ser profundo.) (p. 138)

Quando, então, Winnicott vai desenvolver o tema da transicionalidade, ele indica as experiências mais primitivas, que não serão abordadas em detalhes neste texto. Entretanto, os estágios primitivos do bebê são descritos no livro *Natureza humana*, no capítulo "Os estados iniciais – diagrama do conjunto ambiente-indivíduo", e evidenciam o que aqui é chamado de experiências mais primitivas relativas, portanto, à relação dual ambiente-indivíduo de dependência máxima em termos de necessidade e cuidado.

A importância de retorno ao início primitivo do desenvolvimento para falar do objeto-fenômeno transicional está em que o bebê irá constituir símbolos de sua união com a mãe apenas quando essa união tiver efetivamente acontecido na continuidade de uma relação de cuidado em que o bebê desenvolve a capacidade de confiança no acontecimento do ambiente sustentador.

Portanto, a experiência é existência pessoal, no sentido dos estados primitivos de relacionamento, em termos de objetos subjetivos que ocorrem na máxima dependência e adaptabilidade do conjunto ambiente-indivíduo e, posteriormente, no sentido do relacionamento com objetos e fenômenos transicionais. A condição para que aconteçam essas experiências é a confiabilidade quando o ambiente permanece para ser encontrado diante do gesto espontâneo, que, nessa condição, significa que o mundo foi criado simplesmente por ter sido encontrado. Winnicott (1975 [1967b]) acentua a confiança do seguinte modo:

> A palavra *confiança*, nesse contexto, demonstra compreensão do que quero significar pela construção da confiança baseada na experiência, na época da dependência máxima, antes da fruição e do emprego da separação e da independência. (p. 142)

Experiências são acontecimentos da continuidade confiável do ambiente que permitem ao indivíduo sentir-se real no encontro criador com o mundo que o cerca. Confiança que gera a capacidade de acreditar em, ou seja, a capacidade de ter esperança de que a vida vale a pena.

A área da experiência do espaço potencial implica a possibilidade da transicionalidade entre a realidade de objetos subjetivos da unidade mãe-bebê para a realidade compartilhada entre a mãe e o bebê, objetos totais.

Loparic, em aula durante o ano de 2004 com a disciplina "Nascimento e morte em Winnicott", lembra que a palavra "esperança" vem de *sperare*, que significa esperar, e *spatium*, que significa espaço. O uso original da palavra esperança traz o duplo sentido de espera/tempo e de espaço, o que remete à própria definição de objeto-fenômeno transicional como símbolo da união mãe-bebê apresentada por Winnicott (1975 [1967b]):

> Esse símbolo pode ser localizado. Encontra-se no lugar, no espaço e no tempo, onde e quando a mãe se acha em transição de (na mente do bebê) ser fundida ao bebê e, alternativamente, ser experimentada como um objeto a ser percebido, de preferência a concebido. O uso de um objeto simboliza a união de duas coisas agora separadas, bebê e mãe, *no ponto, no tempo e no espaço, do início de seu estado de separação*. (p. 135)

Na transicionalidade, é possível ao bebê simbolizar mentalmente a mãe, pois já houve amadurecimento pessoal, se tudo correu bem, para que as capacidades cognitivas cumpram a função de brincadeira simbólica com a mãe que se pode ausentar e ainda assim manter sua presença viva com o bebê, pois, em breve, será reencontrada, como já foi antes repetidas vezes.

Winnicott termina seu texto sobre a experiência cultural dizendo: "Minha esperança é a de que tenha começado a responder minha própria pergunta: onde se localiza a experiência cultural?" (Winnicott, 1975, p. 143 [1967b]). Ao longo do texto, ele diz:

> Utilizando a palavra "cultura", estou pensando na tradição herdada. Estou pensando em algo que pertence ao fundo comum da humanidade, para o qual indivíduos e grupos podem contribuir, e do qual todos nós podemos fruir, *se tivermos um lugar para guardar o que encontramos*. ... São essas experiências que fornecem a continuidade da raça humana que transcende a existência pessoal. (p. 138-139)

Com Winnicott (1975 [1967b]), portanto, surge um novo ponto de vista, o ponto de vista do bebê, que só pode ser considerado a partir da experiência de ser necessitado de cuidado e que, portanto, dependente da mãe. Nesse sentido, a base da teoria winnicottiana não é empírica, pois não é possível observá-la externamente. É experiencial, desde antes do parto.

Sobre a questão de qual a idade em que o ser humano começa a ter experiências: Para Winnicott, a primeira experiência humana parte do não ser, ou, em outras palavras, é a experiência do não ser, de estar no silêncio do não contato e da não comunicação. Winnicott considera que o ser humano surge do não ser, do não-estar-vivo para o estar-vivo, e não de um estado inorgânico de matéria impulsionada ao estado orgânico por uma força externa. Ele surge simplesmente do não viver para o viver desde que a presença viva e sustentadora de alguém possibilite essa passagem, transitória, pois se tudo ocorre bem há o retorno para o não viver, com a morte, considerada, por Winnicott, como último selo de saúde.

O conceito de experiência surge das descrições winnicottianas acerca do sentimento pessoal de estar vivo, de sentir-se real. Acontecimento descrito por pacientes psicóticos em relatos de sua história, nas quais Winnicott procura localizar falhas constantes e importantes o suficiente para estabelecer uma descontinuidade constituinte da integração psicossomática do paciente. Relatos de falhas relacionais, compreendidas por Winnicott como falhas ambientais, que, em termos de manejo clínico podem ser providas no enquadramento terapêutico.

Winnicott elabora uma história de continuidades que compõe a natureza de ser humano. Considera que, antes de um primeiro despertar dessa natureza humana, o que há é simplesmente a não vida. O início da vida pessoal é de isolamento, solidão, silêncio e quietude de movimento, a partir do qual surge uma espontaneidade gestual que pode propiciar um contato com o ambiente; o que é como um encontro com o mundo no qual está envolvido, se o ambiente de relacionamento pessoal permaneceu estável para ser encontrado.

Ao falar deste tema, portanto, Winnicott indica a importância temporal, em termos da permanência, do cuidado necessário para a existência do indivíduo humano, descrita como o espaço constante que compreende o ser, e lugar onde se dá o contato, inicialmente o útero, o colo, a mãe, o pai, e os outros indivíduos do enredo social.

Esse contato é ilusório, do ponto de vista pessoal, pois o isolamento inicial é mantido quando acontece o contato. Para dar sentido a esse aspecto, Winnicott utiliza a expressão "estar só na presença de alguém"; referindo-se a um recolhimento à quietude que só ocorre quando há a confiança ou a crença de que é possível o reencontro-comunicação a partir da necessidade expressa pelo gesto espontâneo do indivíduo que também espontaneamente se recolheu. É como no sono de muitas pessoas que, certas vezes, só acontece quando há alguém presente, cuidando no momento de ausência do dormir, pois assim é possível estar só – no sono, há alguém para encontrar ao despertar. Ou mesmo de pacientes que dormem no divã durante quase todo o atendimento, ou se aquietam e tornam-se incapazes de qualquer palavra durante o tempo que estão perto do terapeuta.

Essa descrição de Winnicott sobre experiências é estritamente ligada ao próprio desenvolvimento corporal, desde a embriogênese, quando o feto, mesmo no contato mais íntimo com o corpo da mãe, ainda assim mantém-se isolado. Este ponto será aprofundado ao longo do texto.

Winnicott descreve um primeiro despertar, então há um início e também outros despertares para a vida. Como ocorrências de alternâncias entre estados de estar-vivo e estados de não-estar-vivo. A vida assim não é considerada em oposição à morte, mas como contato e comunicação em oposição ao não contato e silêncio e suas alternâncias com momentos de solidão e momentos de encontro. O tempo assume significado cíclico, como tempo de ser e tempo de não ser.

As relações com espaço e tempo delineiam, no princípio, a experiência de ser. E são relações indivíduo-ambiente definidas como condição de dependência e cuidado que ocorre ao mesmo tempo e espaço. Essas relações, se facilitadas pela espontaneidade do indivíduo e pelo acolhimento do ambiente, marcam a existência-vida, e afloram o sentimento de estar vivo.

As experiências de contato espontâneo, que marcam a existência ou acontecimento[6] de ser, são uma espécie de memória de esquecimento, no sentido de que não são lembradas, pois não se referem à consciência, contudo são existentes, tanto que suportam e possibilitam o sentir-se vivo. Essa memória está relacionada com a capacidade de esperar o encontro que já aconteceu uma e outra vez.

A experiência do nascimento diz respeito ao ser humano considerado desde a experiência de seu primeiro despertar para a vida, diante da condição primeira de não estar vivo. O início da experiência de ser indivíduo humano talvez seja a concepção com o início de não estar vivo até o primeiro despertar para a solidão.

Quais são as primeiras experiências humanas?

Um estado primário do ser humano é descrito por Winnicott como de solidão que implica na ambivalência do isolamento e do contato pessoais.

A solidão é um tema fundamental na psicanálise winnicottiana. Em relação à experiência do nascimento pode-se falar da solidão em dois momentos, antes e depois do parto, nos quais é descrita como um estado primeiro de solidão essencial e depois de solidão na presença de alguém, em ambos as situações permanecem o aspecto do isolamento e da dependência de intensidade que se torna menor com o desenvolvimento.

---

[6] Loparic (2007) utiliza as expressões "acontecer maturacional" e "acontecencialidade humana" ao explicar os conceitos de nascimento e origem na teoria winnicottiana quando aproximados do pensamento de Heidegger. O que é brevemente apresentado no tópico "Estados de ser em Winnicott e Heidegger".

Para marcar os diferentes sentidos dessa definição de solidão com a visão da psicanálise mais tradicional, é necessário verificar que Winnicott contrapõe sua teoria sobre o desenvolvimento humano inicial aos aspectos pulsionais da teoria freudiana. Em seu livro *Natureza humana*[7] (1990 [1988]) Winnicott opõe claramente sua teoria sobre o desenvolvimento humano inicial e a teoria das pulsões de vida e de morte elaboradas por Freud.

Em *A interpretação dos sonhos*, Freud (1999) observa que "... um grande número de sonhos, muitas vezes acompanhados de angústia e tendo por conteúdo temas como atravessar espaços estreitos ou estar na água, baseiam-se em fantasias da vida intrauterina, da existência no ventre e do ato do nascimento" (p. 392). A relação entre nascimento e angústia ou trauma é discutida por Winnicott como uma condição temporal específica do parto demorado, mas normalmente "... as experiências do nascimento são boas" (Winnicott, 2000, p. 262 [1958f]) e fortalecem a integração psicossomática. O ponto importante nessa comparação é observar a relação entre vida uterina e fantasias de morte indicada por Freud. Mais especificamente descrita em uma nota de rodapé, acrescentada em 1909 a seus comentários de sonhos sobre a fantasia de nascimento:

> Foi só depois de muito tempo que aprendi a apreciar a importância das fantasias e pensamentos inconscientes sobre a vida no ventre. Eles oferecem uma explicação para o notável pavor que sentem muitas pessoas de serem enterradas vivas; e também proporcionam a base inconsciente mais profunda para a crença na sobrevivência após a morte, o que simplesmente representa uma projeção no futuro dessa estranha vida antes do nascimento. (Freud, 1999, p. 393)

Assim, Freud sugere que o bebê, antes de nascer e ao nascer, passa por uma vivência angustiante de medo da morte. Winnicott (1990 [1988]) se opõe a essa associação entre vida pré-natal e morte dizendo que:

> O bebê (ou o feto) não tem capacidade alguma de se preocupar com a morte. No entanto, deve existir em qualquer bebê a capacidade de ser concernido [*capacity for* concern] pela solidão da pré-dependência, já que esta foi de fato experimentada. Essa ideia não está sujeita, a meu ver, a alterações por possíveis incertezas quanto à data em que o bebê humano começa a existir. (p. 155)

---

[7] Lê-se no prefácio que o livro foi iniciado em 1954, com o propósito de fornecer anotações aos estudantes do curso sobre crescimento e desenvolvimento humano na Universidade de Londres, onde Winnicott lecionava desde 1936, a convite de Susan Isaacs. O livro foi revisado até o momento de sua morte, em 1971.

Evidentemente, na maioria dos casos, a gestação e o parto são bem-sucedidos, e o bebê não experienciou a morte, não a morte física ao nascer, tampouco a psíquica, já que a psique incipiente não tem capacidade alguma de perceber ou antecipar um fim para a vida e ainda sofrer a angústia relativa a esse fim. Entretanto, o bebê pode ser reativo às mudanças no ambiente que interrompem demoradamente seu estado de ser. Quanto à morte, Winnicott (1990 [1988]) diz:

> A morte, para um bebê nos estágios iniciais, significa algo bem definido, ou seja, a perda do ser em razão de uma reação prolongada contra a intrusão ambiental (o fracasso total da adaptação suficientemente boa). Não há necessidade de ir além desse ponto, forçando a teoria a dar conta de um conhecimento infantil do não-estar-vivo, conhecimento este inevitavelmente absurdo, pois implicaria num grau muito elevado de desenvolvimento que por hipótese ainda não teria ocorrido. (p. 156)

Para o bebê, a morte tem sentido pessoal de aniquilamento de seu estado de continuidade de ser em relação à interrupção causada por uma reatividade ao ambiente não adaptativo. Para Winnicott, Freud forçou a teoria psicanalítica até um limite desnecessário com a teoria das pulsões de vida e de morte. Ele é categórico ao afirmar que, com essa teoria, Freud negou o que era mais óbvio de se pensar sobre a vida humana: a relação tanto física quanto psicológica do indivíduo com o ambiente, no início, de solidão e espontaneidade de contato.

Freud define as pulsões como " ... as forças que supomos existirem por trás das tensões geradoras de necessidade do id" (citado por Laplanche & Pontalis, 2001, p. 396), e afirma que, " ... a teoria das pulsões é, por assim dizer, a nossa mitologia. As pulsões são seres míticos, grandiosos na sua indeterminação" (citado por Laplanche & Pontalis, 2001, p. 396). Essas definições datam de 1938 e 1932, respectivamente. Freud morre em 1939, o que indica que são conceituações já tardias e retomam o que Winnicott chamou de " ... dúvidas do próprio Freud quanto à validade da sua teoria [que] tornaram-se, a meu ver, mais importantes que a teoria em si mesma" (1990, p. 155 [1988]). Em contrapartida aos elementos míticos atribuídos à psicanálise, Winnicott apresenta a proposição da condição de solidão essencial e de ilusão de contato com o ambiente facilitador da constituição da integração psicossomática como base da natureza humana. Essa condição surge de um estado de não-estar-vivo.

Winnicott reconhece a ideia original de Freud " ... sobre o estado inorgânico do qual se origina cada indivíduo e ao qual todo indivíduo retorna" (1990, p. 154

[1988]). No entanto, o que para Freud foi o ponto de partida para a teoria das pulsões, para Winnicott deu sustentação para a psicologia da experiência individual, na qual o ser humano " ... surge não do inorgânico mas da solidão" (idem, p. 155 [1988]) pessoal, ou de um núcleo de solidão e isolamento que, se preservado, tornar-se-á pessoal ao longo do desenvolvimento emocional. Para Winnicott, o estado inorgânico é um marco temporal para a continuidade da vida humana, a partir do estado inorgânico, que é igual a não-estar-vivo, para a solidão, espontaneidade e integração pessoal.

O que Winnicott propõe é que o ser humano surge da solidão para o encontro ou contato que se dá por um gesto da necessidade instintual do bebê para com outro ser humano completamente identificado com ele. A vida, então, não é impulsionada por forças que tendem para certos objetos com objetivo de suprimir o estado de tensão. A vida humana não é impulsionada, porque não é objeto de força. Talvez a vida humana seja dar sentido à matéria orgânica corporal e à simples capacidade de criar ilusoriamente um mundo de contato e encontro, que termina com o retorno ao não-estar-vivo. Sobre o retorno, Winnicott (1990 [1988]) pensa que:

> O estado anterior ao da solidão é um estado de não-estar-vivo, sendo que o desejo de estar morto é em geral um disfarce para o desejo de ainda-não-estar--vivo. A experiência do primeiro despertar dá ao indivíduo a ideia de que existe um estado de não-estar-vivo cheio de paz, que poderia ser pacificamente alcançado através de uma regressão extrema. Muito do que geralmente é dito e sentido a respeito da morte, na verdade se refere a este estado [*anterior ao estar-vivo*], no qual o estar sozinho é um fato e a dependência ainda se encontra muito longe de ser descoberta. A vida humana é um intervalo entre dois estados de não-estar-vivo. O primeiro dos dois, a partir do qual emerge o estar-vivo, dá colorido às ideias que as pessoas costumam ter sobre o segundo a segunda morte[8]. (p. 154)

A segunda morte aqui não quer dizer que houve uma primeira morte com o nascimento, como pensa Freud ao interpretar fantasia de vida no ventre como a morte. Significa o estado anterior ao estar-vivo, antes da solidão e do ser. A vida humana é um intervalo de tempo entre dois estados de não-estar-vivo, ou de estar morto. A solidão é um estado intermediário entre o não-estar-vivo, o estar-vivo

[8] Loparic (2000) observa que a tradução brasileira omite a expressão "segunda morte" e o itálico da expressão "anterior ao estar-vivo" – "*before aliveness*", conforme consta no original.

e morrer. Essa, a continuidade de ser, é experienciada pela facilitação da adaptabilidade do ambiente. As ideias sobre a segunda morte são pessoais e relativas ao estágio de solidão, do qual surge o estar-vivo, dependendo da relação com o ambiente, mesmo muito precocemente, quando não há qualquer consciência para descobrir-se dependente.

A dependência do ambiente é uma observação constante na abordagem de Winnicott sobre a vida humana. As experiências mais primitivas são descritas como que originadas da dependência ambiental, o que pode ser notado no trecho abaixo:

> ... a ideia de um tempo maravilhoso no útero [interrompido pela angústia de nascimento] é uma organização complexa de negação da dependência. Qualquer prazer sentido numa regressão faz parte da ideia de um ambiente perfeito, e contra esta ideia pesa sempre uma outra, tão real para a criança ou o adulto regredidos quanto a primeira, de um ambiente tão ruim, que não haveria nele qualquer esperança para uma existência pessoal. (Winnicott, 1990, p. 180 [1988])

Winnicott se refere à ideia da angústia traumática do nascimento em contraponto à sua teoria que indica uma possibilidade de perda da existência pessoal, e não uma estrutura traumática do existir humano. As experiências do tempo no útero são tão essencialmente dependentes do ambiente que podem se perpetuar com a esperança ou não do existir individual.

Durante o tempo de vida intrauterina, entre a concepção e antes da proximidade do parto, a experiência mais primitiva do ser humano descrita por Winnicott é de solidão. Winnicott utiliza o adjetivo essencial – como o que constitui a essência – para qualificar essa solidão. O ser humano é, a princípio, solidão, e a solidão essencial ocorre no isolamento de viver enquanto parte de uma unidade original, quando há condições de dependência máxima do ambiente. Para o bebê que está sendo cuidado no isolamento do útero há a solidão da não integração entre o corpo e a psique. Para a mãe-ambiente há uma adaptação somática quase tão completa que a experiência primitiva de ser do bebê não é perturbada por reações à intrusão. Winnicott chama de amor o que há no ambiente de cuidado muito primitivo, quando no isolamento do útero materno o ser humano se constitui pela solidão de ser fisicamente amado. O encadeamento das reflexões de Winnicott sobre essas ideias segue do modo apresentado no artigo "Um estado primário de ser: os estágios pré-primitivos" (1990 [1988]), resumido a seguir.

Winnicott começa dizendo que "no ínicio há a não-integração ... entre corpo e psique" (p. 153). Embora a integração psicossomática seja um aspecto tardio do desenvolvimento emocional, é estabelecida uma outra forma de integração mais primitiva, descrita com a afirmação: "Na prática isso não é verdade, pois o bebê está sendo cuidado, ou seja, amado, e isto quer dizer fisicamente amado. A adaptação à necessidade é quase completa" (idem). Há a indicação do indivíduo sustentado pelo ambiente, e um conceito de integração incipiente. A dependência passa a ser analisada em sua raiz mais precoce, com referência à dependência absoluta dos estágios iniciais e a observação do bebê em desenvolvimento no útero e no colo. São levantadas questões sobre qual seria o estado inicial do ser, apresentado com a seguinte descrição: "No princípio há uma solidão essencial. Ao mesmo tempo, tal solidão somente pode existir em condições de dependência máxima" (p. 153-154 [1988]).

A ambivalência da solidão fundamental é atribuída à necessidade de máxima adaptação do ambiente, exigida nesse momento primitivo do ser humano. Esse estado de solidão nunca é abandonado, o que é afirmado por Winnicott na sequência:

> Com exceção do próprio início, não haverá jamais uma reprodução exata desta solidão fundamental e inerente. Apesar disto, pela vida afora do indivíduo continua a haver uma solidão fundamental, inerente e inalterável, ao lado da qual continua existindo a inconsciência sobre as condições indispensáveis a este estado solidão. (p. 154 [1988])

Sobre o final dessa afirmação acerca da inconsciência das condições indispensáveis, que compreendo como a necessidade de intensa adaptação ambiental, seria possível discutir que o núcleo individual é intocável, desconhecido e isolado, e continua dependente, como se o estado de integração fosse sempre vulnerável, sempre contínuo. Nas primeiras fases do desenvolvimento, a adaptação que possibilita a integração vem da mãe ou da pessoa que cuida do bebê, para mais tarde manter-se pelo si-mesmo[9]. Cito Winnicott (1990 [1988]):

> O desejo de alcançar esse estar sozinho é [interferido][10] por diversas ansiedades, e por fim ele se oculta no interior da capacidade da pessoa saudável de estar a sós e se fazer cuidar por uma parte do *self* especialmente destacada para tomar conta do todo. (p. 154)

---

[9] Loparic (2000) esclarece que a princípio Winnicott utiliza os termos *ego* e *self* como sinônimos. A partir de 1965, Winnicott passa a diferenciar o significado dessas duas expressões. O termo *ego* encaminha o estudo do processo de amadurecimento pessoal, incluindo a tendência inata à integração psicossomática. E o termo *self*, traduzido como si-mesmo, indica o processo de amadurecimento mais avançado de formação do desenvolvimento do ego com o estabelecimento do *eu* em oposição ao *não eu* e o uso do intelecto.

[10] Na tradução para o português encontra-se a palavra "bloqueado", substituída por "interferido", conforme o original em inglês, "*interfered*", p. 132.

Fica resumido assim o primeiro conceito de solidão essencial, com a linha de seguimento para a solidão na presença de alguém e a posterior capacidade de estar só. Winnicott poderia ter encaminhado o assunto para a sofisticação do estado de solidão, mas seu objetivo era o estado primitivo, portanto o texto segue para a conceituação do estado anterior à solidão, o não-estar-vivo em comparação com o início da vida na teoria freudiana. O artigo "A capacidade de estar só" (1958g) será apresentado para dar o prosseguimento posterior ao tema da solidão.

Ao longo do período gestacional, Winnicott descreve a relação de ser indivíduo-ambiente como necessidade de dependência máxima, e, depois do nascimento, já no colo da mãe, a relação se caracteriza pela necessidade de dependência absoluta do ambiente. O tema da solidão muda um pouco seu contorno, entretanto permanece como uma condição imperativa para a existência pessoal. Cito Winnicott em *Os indivíduos como isolados* no artigo "Comunicação e falta de comunicação levando ao estudo de certos oposto" (1965j):

> Estou expondo e ressaltando a importância da ideia do *isolamento permanente do indivíduo* e proclamando que no núcleo do indivíduo não há comunicação com o mundo não-eu em nenhum sentido. (Winnicott, 1983, p. 172 [1965j])

O núcleo do indivíduo é marcado de quietude, imobilidade e silêncio, o que é associado à solidão essencial (Winnicott, 1983, p. 172-173 [1965j]). Da solidão essencial para outro tipo de solidão, mais sofisticada, que se desenvolve ao longo da vida, tendo como base a experiência do bebê de ficar só na presença da mãe, há a continuidade de um núcleo essencial que deve manter-se isolado, não tocado e não comunicado. Uma análise da capacidade sofisticada de solidão que ocorre como um sinal de desenvolvimento emocional foi lida por Winnicott em 1957, na Sociedade Britânica de Psicanálise. Será apresentado a seguir um resumo de análise com recortes de pequenos trechos.

Winnicott circunscreve a capacidade de estar só considerando um estágio anterior ao das relações tripessoais e das bipessoais, o estágio de relação unipessoal ou individual, verificado pela observação direta de mães e crianças. Na descrição de Winnicott (1983 [1965j]):

> A capacidade de ficar só ou é um fenômeno altamente sofisticado, ao qual uma pessoa pode chegar em seu desenvolvimento depois do estabelecimento de relações triádicas, ou então é um fenômeno do início da vida que merece um estudo especial porque é a base sobre a qual a solidão sofisticada se constrói. (p. 32)

O fenômeno sofisticado relativo ao desenvolvimento emocional avançado quando a unidade individual está estabelecida em um eu-sou diferenciado do não eu não será abordado. Será apresentada apenas a base em que se constrói a capacidade de estar só, de acordo com o texto citado. O fenômeno do início da vida, enunciado por Winnicott (1983 [1965j]) como ponto principal de sua contribuição:

> Embora muitos tipos de experiência levem à formação da capacidade de ficar só, há um que é básico, e sem o qual a capacidade de ficar só não surge, essa *experiência é a de ficar só, como lactante ou criança pequena, na presença da mãe.* ... é a capacidade de ficar só quando mais alguém está presente. (p. 32-33)

A presença de alguém, que possibilita a capacidade de solidão, não é mera presença física. É a presença identificada com o bebê e interessada em seu cuidado. A expressão que Winnicott (1983 [1965j]) utiliza para explicar essa relação especial entre o bebê e a mãe ou sua substituta é "de fato confiantemente presente" (p. 33), tanto que até o espaço físico, como o berço, o carrinho ou a atmosfera do ambiente podem representá-la. O bebê se habitua tanto a ser atendido em sua necessidade que passa a confiar que o cuidado virá sempre que necessário.

Após utilizar conceitos já estabelecidos para explicar a capacidade de estar só como objeto interno, Winnicott desenvolve e repete a ideia a seu modo no tópico "Ficar só no estado imaturo", de 1983, dizendo:

> O ponto principal de minha tese é que nós necessitamos de uma maneira não-sofisticada de ficar sós, e que, mesmo concordando com o fato da capacidade de ficar só ser uma sofisticação, a habilidade de estar realmente só tem sua base na experiência precoce de estar só na presença de alguém. (p. 34 [1965j])

A solidão implica em contato pessoal, na melhor das hipóteses, entre dois seres isolados, ou com seus núcleos de isolamento preservados. A presença confiável é fundamento para a existência pessoal. Winnicott (1983 [1965j]) delineia o sentido da capacidade de estar só, como segue:

> ... somente quando só é a criança capaz de fazer o equivalente ao que no adulto chamamos relaxar. A criança tem a capacidade se tornar não-integrada, de devanear, de estar num estado em que não há orientação, de ser capaz de existir por um momento sem ser nem alguém que reage às contingências nem uma pessoa ativa com uma direção ou interesse. (p. 35-36)

Existir por um momento sem ser é uma condição associada à não integração, à capacidade de estar só na presença de alguém que, além de confiável, não faça exigências. Sem as exigências, a criança pode ser espontânea. Winnicott (1983 [1965j]) direciona seu pensamento para a questão da vida pessoal, dizendo que:

> É somente sob essas circunstâncias que a criança pode ter uma experiência que é sentida como real. Um grande número de tais experiências forma a base para uma vida que tem realidade em vez de futilidade. O indivíduo que desenvolveu a capacidade de ficar só está constantemente capacitado a redescobrir o impulso pessoal. (p. 36)

O viver é sempre o que alicerça o pensamento de Winnicott. A vida apenas pode ser sentida como real a partir de um ponto de vista pessoal, uma tarefa que se perpetua ao longo da existência.

As experiências de estar só na presença de alguém quando criança propiciam ao indivíduo quando adulto estar só, relaxar e descansar. Uma vez que o passado pode acontecer, o presente é experienciado, e o futuro, esperado.

A solidão fica assim continuamente fundamentada no isolamento primitivo de ser e no contato com alguém confiavelmente presente.

De onde vem o sentido pessoal de uma experiência?

O sentido pessoal da experiência surge da elaboração psicológica de todos os aspectos humanos de estar vivo. Winnicott chama esse acontecimento de "elaboração imaginativa". Para ele, a natureza humana é compreendida como tendência inata à integração psicossomática, que pode realizar-se pela facilitação ambiental. O desenvolver da integração entre o soma e a psique torna o indivíduo capaz de sentir que a vida vale a pena.

Nesse sentido, o próprio corpo é o local e a origem das experiências pessoais. Entretanto, a ele é atribuído somente o significado físico de crescimento geneticamente programado até o momento em que a existência pessoal é experienciada, elaborada imaginativamente como um estado de ser que possibilita a integração da psique e do soma. Assim, os primeiros momentos de integração são vivenciados e oferecem a condição de vida pessoal. Nas palavras de Winnicott (1990 [1988]) sobre integração:

> Não há duvida de que existe uma tendência biológica em direção à integração, mas os estudos psicológicos da natureza humana jamais serão satisfatórios se se basearem excessivamente nos aspectos biológicos do crescimento ... É necessário postular, portanto, um estado de não integração a partir do qual a interação se produz. O bebê que conhecemos como uma unidade humana, seguro dentro

> do útero, ainda não é uma unidade em termos de desenvolvimento emocional ... No começo teórico existe o estado de não integração, uma ausência de globalidade tanto no tempo quanto no espaço. O começo certamente está em alguma data anterior ao nascimento a termo. (p. 136)

No começo, a existência pessoal é uma experiência da integração entre o soma e a psique, ambos concebidos originalmente como corpo. A integração vai sendo estabelecida pela globalidade no tempo e no espaço, ou seja, a permanência do corpo biológico no espaço gera um sentido de experiência somática que envolve estados de integração e de não integração, quando a psique torna-se mais um aspecto somático, aquele capaz de dar sentido pessoal aos acontecimentos corpóreos.

A psique como vida corpórea é realçada por Winnicott, por exemplo, quando ele afirma que " ... a base da psique é o soma, e, em termos de evolução, o soma foi o primeiro a chegar" (1990, p. 37 [1988]). Desde o início da vida do ser humano, os estados somáticos são elaborados na forma primitiva de um estado de ser, com início na não vida, e posterior solidão, talvez relacionados com a incapacidade do tecido nervoso central em formação durante a vida embrionária e fetal.

Conforme o desenvolvimento do cérebro avança, os modos de vida se modificam da não integração para momentos incipientes de integração, compreendida como o estado de ser-solidão-primitivo durante a vida pré-natal. Embora a consideração da integridade do tecido cerebral seja de principal importância para falar de elaboração imaginativa, Winnicott, no estudo "O campo psicossomático", traz o conceito de psique total, referindo se à totalidade dos tecidos vivos e seu desenvolvimento. Ele trata a psique como um todo corporal, citando a elaboração imaginativa de todo o funcionamento somático, como a histologia da psique específica para cada indivíduo (1990, p. 45 [1988]).

É interessante observar a composição da palavra histologia, de origem grega: "*histós*" significa "tecido", e "*lógos*" significa "tratado", que representa uma parte da fisiologia com o objetivo de estudar a formação dos tecidos orgânicos, sua composição anatômica e química, sua estrutura e destruição. A psique descrita por Winnicott compreende a possibilidade de elaboração pessoal da formação, composição e destruição dos tecidos corporais. Desse modo, histologia da psique caracteriza o desenvolvimento particular de cada indivíduo. As vivências corporais podem se tornar pessoais, isto é, somaticamente integradas, quando a relação de necessidade individual e adaptação ambiental é bem-sucedida. O tema da integração psicossomática é, de certa forma, apresentado no mesmo texto, com a proposta de exame do "entremesclar do corpo e da psique" (Winnicott, 1990, p. 46 [1988]), condicionado à elaboração imaginativa, da seguinte maneira:

> A parte psíquica da pessoa ocupa-se com os relacionamentos, tanto dentro do corpo quanto com ele, e com os relacionamentos mantidos com o mundo externo. Emergindo do que se poderia chamar de elaboração imaginativa de funções corporais de todos os tipos e do acúmulo de memórias, a psique (especificamente dependente do funcionamento cerebral) liga o passado já vivenciado, o presente e a expectativa de futuro uns aos outros, dá sentido ao sentimento do eu, e justifica nossa percepção de que dentro daquele corpo existe um indivíduo. (idem)

Elaborar imaginativamente os tecidos do corpo dá sentido ao sentimento de eu, ou à experiência pessoal de estar vivo. A identidade pessoal tem suas bases na relação precoce com o espaço ao redor do corpo, que deixa marcas temporais da continuidade da existência somática. Winnicott indica que, com o desenvolvimento, a psique possui " ... uma posição a partir da qual é possível ... torna-se algo que é capaz de criar e de perceber a realidade externa, torna-se um ser qualitativamente enriquecido" (idem).

Possuir essa posição pode implicar no gesto, movimento do corpo no espaço, de tornar-se capaz de criar e viver, em termos da harmonia de respirar, andar, falar e outras ações motoras que exigem o equilíbrio adequado do tônus muscular e do funcionamento visceral, controlados pelo sistema nervoso. Winnicott (1990, p. 47 [1988]) conclui o estudo sobre psicossomática[11] lembrando, mais uma vez, que o crescimento biológico não está relacionado ao fenômeno de desenvolvimento da psique, pois a dependência do ambiente é tão grande para sua realização que encobre o fator de crescimento do corpo, desde a concepção.

A capacidade humana para experiências pessoais de dar sentido ao próprio corpo e para a própria vida é muito primitiva. Para Winnicott, " ... todas as experiências são tanto físicas como não físicas" (2000, p. 289 [1958f]). Winnicott (1990, p. 147 [1988]) relaciona o início das experiências humanas a capacidade do indivíduo de reter memórias[12] corporais, considerando o desenvolvimento do sistema nervoso central precoce para viver de forma não consciente – ou seja, não

---

[11] Essas ideias poderiam ser aplicadas ao campo da psicomotricidade quanto aos movimentos corporais e sua relação com o espaço e tempo.

[12] O tema da memória corporal e intelectualidade é detalhado no Capítulo 3.

percebido como um estímulo que pode ser decodificado para armanezamento e posterior recuperação, como uma lembrança –, as experiências no ambiente intrauterino.

O primeiro aspecto corporal ligado à elaboração psicológica que deve ser notado é o desenvolvimento e funcionamento do cérebro durante o desenvolvimento do embrião e feto, pois permitem o estoque de experiências de memórias corporais, ligadas ao movimento e quietude do corpo (Winnicott, 1990, p. 38-39 [1988]). As memórias do corpo no decorrer da vida fetal oferecem o sentimento de continuidade de ser ao indivíduo. Com o desenvolvimento cerebral, pode-se considerar a experiência de solidão essencial sustentada somaticamente pela mãe-ambiente, as experiências intrauterinas de espontaneidade de movimentos e quietude, o sentimento de ser amado por todos os lados, decorrente da experiência somática com a pressão circular exercida pelo útero sobre o feto, e, durante o parto, a interrupção da continuidade de ser e a experiência de retorno ao estado ser alcançado como um esforço pessoal que leva à respiração.

A existência pessoal é a do corpo vivo por elaborações imaginativas intensas de tecidos e órgãos experienciadas durante o período gestacional e especialmente durante o parto, pela exigência de novas formas de viver, tais como alterações dos batimentos cardíacos, funcionamento pulmonar, resfriamento rápido da epiderme, alterações na pressão do corpo de estar contido pelo contato circular com o líquido amniótico para o contato com o meio aéreo, todas, mudanças somáticas importantes, que precisam ser elaboradas pela imaginação, como modos de viver.

Em termos somáticos, antes de nascer o bebê guarda memórias, ou seja, tem experiências de mudança de pressão, de temperatura e outros fatores ambientais, como a sensação dos próprios movimentos. O nascimento é uma importante experiência de mudança nesses fatores. Desse modo, a existência pessoal implica a somatória de experiências relacionais indivíduo-ambiente que favorecem a elaboração imaginativa do corpo. O corpo, elaborado imaginativamente, é o corpo vivido espontaneamente na sustentação pessoal adaptada às necessidades corpóreas que são também psicológicas. A partir de uma interação indivíduo-ambiente de cuidado não intrusivo, a elaboração imaginativa enriquece a continuidade do ser de onde o ego[13] pode emergir como algo ligado ao corpo.

---

[13] Ver nota número 10.

Em um segundo momento, a especialização da capacidade intelectual participa da elaboração imaginativa, o que permite a junção de memórias corporais e pessoais para formar a individualidade do ser humano. Entretanto, é preciso acentuar a participação secundária ou tardia do intelecto, pois, no início, as experiências corporais de movimento e quietude existentes na vida intrauterina são experiências psicológicas de sentir-se vivo e real, sem que haja consciência ou intelectualidade envolvidas nesse acontecimento.

As primeiras experiências são relativas ao sentimento de ser, sem a interposição da consciência ou outras habilidades cognitivas ou mentais. Em Winnicott (1990 [1988]), " ... a natureza humana não é uma questão de corpo e mente – e sim uma questão de psique e soma inter-relacionados, que em seu ponto culminante apresentam um ornamento: a mente" (p. 44). O funcionamento mental ou intelectual precoce pode significar um distúrbio psicossomático. A experiência traumática do nascimento é um exemplo patológico de funcionamento mental reativo e defensivo contra intrusões ambientais. Esse trauma, originado pelo excesso de exigência temporal à capacidade do bebê para acreditar no retorno a continuidade de ser, rompe o relacionamento íntimo e frágil que havia entre a psique e o soma.

O trauma do nascimento é a necessidade de reação que ultrapassa a capacidade do bebê quanto à experiência que integra corpo e psique, por já ser, de certa forma, conhecida em experiências anteriores. Portanto, no trauma, o parto como experiência somática não é elaborado psicologicamente pelo bebê, tornando-se um registro mental detalhado e dissociado que organiza um falso crescimento da existência pessoal. Clinicamente, é possível observar uma tendência reativa quanto à dependência ambiental.

ESTUDOS CLÍNICOS

REGISTRO MENTAL DO NASCIMENTO

A elaboração imaginativa é um fenômeno psíquico que diz respeito ao sentimento pessoal proveniente das necessidades corpóreas em relação ao ambiente de cuidado. A observação de pacientes regredidos permite dizer que a elaboração imaginativa é extremamente precoce, assim como pode ser a organização de defesas mentais.

Winnicott apresenta um fragmento clínico do caso de uma paciente que, aos 47 anos, revive, por meio de regressões profundas alcançadas em análise, o intenso trauma de nascimento que organizou como defesa ao sofrimento um si-mesmo falso. A paciente relembra violentas memórias corporais do nascimento, em atuações que revelavam a interrupção significativa na continuidade de ser, que havia sido negada pela organização defensiva do funcionamento mental. O que Winnicott chama de fenômeno patológico psique-mente. As descrições das atuações de memórias somáticas revividas são transcritas a seguir:

> A respiração muda, para poder ser examinada em seus mínimos aspectos. As constrições ao sair do corpo da mãe devem ser revividas, e assim recordadas. O nascimento visto a partir da fantasia no interior da barriga da mãe, uma mulher tensa e deprimida. As mudanças de não ser alimentada para ser alimentada ao seio, e depois na mamadeira. O mesmo, com o acréscimo de que a paciente chupava o dedo dentro do útero, e ao sair precisou manter o punho em relação com o seio ou a mamadeira, criando assim uma continuidade entre as relações de objeto lá dentro e cá fora. A difícil experiência da pressão na cabeça, e também o extremo horror quando a pressão acabou. Durante essa fase ela não teria suportado reviver a cena a não ser que sua cabeça fosse sustentada. Nessa análise ainda há muito que compreender sobre o modo pelo qual as funções da bexiga são afetadas pelo processo do nascimento. A mudança de uma pressão envolvente (dentro do útero) para uma pressão vinda de baixo (fora do útero). Quando moderada, a pressão significa amor. Após o nascimento, portanto, ela só era amada em seu lado de baixo, e ficava confusa a não ser que fosse virada de tempos em tempos. (Winnicott, 2000, p. 340 [1954a])

Esses episódios de regressão para um estágio muito inicial e pré-natal ocorreram ao longo de dois anos de análise e levaram Winnicott a compreender a necessidade inconsciente de reviver o nascimento. A paciente era bem-sucedida profissionalmente, tinha um bom nível acadêmico e bons relacionamentos, mas se sentia completamente insatisfeita. Havia feito uma análise clássica anterior a essa, com incidentes nos quais ela se jogava do divã de maneira histérica.

A descrição de Winnicott, entretanto, demonstra grande cuidado analítico com cada memória somática trazida pela atuação. Ele observa e comenta cada detalhe dos padrões de atuação, buscando compreender a experiência pessoal da paciente, lembrando que a sequência correta tem importância própria, embora não tenha sido possível apresentá-la. Aparentemente, as últimas memórias, que ocorrem após o parto, são revividas primeiramente com as mudanças da respiração e as constrições, provavelmente a respiração tenha se acelerado e o corpo tenha se tornado tenso. A memória do ambiente uterino de uma mãe tensa e deprimida, que não pode entregar-se à experiência do nascimento, tornando--se rígida e inadaptada, pode ter prolongado o período expulsivo do parto e aumentado a intensidade das contrações uterinas na forma de constrições dolorosas para o bebê.

Para reviver a pressão na cabeça foi necessário o acolhimento ambiental de sustentação física. Winnicott segurou a cabeça da paciente para que ela pudesse reviver a difícil experiência. Mas é importante ressaltar que a paciente, nesse estado regressivo, assim como um recém-nascido, não tinha consciência do ambiente facilitador, que simplesmente precisa permanecer presente para que o sentimento de ser não seja aniquilado. Pode ser que o acolhimento ambiental do contato e comunicação somática entre paciente e terapeuta seja necessário não somente para que o paciente reviva experiências de interrupção da continuidade de ser, mas também para que ele volte do estado regressivo em gestos como, por exemplo, tocar a cabeça e estender o braço para que sua mão seja alcançada pelo paciente imóvel e impossibilitado de se movimentar.

Winnicott (2000 [1954a]) continua a descrição do estado regressivo dessa paciente:

> Gradualmente, a dramatização chegou à sua pior parte. Quando já estávamos quase lá, surgiu a ansiedade de ter a cabeça esmagada. Isto foi inicialmente posto sob controle pela identificação da paciente com o mecanismo cuja função era esmagar. Era um momento perigoso, porque se houvesse uma atuação a esse respeito fora da transferência isto significaria suicídio. Nessa fase de atuação, ela existia nas pedras dos moinhos ou em qualquer outra coisa desse tipo que surgisse, e a gratificação lhe vinha da *destruição* da cabeça (incluindo a mente e a falsa psique), que haviam perdido o sentido para ela enquanto partes do seu. Por fim, ela teve que aceitar a aniquilação. Já tínhamos tido vários indícios de um período de *blackout* ou inconsciência, e houve movimentos espasmódicos que faziam pensar em convulsões na primeira infância. Parece que na experiência original houve perda de consciência, o que não poderia ser assimilado pelo eu da paciente até que fosse aceita como uma morte. Quando isto se tornou real, a palavra morte mostrou-se inadequada e a paciente passou a substituí-la por entregar-se, e posteriormente ficou claro que a palavra certa era "um não saber". (p. 340-341)

O não saber significava deixar o funcionamento mental artificial de uma vida fundamentada no falso si-mesmo e deixar-se sustentar pelo ambiente confiável de adaptação ativa do analista às necessidades da paciente. O retorno ao período anterior ao ponto em que não havia situação traumática pré-natal e sua revivência do parto em um ambiente confiável e sustentador levou à continuidade de sua integração psicossomática. Aos 47 anos, a paciente alcançou o estado no qual o funcionamento fisiológico em geral constitui o viver. Winnicott fez o papel de mãe, e ela pôde começar a viver:

> O resultado dessa parte do trabalho conduziu a uma fase temporária na qual não havia mente nem funcionamento mental. Era necessário que acontecesse um período no qual não havia mais que a respiração de seu corpo. Desse modo a paciente conseguiu aceitar a condição do não-saber, porque eu a estava sustentando e mantendo a continuidade por meio da minha própria respiração, enquanto ela se entregava, abandonava-se, nada sabia. Mas não teria adiantado nada se eu lhe desse essa sustentação e mantivesse a continuidade da minha própria vida, estando ela morta. O que fez com a minha parte tivesse utilidade era o fato de que eu podia ver e ouvir a sua barriga mover-se enquanto ela respirava, e desta forma eu sabia que ela estava viva. (p. 342)

O que Winnicott fez é o que faz uma mãe suficientemente boa, até inconscientemente move o bebê que algumas vezes não respira. A integração psicossomática podia, então, acontecer a partir da elaboração imaginativa da respiração e de outras funções fisiológicas como modos de estar viva. Essa regressão indica o funcionamento mental de catalogação precisa e completa de reações a intrusão durante o nascimento que interromperam o amadurecimento pessoal, e, contudo, pode ser recuperado pela análise. A elaboração imaginativa do soma depende do cérebro como órgão em funcionamento, mas isso não significa o uso de processos intelectuais, relacionados a fantasias de elaboração de imagens mentais dissociadas de sentido corpóreo pessoal.

Embora Winnicott utilize a palavra "fantasia", seu sentido é o de elaboração imaginativa, e não de operações mentais definidas como processos de introjeção e projeção, originários de pressuposições especulativas da metapsicologia freudiana.

Loparic (2000) aborda essa questão a partir do conceito de ego corpóreo. Para Freud, o ego é a projeção mental de sensações corpóreas, sobretudo a sua superfície, e também a representa no aparelho mental. Freud estava interessado na construção de especulações metapsicológicas, portanto não tinha preocupação com a existência psicossomática. Na teoria winnicottiana significa que eventos funcionais do corpo, como os motores e sensoriais, são organizados pelo funcionamento do ego, como uma modalidade de elaboração imaginativa, entre outras, como o sonhar.

Sonho e elaboração imaginativa

A ideia do sonhar como elaboração imaginativa é importante para a compreensão emocional da gestante. Considerando que a gestação implica em estados regressivos, os sonhos podem indicar um maior ou menor grau de integração, com dissociações mais primitivas, ligadas à não integração inicial, ou mais defensivas, dependendo dos cuidados recebidos por essa gestante logo depois de seu nascimento.

A abordagem dos sonhos é mais um exemplo das diferenças estruturais entre Freud e Winnicott. Sonhar, para Freud, tem sentido econômico de manutenção do sono, representa organização de imagens mentais que podem ser interpretadas por associações livres dentro de uma corrente lógica discursiva que revela fantasias. Sonhar e fantasiar têm uma fixidez regida por elementos especulativos da teoria das pulsões.

Winnicott (1994 [1965]) considera o sonho uma transformação da elaboração imaginativa da função corpórea enriquecida por lembranças, assim como a imaginação criativa e o brincar. O sonhar winnicottiano significa espaço de criação do mundo sem propósito ou justificativa, assim como o próprio viver. Significa capacidade de relaxar e dormir, que é a possibilidade de cair no sono confiando na continuidade do mundo ao redor, ou seja, existe a confiança no ambiente que permite dormir tranquilamente.

Assim, sonhar é confiar no mundo, um mundo criado pessoalmente por um viver criativo de elaborações imaginativas. O sonhar é sustentado pela confiança de que, durante a ausência do sono, o mundo permanece para ser encontrado novamente com o despertar. Sonhar é como estar só na presença de alguém. O sonho é sustentado pelos cuidados ambientais e possibilita a integração da personalidade, pois estabelece certa continuidade entre os estados de sono e vigília, inicialmente dissociados.

O papel dos sonhos de desfazer as dissociações é comentado por Winnicott (2000 [1945d]) no contexto do desenvolvimento emocional primitivo ao tratar da questão da integração. As dissociações ocorrem naturalmente no início do desenvolvimento, a partir da condição originária de não integração, enquanto a integração permanece parcial, ocorrendo apenas em alguns momentos. Winnicott (2000 [1945d]) explica que:

> A integração começa imediatamente após o início da vida, mas ... nunca a poderemos considerar algo óbvio ... Na vida normal do bebê ocorrem longos períodos de tempo nos quais o bebê não se importa em ser uma porção de pedacinhos ou um único ser, nem se ele vive no rosto da mãe ou em seu próprio corpo, desde que de tempos em tempos ele se torne uno e sinta alguma coisa. (p. 204)

A não integração, portanto, é uma condição natural, assim como há uma série de dissociações naturais, por exemplo, entre os estados de quietude e de excitação, ou entre o sono e a vigília. Os sonhos são fenômenos que conduzem à integração dos estados de alternância de sono e vigília iniciados no nascimento. A lembrança do sonho é importante para que ocorra a elaboração imaginativa que leva à integração. "Quando um sonho é não apenas sonhado, mas *também* relembrado, ocorre uma experiência de grande valor exatamente pelo fato de que assim a dissociação perde mais um pedaço" (Winnicott, 2000, p. 206 [1945d]).

Com a diminuição gradativa dos estados dissociados, a integração é caracterizada por flutuações entre estados integrados e não integrados. Os cuidados ambientais suficientemente adequados e constantes são a base para a continuidade da integração ao longo do tempo. Porém, na saúde, permanece uma capacidade de estar não integrado, que possibilita na fase adulta a capacidade de lidar com a ambiguidade e aceitar os conflitos.

Nas situações de maternidade, por exemplo, pode-se pensar nos significados ambíguos da gestação e da chegada de um bebê na vida da mulher, como o adiamento de outros planos profissionais ou pessoais, que podem ser mais ou menos difíceis em termos da história particular da mulher e do casal. Winnicott (1990 [1988]) descreve esse estado de cisão natural, dizendo que:

> A cisão é um estado essencial em todo ser humano, mas não é necessário que ele se torne significativo se a camada protetora da ilusão se tornou possível através do cuidado materno. Na ausência de uma adaptação ativa suficientemente boa, a cisão se torna significativa. (p. 158)

A ilusão protege à medida que o bebê alucina encontrar o que precisa, e, se realmente encontra, por meio do cuidado ambiental, há momentos de integração. Winnicott (2000 [1945d]) lembra que "... muitas crianças encontram-se bem longe no caminho da integração em certos períodos já durante as primeiras 24 horas de vida" (p. 204).

Nos casos menos favoráveis, nos quais a falta de cuidados suficientes é mais constante, a capacidade básica de oscilar entre estados de integração e não integração se perde, e a personalidade pode se tornar mais rigidamente dissociada "... com uma excessiva falta de comunicação entre os diversos elementos. Por exemplo, pode ocorrer uma ausência da comunicação entre os estados de sono e vigília. Os sonhos, neste caso, não serão lembrados" (Winnicott, 1990, p. 159 [1988]).

Em uma classificação do material de análise psicológica de adultos e crianças, Winnicott cita o exemplo da intelectualização de relatos de sonhos feitos por pacientes, por meio de perguntas e solicitação de discussões objetivas sobre o conteúdo onírico. Embora Winnicott não tenha mencionado, é possível observar nesse exemplo um tipo de dissociação defensiva entre o sonho e a vida pessoal do paciente, caracterizada por uma cisão entre o sono e a vigília. Não há integração em sonhos sem significados simbólicos pessoais.

Winnicott (1975 [1971h]) apresenta a descrição de uma história clínica sobre dissociação primária que comprometia a elaboração dos sonhos, substituídos por defesas mentais de fantasias que impossibilitavam a vida de uma paciente. Mesmo não sendo um caso de prática clínica em maternidade, o manejo dos sonhos e os esclarecimentos conceituais podem ser analisados para utilização de atendimento em maternidade. Nesse estudo clínico, é apresentada a diferença entre sonhar e fantasiar. As grandes diferenças entre o sonhar e o fantasiar, na teoria winnicottiana, basicamente "... dizem respeito à presença ou ausência de um estado de dissociação" (1975, p. 46 [1971h]). O título da história clínica é "Sonhar, fantasiar e viver":

> A paciente está em minha sala, em tratamento, e tem à sua disposição um pedacinho de céu que pode contemplar, nesse fim de tarde. Ela diz: "Estou ali, naquelas nuvens róseas, e posso caminhar entre elas". Essa observação, naturalmente, poderia ser um vôo da imaginação. Poderia fazer parte da maneira pela qual a imaginação enriquece a vida, tal como poderia constituir material para sonho. Ao mesmo tempo, para minha paciente, essa mesma coisa pode ser algo que pertence a um estado dissociado, e que pode não se tornar consciente, no sentido de nunca existir uma pessoa total que se dê conta dos dois ou mais estados de dissociação presentes em uma ocasião determinada. A paciente pode estar sentada

> em seu quarto e, enquanto não faz absolutamente nada, exceto respirar, ela (em sua fantasia) pintou um quadro ou fez um trabalho interessante em seu emprego ou esteve dando um passeio pelo campo; do ponto de vista do observador, porém, nada disso aconteceu. De fato, nada tem probabilidade de acontecer pelo fato de tanta coisa estar acontecendo, no estado dissociado. Ela pode também estar sentada em seu quarto, pensando no trabalho do dia seguinte e fazendo planos, ou pensando sobre suas férias, e isso poderia constituir uma investigação imaginativa do mundo e do lugar onde sonho e vida são a mesma coisa. Dessa maneira, ela oscila do estado de bem-estar para a doença e novamente para o bem-estar. Observe-se que se acha operante um fator temporal que é diferente segundo ela esteja fantasiando ou imaginando. No fantasiar, o que acontece, acontece imediatamente, exceto que não acontece. (p. 46-47)

O fantasiar, para Winnicott, é um fenômeno psíquico isolado do soma – corpo vivo. Note que, enquanto estava na sala em tratamento, devaneando, transportava-se para um lugar impossível de se estar, experiência dissociada recorrente, e em consequência disso tinha um sentimento de desapontamento consigo mesma, de inadequação, de pesar e de ressentimento, o que trazia o perigo de suicídio como uma forma de cessação do fazer exasperado. No histórico da paciente, o uso do fantasiar como uma defesa que encobre o viver era bastante primitivo, e " ... provavelmente começara com uma 'cura' do sugar o polegar" (Winnicott, 1975, p. 45 [1971h]), e permaneceu durante a vida da paciente.

O autor relata que " ... um padrão se estabeleceu em seu relacionamento primitivo com a mãe, relacionamento que se transformou cedo demais e de maneira abrupta, de algo muito satisfatório em desilusão e desespero e no abandono da esperança na relação de objeto" (Winnicott, 1975, p. 47 [1971h]).

Na infância, adaptou-se de forma submissa ao mundo já organizado de jogos e representação dos papéis esperados. Ela organizou defesas mentais, devido à falta de adaptação do ambiente, que não permitiram que fosse espontânea e criativa, apenas que fosse moldada e ajeitada. Em certo momento da terapia, a paciente apresenta o seguinte relato (Winnicott, 1975 [1971h]):

> Você estava falando sobre a maneira pela qual o fantasiar interfere no sonhar. Naquela noite, acordei à meia-noite e me vi cortando febrilmente, planejando, trabalhando no molde de um vestido. Estava prestes a fazê-lo, e muito excitada. Isso é sonhar ou fantasiar? Dei-me conta de tudo que me acontecia, mas estava acordada. (p. 52)

A princípio, Winnicott considera difícil responder à pergunta de sua paciente, pois a resposta parecia estar na linha fronteiriça, considerando que havia envolvimento psicossomático. Durante a sessão fica claro que:

> O fantasiar configurava-se simplesmente em torno do ato de fazer o vestido. O vestido não tinha valor simbólico. Um cachorro é cachorro é um cachorro. No sonhar, em contraste, como pude demonstrar com sua ajuda, a mesma coisa, de fato, teria adquirido significado simbólico. (idem, p. 54)

Diante desse sonho, Winnicott discute algo chamado de "área de amorfia", um espaço ainda não criado a partir do qual é possível começar a ser diante da confiança encontrada no analista. A necessidade da paciente de partir do nada ou da amorfia diante da presença confiável de alguém. Winnicott relata que, na sessão seguinte, a paciente:

> Trajava um vestido que poderia usar tanto para trabalhar quanto para vir ver-me. Dormiu por volta de dez minutos ... A importância do sono estava no que ela experimentou, sentindo-o como um fracasso, de vez que não recordava os sonhos. Era como se lhe tivesse sido necessário dormir a fim de conseguir um sonho para a análise. Sentiu-se aliviada quando observei que dormira porque quisera dormir. Disse-lhe que sonhar era apenas algo que acontece quando adormecemos. Ela passou a achar, depois, que o sono lhe fizera muito bem. Quisera dormir e, ao acordar, sentira-se muito mais real e, de certa maneira, o fato de não recordar nenhum sonha não mais importava. Falou sobre a maneira pela qual, quando os olhos saem de foco, se sabe que as coisas estão ali, mas não se pode vê-las bem, e sobre como a sua mente é assim: fora de foco. Observei: "Mas no sonhar que acompanha o sono, a mente está fora de foco, porque nada focaliza, a menos que se retorne ao tipo de sonho que pode ser trazido para a vida desperta, e relatado". (ibidem, p. 55-56)

A paciente, nesse momento, deixa a fantasia de fazer o vestido e toma o sonho como símbolo de criar a si mesma com o uso do vestido. O analista reconhece o efeito profundo dessa análise, mas é cuidadoso, pois sabe que sempre está começando de novo. Houve um envolvimento de integração psicossomática, então ela pôde estar em um lugar amorfo a partir de onde poderia fazer " ... excursões pelo planejamento imaginativo do futuro, que parecia conceder uma prospecção de felicidade futura, diferente da fixidez aqui-e-agora de qualquer satisfação que pudesse existir no fantasiar" (Winnicot, 1975, p. 57 [1971h]). A área de amorfia após o dormir delineia o espaço potencial de presença e distância, de continuidade no tempo e no espaço, em termos da presença corpórea elaborada imaginativamente, juntando passado, presente e futuro.

A elaboração imaginativa é uma compreensão da natureza humana essencial para o trabalho com gestantes, e pode ser investigada por meio dos sonhos, uma vez que as mudanças no corpo da mulher podem gerar a necessidade de novas elaborações imaginativas quanto ao ganho de peso, alterações cardiorrespiratórias, sensações corporais dos movimentos do feto no útero, alterações da dieta e do sono e outras que podem trazer dissociações naturais ou defensivas e sonhos de elaboração psicossomática.

O sonhar da gestante envolvido em elaborações imaginativas pode favorecer a sensibilidade materna e ser terapêutico para que ela possa viver as mudanças fisiológicas da maternidade de maneira integrada, o que não é favorecido por interpretações edipianas de imagens mentais. Nada do que é importante ser vivido pode ser ensinado, informado ou interpretado para a mãe grávida, porque isso estará

> ... alimentando a tendência da psique de se alojar nos processos mentais. Por outro lado, os métodos de relaxamento, bem empregados, levam a mãe a tomar consciência de seu corpo, e (se ela for mentalmente saudável) ajudam-na quanto à continuidade de seu ser, capacitando-a a viver como um psicossoma. (Winnicott, 2000, p. 345 [1954a])

Ainda precisa ser desenvolvido um estudo mais detalhado e aprofundado sobre elaboração imaginativa e sonhos de gestantes com o manejo clínico adequado em maternidade.

Capítulo 3

Teoria winnicottiana da experiência do nascimento e prática clínica em maternidade

Como se o ser fosse comunhão, e o não ser, solidão.
Loparic

Winnicott aborda o nascimento como uma experiência pessoal saudável e fortalecedora do ego. O fio condutor da teoria winnicottiana da experiência do nascimento é a concepção de natureza humana como uma tendência inata à integração psicossomática que somente ocorre quando há facilitação ambiental. Winnicott introduz a ideia de uma relação objetal subjetiva que caracteriza o desenvolvimento emocional inicial durante a gestação. Esse desenvolvimento emocional pré-natal se baseia na concepção de um estado de ser espontâneo, interrompido por breves intrusões ambientais que preparam o bebê para a interrupção mais intensa do nascimento.

Winnicott contribui com uma visão do trauma de nascimento bastante útil para a prática clínica. Para ele, a experiência traumática do nascimento é uma condição temporal patológica do processo de parto, relativa à demora significativa para que o bebê passe pelo canal de parto e respire. Essa demora é compreendida como uma intrusão ambiental que causa reatividade no bebê, e, ao reagir, o bebê perde sua continuidade de ser. A reatividade que interrompe e bloqueia o desenvolvimento emocional pode ocorrer em outras experiências durante o período pré-natal. O sofrimento causado por essas interrupções significativas da continuidade de ser são registrados em uma memória não consciente, verificada em pacientes psicóticos em estados de regressão que ocorrem durante a análise. As memórias traumáticas do nascimento se manifestam em sintomatologias somáticas e de intelectualidade defensivas, que durante a terapia suscitam ser revividas pela facilitação ambiental.

Essa teoria é detalhada nesse capítulo, além de ser associada a estudos sobre o desenvolvimento fetal e a contribuições para a área da obstetrícia e da neonatologia.

1. Psicologia pré-natal

A questão da psicologia pré-natal é claramente proposta por Winnicott em seu texto "Desenvolvimento emocional primitivo", de 1945, quando ele apresenta a seguinte questão:

> Quando começam a ocorrer coisas importantes? Por exemplo, teríamos que considerar aqui também a criança ainda não nascida? ... Minha opinião baseia-se na grande diferença que pode ser observada entre os nascidos de parto prematuro ou pós-maduro. Sugiro que ao final dos nove meses de gravidez o bebê torna-se maduro para o desenvolvimento emocional, e que, se o bebê é pós-maduro, ele atingiu esse estágio ainda no útero, forçando-nos a considerar seus sentimentos antes e durante o nascimento. Por outro lado, um bebê prematuro não vivencia muitas coisas importantíssimas até alcançar a época em que deveria nascer, isto é, algumas semanas após o parto. Seja como for, há aqui algo que merece ser discutido. (2000, p. 222 [1945d])

Esse artigo descreve o desenvolvimento emocional do bebê após o nascimento, o que não é de interesse neste momento, mas também aborda as ocorrências anteriores ao nascimento, durante todo o período de gestação, como indícios importantes para que se dê a continuidade do desenvolvimento emocional, quanto aos sentimentos, vivências ou as experiências do bebê durante as semanas de gestação.

Em "Os estados iniciais", uma vez mais Winnicott (1990) reforça a ideia de uma psicologia pré-natal, chamando a atenção para estados do bebê que propiciam as primeiras experiências no útero. O fator temporal é trazido à tona para esclarecer sua descrição, porém não em termos de semanas ou meses de gestação, mas como um tempo de ser início e continuidade, marcados pela capacidade pessoal de viver experiências; um ponto de vista temporal já considerado mesmo quando o bebê ainda não é nascido. Para Winnicott (1990 [1988]):

> Não é necessário decidirmos em que momento preciso o feto se torna uma pessoa, a ser estudada psicologicamente ... A única pergunta é: em que idade o ser humano começa a ter experiências? Devemos presumir que, antes do parto, o bebê já seja capaz de reter memórias corporais, pois existe uma certa quantidade de evidências de que a partir de uma data anterior ao nascimento, nada daquilo que um ser humano vivencia é perdido. (p. 147)

É curioso que Winnicott dispense a decisão nossa – do outro – e conduza o pensamento para o início pessoal e corpóreo da experiência humana. Desse modo, é pela descrição somática e do que fica retido no soma que Winnicott examina os estados iniciais do ser humano.

Esse exame winnicottiano é desenvolvido com o auxílio de um novo método de apresentação, um diagrama do conjunto ambiente-indivíduo que descreve a extrema importância do ambiente neste momento inicial, " ... tanto na teoria quanto na prática" (Winnicott, 1990, p. 147 [1988]):

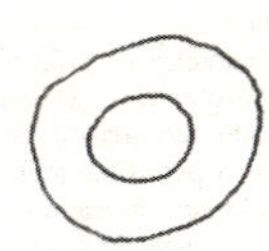

> 1. Representação do isolamento absoluto do indivíduo, enquanto parte de uma unidade original – o conjunto ambiente--indivíduo.
>
> Surge a pergunta: de que maneira será feito o contato? Como parte do processo vital do indivíduo ou como consequência da intranquilidade do ambiente?

> 2. Digamos que a adaptação ativa seja quase perfeita. O resultado será como a Figura 2. O movimento do próprio indivíduo (talvez o movimento físico real da espinha ou da perna dentro do útero) descobre o ambiente. Isso, ao se repetir, transforma-se num padrão de relacionamento.

> 3. Num caso menos feliz, o padrão de relacionamento baseia-se no movimento do ambiente, como em 3. Esse procedimento se chama "intrusão". O indivíduo reage à intrusão que é imprevisível por não ter relação alguma com o processo vital do próprio indivíduo. A repetição disso também se transforma num padrão de relacionamento, com um resultado bem diferente.

> 4. Enquanto na Figura 1 o acúmulo de experiências parece fazer parte da vida e ser, portanto, real; na 2 a reação à intrusão subtrai algo da sensação de um viver verdadeiro, recuperada apenas através do retorno ao isolamento, na quietude (4). (p. 148-149)

Como é possível notar nos esquemas transcritos do livro *Natureza humana*, para Winnicott não é possível considerar a psicologia do bebê ou do feto de forma dissociada da mãe-ambiente.

Winnicott parte do isolamento, da ausência de contato na unidade original mãe-bebê, e pergunta como será feito o contato: se espontâneo, como parte do processo vital, ou reativo à intrusão ambiental.

O processo vital é associado por Winnicott à espontaneidade, considerada um gesto verdadeiro que provém da vitalidade dos tecidos corporais e da atuação das funções do corpo, incluindo a ação do coração e a respiração. Também é associada à adaptação do ambiente que acolhe o gesto espontâneo do feto e faz acontecer o contato na unidade integradora. É evidente que esse método de apresentação escolhido por Winnicott enfatiza uma psicanálise que talvez possa ser chamada de "corpórea", orientada para a integração psicossomática. O estado de ser indivíduo-ambiente que o esquema revela constitui uma primeira integração completamente vulnerável e dependente. A compreensão da origem dos estados iniciais do ser humano é de fundamental importância nesse estudo. Winnicott enuncia um estado primário do ser, os estágios pré-primitivos, como uma condição paradoxal de onde ele surge.

Esse paradoxo revelador do ser envolve uma solidão acompanhada: a condição de solidão essencial que existe apenas em condições de dependência máxima do ambiente e de completa ausência de conhecimento da existência desse ambiente, do ponto de vista – ou da experiência – pessoal do indivíduo.

Ainda dentro desse estado inicial do primeiro despertar do ser e da continuidade pré-primitiva do ser, há um estado anterior ou de inexistência não do corpo, mas de ser indivíduo, humano, o estado de não-estar-vivo, de não ser o movimento nem a quietude. Para Winnicott, a psicologia pré-natal ou o início do indivíduo orienta-se por esse princípio, apresentado em detalhes no capítulo anterior.

OS ESTADOS INICIAIS E OS ESTUDOS DE ULTRASSONOGRAFIA

Winnicott estudou a psicologia dos estados iniciais do desenvolvimento principalmente a partir de pacientes regredidos em terapia. Assim, pôde postular um estado mental relativo ao funcionamento neurológico do feto não relativo à consciência, mas que, na saúde, permite ao bebê memorizar experiências de ser e continuar a ser.

O analista também observou bebês nascidos de parto prematuro e pós-maduro. Atualmente, a tecnologia oferece enorme possibilidade de exame do bebê ao longo de toda a gestação. A partir da década de 1980, o avanço tecnológico das imagens de ultrassonografia em tempo real do feto em desenvolvimento possibilitou o aprimoramento das avaliações obstétricas e fetais. Gostaria de chamar a atenção para a relação que se estabelece entre as descrições de Winnicott sobre a psicologia dos estados iniciais do desenvolvimento emocional e os relatos de observações ultrassonográficas de fetos, no sentido de que o autor propõe uma integração psicossomática[1] como experiência do ser humano capaz de reter memórias corporais de sua existência em termos de espontaneidade e reatividade na relação com o ambiente.

Em diversos momentos, Winnicott relata que o existir e o continuar a ser do bebê dependem de sua integridade neurológica. O autor refere-se a esse aspecto para mencionar a capacidade de ter experiências conforme se pode ver no seguinte trecho escolhido de *Natureza humana*:

> Com o desenvolvimento do cérebro enquanto órgão em funcionamento inicia-se a estocagem de experiências; as memórias corporais, que são pessoais, começam a juntar-se para formar um novo ser humano. Existem boas evidências de que os movimentos do corpo na vida intrauterina são significativos, e é plausível que, de um modo silencioso, a quietude vivenciada naquele período também o seja. (1990, p. 38-39 [1988])

Os movimentos e a quietude do feto, sua capacidade de memória e outros aspectos do desenvolvimento podem ser observados por meio de estudos ultrassonográficos e servem como uma compreensão da base somática fetal que constitui a psique, para que os estados de interrupção da continuidade como experiência de elaboração imaginativa do que ocorre com o soma possam ser compreendidos.

---

[1] Loparic (2000) enfatiza o caráter relacional da existência humana reconstruindo o conceito winnicottiano de unidade psicossomática do ser humano. Com o título "O 'animal humano'", oferece a detalhada análise da capacidade de *elaboração imaginativa* e a explicação de que a psicanálise winnicottiana coloca a existência diante da tarefa primordial de *elaborar o corpo*, o que significa *alojar-se* no corpo fazendo dele a primeira e principal morada no mundo, conceito fundamental para este estudo que é apresentado em capítulo anterior.

Assim, apresento a seguir resumos de pesquisas médicas sobre o comportamento fetal com comentários que esclarecem uma leitura winnicottiana de aproximação entre a experiência somática e a psicologia pré-natal.

A pesquisa bibliográfica sobre o comportamento fetal foi realizada por meio de consulta à base de dados PubMed[2], com início em janeiro de 2007, utilizando como estratégia de busca as seguintes palavras-chave: "*fetal movement*", "*fetal conscious*" e "*fetal habituation stimulation*". Os artigos mais pertinentes aos objetivos dessa discussão foram selecionados, resumidos e comentados.

Utilizando o acompanhamento de ultrassonografia, por exemplo, há estudos, de habituação[3] fetal para repetidas estimulações vibratórias (Madison; Adubato, 1986) e vibroacústicas (Gonzalez-Gonzalez; Suarez; Perez-Piñero; Armas; Domenech; Bartha, 2006) aplicadas sobre o abdômen materno na região onde estavam as pernas (Van Heteren; Beokkooi; Iongsma; Nijhuis, 2001) ou ouvidos (Sandman; Wadhwa; Hetrick; Porto; Peeke, 1997) do feto para observação em tempo real de suas respostas motoras.

De acordo com Bellieni, Severi, Bocchi, Caparelli, Bagnoli, Buonocore e Petraglia (2005), os estudos de habituação fetal focam reações motoras amplas e gerais aos estímulos externos, mas nos últimos anos os avanços em ultrassonografia, com imagens em três e quatro dimensões, tornaram possível explorar o comportamento motor sutil do feto. Dessa forma, os estudos da habituação fetal aos estímulos externos podem utilizar os mesmos marcadores verificados em bebês recém-nascidos, como, por exemplo, o piscar dos olhos[4].

As aproximações entre o comportamento fetal e neonatal têm se tornado cada vez maiores, como se pode verificar no estudo de Gingras, Mitchell e Grattan (2005), que relatou um comportamento fetal semelhante ao choro do bebê neonato em uma avaliação dos efeitos da exposição ao tabaco e à cocaína sobre o feto de 33 semanas de gestação para habituação por estimulação vibroacústica. Após a apresentação do estímulo vibroacústico, o feto dá início ao comportamento consistente com o choro, que inclui um movimento de exalação inicial associado à abertura da boca e depressão da língua, acompanhado de uma série de três respirações aceleradas, a última terminando em uma pausa respiratória, seguida de uma expiração e quietude.

[2] PubMed é uma base de dados de pesquisa em saúde da US National Library of Medicine National Institutes of Health. Disponível em: http://www.ncbi.nlm.nih.gov/pubmed/.

[3] Medida da habilidade de inibir uma resposta de reação a um estímulo. Indica um comportamento mais amadurecido do que a persistência da resposta (Groome *et al.*, 1995).

[4] A acuidade auditiva do bebê logo após o nascimento pode ser avaliada através da emissão de ruído próximo ao ouvido e observação da resposta cócleo-palpebral, que é o piscar dos olhos, ou *Blink-Startle Reflex* (BSR).

Essa observação foi documentada em vídeo[5] e, segundo o autor, sugere a possibilidade de um quinto estado comportamental do feto. São reconhecidos quatro estados comportamentais em fetos humanos comparados àqueles observados em neonatos: sono tranquilo, sono ativo, vigília tranquila e vigília ativa. O quinto estado do bebê é o choro, que não havia sido descrito para o período fetal. É interessante notar que Winnicott fazia comparações a partir da observação de bebês que nasciam de parto prematuro e pós-maduro, e comentava as possibilidades de estados do feto mesmo antes dos recursos ultrassonográficos.

Essas pesquisas oferecem analogias importantes para pensar a psicologia do indivíduo nos estágios iniciais do desenvolvimento, como foram propostas por Winnicott em termos do significado dos movimentos e da quietude do corpo no período intrauterino. A interrupção da continuidade do ser pela intrusão ambiental, por exemplo, pode ser notada no trabalho de Groome, Singh, Burgard, Neely e Deason (1995) ao abordar características das respostas motoras do feto, que incluem a magnitude da resposta de sobressaltos eliciada por um estímulo único, a reatividade basal e o estado de relaxamento em que a resposta a estímulos sucessivos é inibida quando ocorre a habituação.

O autor verificou que os fetos mais maduros responderam menos intensamente ao primeiro estímulo do que os fetos com menor idade gestacional, e os fetos que estavam inicialmente em um estado de quietude exibiam respostas de sobressalto mais vigorosas se comparados com os fetos que estavam em um estado de maior atividade no início. Com estas e outras observações, concluiu-se que os achados desse estudo podem ter implicações clínicas importantes, considerando-se o aparecimento precoce de certas tendências comportamentais e de temperamento.

Os autores não pensaram na relação do feto com o ambiente intrusivo, entretanto, o fato isolado de a resposta do feto ao estímulo ambiental tornar-se significativamente alterada em relação a seu estado basal de quietude ou atividade me parece um dado que coincide com o pensamento winnicottiano sobre o ser, a continuidade do ser e a interrupção dessa continuidade pelas reações à intrusão e o posterior retorno à quietude, mesmo na vida intrauterina, quando, " ... a partir de um certo momento anterior ao nascimento, o bebê passa a se habituar às interrupções da continuidade e se torna capaz de admiti-las, desde que elas não sejam intensas demais, nem excessivamente prolongadas" (Winnicott, 1990, p. 150 [1988]).

---

[5] Disponível em http://fn.bmj.com/cgi/content/full/90/5/F415#F4. Acesso em dezembro de 2012.

Um exemplo de reatividade do feto pela intrusão ambiental pode ser descrito pelo trabalho de Zimmer, Chao, Guy, Marks e Fifer (1993), que examinou o efeito da estimulação vibroacústica sobre o esvaziamento da bexiga do feto, considerando esse esvaziamento uma medida de *stress*. Avaliou-se o volume da bexiga do feto através do ultrassom feito um minuto e cinco minutos antes e um minuto e cinco minutos após a estimulação em 21 casos em comparação com a simulação de estimulação em vinte casos.

A conclusão foi que a estimulação vibroacústica induz o esvaziamento da bexiga do feto, o que pode refletir uma resposta ao *stress* causado pela estimulação. Em termos psicológicos winnicottianos, talvez se possa dizer da reatividade à intrusão manifestada corporalmente.

Para Winnicott, diferentemente da avaliação experimental, o exame se desloca para o sentido da capacidade do feto de começar a ter experiências pessoais, que são experiências corporais a partir do momento que memórias pessoais possam ser retidas. Sua psicologia pré-natal traz o sentido pessoal de ser espontâneo ou reativo em relação ao ambiente adaptativo ou intrusivo. A integridade do funcionamento cerebral é enfatizada por Winnicott quanto à importância de estocar memórias das experiências.

Há estudos posteriores que corroboram as ideias winnicottianas sobre memória fetal. Sandman (1997), por exemplo, desenvolveu estudos sobre habituação fetal que incluíam procedimentos de desabituação, para determinar se a diminuição de respostas é resultado do processo cerebral de reavaliação da informação ou da fadiga de receptores periféricos. Os resultados determinaram que o feto humano de 32 semanas é capaz de perceber, habituar-se e desabituar-se a um estímulo externo. A partir dessas observações, o pesquisador sustenta a premissa de que as áreas do sistema nervoso central do feto, cruciais para a percepção e discriminação de informação e para aprendizagem e memória, foram desenvolvidas antes do terceiro trimestre de gestação. Em outro estudo, Gonzalez-Gonzalez *et al.* (2006) verificaram que recém-nascidos que foram estimulados no útero habituavam-se antes do que aqueles que não experimentavam a estimulação prévia. Eles sugerem que a memória fetal persiste na vida neonatal.

De acordo com Winnicott, essa memória que guarda experiências pré-natais é, em alguns casos, recuperada na clínica quando a estimulação tida como intrusão ambiental foi intensa demais e deflagrou a reatividade de processos mentais precoces. A importância das vivências intrauterinas foi abordada por Winnicott basicamente a partir de sua experiência clínica, o que dispensaria o levantamento de observações diretas do bebê, a não ser que o conhecimento das repercussões dos estados iniciais que podem levar ao desenvolvimento saudável seja comunicado para aqueles que atendem os indivíduos no período de seus estados inicias.

Parece claro que esses estudos possam ser relacionados aos pressupostos winnicottianos de que o bebê tem uma vivência importantíssima antes do nascimento que se constitui em experiência pessoal e pode ser reativa ou espontânea. Para Winnicott, as experiências somáticas que o feto é capaz de reter estão relacionadas a "... mudanças de pressão, temperatura e outros fatores ambientais simples" (Winnicott, 1990, p. 150 [1988]). São experiências intrauterinas de interrupção da continuidade dos estados de quietude do ser admitidas pelo feto, desde que não sejam intensas ou demoradas demais. De certa forma, essas interrupções preparam o bebê para o parto, mais uma interrupção de sua quietude. Esse aspecto será explorado adiante.

O líquido amniótico e a condição de ser amado

Winnicott elabora o diagrama do conjunto ambiente-indivíduo para examinar os estados iniciais do indivíduo humano no estágio muito precoce do desenvolvimento, quando o ambiente adquire importância máxima. Na compreensão da especificidade do diagrama sobre os estados iniciais, Winnicott (1990 [1988]) surpreende com o postulado sobre uma primeira experiência com a ação da gravidade. Ele diz:

> É necessário postularmos um estágio, pertencente à vida intrauterina, no qual a força da gravidade ainda não entrou em cena. O amor, ou o cuidado, só podem ser expressos e reconhecidos em termos físicos, através de uma adaptação do ambiente proveniente de todas as direções. Uma das mudanças provocadas pelo nascimento é a de que o recém-nascido precisa adaptar-se a algo absolutamente novo, a vivência de estar sendo empurrado de baixo para cima, em vez de ser contido em toda a sua volta. O bebê muda da condição de ser amado por todos os lados para a condição de ser amado somente de baixo para cima. (p. 151)

Winnicott está descrevendo a experiência de ser, durante o período inicial, como um acontecimento relacionado ao sentido pessoal do contato do corpo do feto com a pressão exercida pelo meio ambiente líquido no útero materno. Essa pressão tem o sentido de expressão de amor e cuidado que possibilitam ao bebê estar e continuar em unidade com a mãe. A pressão se altera ao longo da gestação com o próprio crescimento do feto, e prepara o bebê para a grande mudança na pressão corporal que vai ocorrer com e após o nascimento. É possível examinar as alterações mais significativas do líquido amniótico e sua relação com a psicologia da experiência pessoal do bebê. O ambiente uterino repleto do líquido amniótico pode ser tão vital para o desenvolvimento emocional como é para o desenvolvimento físico do feto.

O líquido amniótico provém dos organismos materno e fetal[6] em proporções variáveis de acordo com a idade gestacional. Suas principais funções são: permitir o crescimento externo simétrico do embrião, o desenvolvimento normal dos pulmões, barrar infecções, impedir a aderência entre o embrião e o âmnio, proteger o embrião de traumatismos sofridos pela mãe, ajudar a controlar a temperatura corporal do embrião e permitir que o feto se mova livremente, o que contribui com seu desenvolvimento muscular (Campana; Chávez; Haas, 2003).

O volume do líquido amniótico é um indicador importante da saúde materno-fetal. Seu excesso[7] ou deficiência[8] estão associados à morbimortalidade materna e fetal. Mesmo no caso de variações normais do Índice de Líquido Amniótico (ILA), há certas alterações na pressão exercida sobre o corpo do feto e, talvez, até na resposta motora ou na forma como o feto se movimenta livremente imerso no líquido amniótico. Consequentemente, afeta também na adaptação do ambiente proveniente de todas as direções e na condição da experiência pessoal de ser amado por todos os lados.

Há estudos que constataram a diminuição dos movimentos fetais associada à redução do volume do líquido amniótico. Sival, Visser e Prechtl (1990), por exemplo, observaram o efeito da quantidade de líquido amniótico sobre a forma geral dos movimentos fetais em um estudo longitudinal com dezenove gestantes que apresentaram ruptura prematura de membranas amnióticas, com oligoidrâmnio caracterizado. Nos fetos, a velocidade e a amplitude dos movimentos gerais estava diretamente relacionada à redução do líquido. Uma redução moderada do líqui-

[6] É produzido pelo âmnio, a mais interna das membranas fetais, e pelos pulmões e rins do feto.

[7] Polihidrâmnios – excesso de líquido amniótico maior que duzentos mL. É uma complicação obstétrica comum, cujas causas principais incluem diabetes materna, transtornos cromossômicos, doenças isoimunológicas, anormalidades congênitas e gestações múltiplas.

[8] Oligoidrâmnio – presença de menos que trezentos mL de líquido amniótico. As causas principais incluem malformação dos tratos urinários fetais, retardo do crescimento intrauterino, pressão arterial materna elevada, envenenamento por nicotina e gravidez prolongada. Definições disponíveis em <http://decs.bvs.br/cgi-bin/wxis1660.exe/decsserver/#PageTop>. Descritores em Ciências da Saúde BIREME/OPAS/OMS, acesso em dezembro de 2012.

do foi associada à diminuição na amplitude, enquanto que uma diminuição grave causou a diminuição da amplitude e da velocidade dos movimentos.

Após o nascimento, a pequena amplitude e a baixa velocidade dos movimentos apresentaram uma tendência de normalização no período de uma a cinco semanas. Em outro estudo, Sherer, Spong, Minior e Salafia (1996) avaliou a relação entre índice do líquido amniótico e os movimentos fetais de parturientes com no máximo 32 semanas de gestação através de avaliação rotineira do perfil biofísico. A partir dos dados de 465 parturientes não hipertensas, não diabéticas, de gestação única, de fetos sem malformações, com ILA e movimentos fetais determinados durante a realização do perfil biofísico de rotina, verificou-se que a diminuição do volume do líquido amniótico estava associada à redução de movimentos fetais independentemente da posição fetal ou da idade gestacional.

Dessa forma, o feto é sensível a alterações da quantidade do líquido, especialmente no final da gestação e início do processo de parto, e talvez seja também mais precocemente, quanto aos estados de movimento e quietude possibilitados pelo meio líquido no sentido de sua continuidade de ser. O diagrama circular de Winnicott circunscreve o sentido da experiência corporal do bebê no corpo da mãe, a adaptação de cuidado e amor provenientes de todas as direções do conjunto ambiente-indivíduo sem que houvesse a necessidade de conhecer as imagens ultrassonográficas ou os dados desses estudos. Winnicott era médico pediatra e, como tal, conhecia a importância do volume do líquido amniótico no ambiente intrauterino para a vida biológica do feto, e postulou um estado de ser do bebê que ocorre apenas na máxima adaptação ambiental à presença do bebê.

É possível compreender a experiência espontânea de ser pela adaptação máxima do ambiente ou a reatividade à intrusão pela inadaptabilidade do mesmo. O diagrama circular dos estágios iniciais " ... é uma descrição capaz não apenas de nos levar até a vida intrauterina sem grande esforço da imaginação, mas também de ser levada para a frente, podendo ser aplicada de modo útil como simplificação extrema dos processos muitíssimo mais complexos da vida posterior em qualquer idade" (Winnicott, 1990, p. 148 [1988]). É um diagrama que permite abranger a integração entre a experiência somática e a psicologia dos estágios muito precoces do desenvolvimento humano.

A EXPERIÊNCIA MATERNA DURANTE A GESTAÇÃO

Para Winnicott (1990 [1988]), " ... as tentativas de estudar a psicologia dos estágios muito precoces do desenvolvimento humano foram prejudicadas e geralmente se mostraram sem valor, devido à incapacidade dos psicólogos de fazerem menção a esse ambiente suficientemente bom, a respeito do qual o bebê está intrinsecamente inconsciente, mas sem o qual o seu desenvolvimento é impossível" (p. 150).

Esse comentário apresentado por Winnicott, em 1954, nos manuscritos do livro *Natureza humana*, ainda pode ser aplicado ao se observar a literatura sobre a psicologia da gestação e parto ou, mais recentemente, sobre o psiquismo fetal, em particular o comentário sobre a dificuldade de se mencionar o ambiente suficientemente bom do qual o bebê é uma parte e do qual surge o ser e sua continuidade.

A base psicanalítica que frequentemente está nos trabalhos sobre psicologia fetal, da gestação e do parto apresenta transcrições de fantasias e desejos edípicos reprimidos tanto para a psicologia da mulher quanto para o psiquismo fetal. Isso pode ser verificado em Langer (1981), Soifer (1980), Piontelli (1995) e Wilheim (1997, 2003), e traz inevitavelmente a ideia da persecutoriedade associada à gestação. O problema maior é que essa literatura constitui a base teórica quase que exclusiva da formação em psicologia aplicada à obstetrícia e à neonatologia.

Embora aspectos da abordagem winnicottiana que trazem o conceito de uma gestação e parto saudáveis do ponto de vista emocional estejam chegando à literatura sobre o desenvolvimento inicial, na maioria das vezes são apresentados de forma fragmentada e pouco abrangente em termos da compreensão da natureza do ser humano e de seu desenvolvimento emocional inicial. Esses trabalhos enfatizam, especialmente, os conceitos de *holding*, de preocupação materna primária e de mãe suficientemente boa como sendo a contribuição winnicottiana que se acrescenta a toda a base teórica psicanalítica fundamentada na castração e em relações edipianas de amor e ódio. Obviamente, isso constitui um problema teórico importante, dado que os pressupostos paradigmáticos são divergentes em cada abordagem, o que também pode comprometer a prática clínica.

Estudos acerca do modelo teórico específico de Winnicott para a compreensão da psicologia pré-natal têm sido realizados há vários anos pela Dra. Nara Caron, que organiza o grupo de estudos da teoria e da clínica winnicottianas em Porto Alegre. Esse grupo foi fundado em 2006 por ela e pelo Prof. Dr. Zeljko Loparic, presidente fundador da Sociedade Brasileira de Psicanálise Winnicottiana (SBPW).

Em 2000, Nara Caron, médica psiquiatra e psicanalista de crianças e adolescentes em Porto Alegre, publicou o livro *A relação pais-bebê*, organizado por ela com artigos de vários autores. Gostaria de citar o artigo "Aplicação da observação na ultra-sonografia obstétrica", de sua autoria, trazendo uma adaptação do método Bick[9] de observação da relação entre pais e filhos no período gestacional. Com a intenção de enriquecer futuras discussões, apresentarei alguns comentários sobre os conceitos winnicottianos empregados no artigo, acerca do relacionamento mãe-feto e das relações com objetos a partir de duas citações. A primeira citação:

> É notável como a ecografia é um nascimento antecipado cuja parteira é a ecografista. O exame provoca uma sobrecarga emocional quando coloca os pais nesta situação antes do prazo previsto. É fundamental destacar que a rapidez do encontro mãe-feto através da imagem na tela e o fato da imagem informar todos os elementos de uma vez só dificultam a preparação, por parte dos pais, para esse momento; daí a intensidade, a desorganização e a experiência traumática que pode advir. (Caron, 2000, p. 182)

É preciso acrescentar a essa descrição em que condições pode advir uma experiência traumática e desorganizadora diante da imagem do feto, considerando-se a abordagem winnicottiana apenas em casos específicos, quando a mãe não é emocionalmente amadurecida para a experiência da maternidade ou, ainda, caso seja confirmado um diagnóstico de complicações materno-fetais. Com a gestante não amadurecida emocionalmente, o bebê pode se tornar real por meio da visão de uma imagem na tela, apesar de ter sido concebido e de ter-lhe causado uma série de transformações fisiológicas e anatômicas, mas, nesse caso, o que é real é a imagem, e não necessariamente o bebê. Generalizar a ideia de que o encontro mãe-feto ocorre através da imagem na tela é como dizer que as alterações fisiológicas e corporais todas não fizeram sentido algum para a mãe, ou que a gestação e o bebê não são reais para ela, o que seria uma possibilidade apenas para a mãe pouco amadurecida. Algumas vezes, inclusive, a gestação, o bebê e a ideia da paternidade não estão integrados para o pai, que não pode oferecer sustentação ambiental para que a mãe possa tornar-se preocupada e sensível à gestação e ao bebê.

Quando há saúde emocional, segundo Winnicott, a experiência materna durante a gestação é de regressão e identificação com o bebê. A mãe é ambiente suficientemente bom para o bebê ao adaptar-se às suas necessidades desde o início

---

[9] Um comentário muito particular é que o método Bick de observação da relação mãe-bebê parece, a princípio, um tanto intrusivo na relação mãe-bebê. Dificilmente a presença, mesmo consentida, de um observador, deixaria a relação ser espontânea. Pode ser que a adaptação do método para a ultrassonografia obstétrica não seja intrusiva, porque a circunstância é momentânea, e em um enquadramento clínico institucional.

mais precoce. Essa é uma experiência de contato da mãe com seu bebê em gestação, em que a fisiologia faz sentido para a mãe. Quando as transformações do corpo da mulher grávida estão ligadas a sentimentos de ambivalência entre amor e ódio, pode estar ocorrendo um estado emocional patológico. Esse é o tema para os comentários sobre a segunda citação do artigo de Caron:

> Destaca-se o desamparo que a mulher pode viver durante a gravidez, na qual o seu corpo passa a ser palco dessas transformações ligadas à vida, mas também à morte e às correspondentes consequências emocionais. Embora acompanhada, ela deverá enfrentar estes sentimentos sozinha. Dentre estes, é relevante a ambivalência: mesmo reconhecida em todas as relações de objeto, o ódio deve ser sempre reprimido. Na situação específica da gravidez – o ódio da mãe pelo feto – é inaceitável devendo ser mais profundamente reprimido porque esta é uma relação de amor idealizado e o feto, que é vulnerável, deve ser protegido. O espaço interno e a capacidade de estar só, descritas por Winnicott (1958g) – adquiridos no decorrer da vida, processo altamente sofisticado e social de independência e saúde mental – exercem, neste momento, um papel importante. (Caron, 2000, p. 183)

No contexto dessa citação está explicada a reação emocional dos pais diante das imagens do feto. Como descreve Caron, a saúde mental da mãe gestante está relacionada à sua capacidade de estar só na presença de alguém, ao longo da gestação e pós-parto. A mãe desenvolve um estado de preocupação materna primária que implica em uma condição de regressão e retraimento que direciona seu interesse para o próprio corpo e para o bebê, um estado tão pessoal e intenso que, aos olhos do observador, pode parecer uma doença, mas é temporário e necessário para a saúde mental da mãe e do bebê. Essa condição só pode ocorrer se houver um ambiente facilitador para a mãe, ou seja, a presença confiável de alguém que permita que outras preocupações que seriam intrusivas intervenham no relacionamento entre a mãe e seu bebê. Esse momento é de grande vulnerabilidade emocional para a mãe, identificada com as necessidades extremamente primitivas de seu bebê mesmo antes do nascimento.

Contudo, esse estado de saúde mental só é possível se o espaço ou mundo interno da mulher for sentido como bom: um mundo interno de objeto interno bom irá possibilitar o sentimento de cuidado identificado com as necessidades de ser e continuar sendo do bebê. Faz parte desse envolvimento afetivo o sentimento de certa ambivalência, mas na saúde não é persistente nem intenso, pois as mudanças do próprio corpo durante a gestação proporcionam a experiência de regressão e cuidado.

Nesse ponto é preciso esclarecer que para Winnicott a ambivalência de amor e ódio não é reconhecida em todas as relações objetais. O autor conceitua uma relação com objetos chamada "subjetiva", ou relação com objeto-subjetivo, na qual considera que, no início do desenvolvimento, há relações duais muito particulares, anteriores às questões edípicas, e não relações objetais ambivalentes pautadas em considerações psicanalíticas edipianas de amor e ódio. E isso vale tanto para o feto quanto para a mãe, sendo inclusive um único ponto de vista o da fusão ambiente-indivíduo.

Esse tema pode ser compreendido no texto "A capacidade para estar só" e orienta a compreensão do estado de regressão materno. Nesse texto, Winnicott esclarece aspectos relacionais a duas e a três pessoas, da seguinte maneira:

> Qualquer tentativa de descrever o complexo de Édipo em termos de duas pessoas fracassa. Contudo, relações diádicas existem, e pertencem a estágios relativamente mais precoces na vida do indivíduo. A relação diádica inicial é aquela entre a criança e a mãe ou mãe substituta, antes que qualquer característica da mãe tenha se diferenciado e moldado na imagem na imagem de pai ... a habilidade de estar realmente só tem sua base na experiência precoce de estar só na presença de alguém ... Mesmo assim, teoricamente há sempre alguém presente, alguém que é, no final das contas, equivalente, inconscientemente, à mãe, à pessoa que, nos dias e semanas iniciais, estava temporariamente identificada com seu lactente, e na ocasião não estava interessada em mais nada que não fosse seu cuidado. (Winnicott, 1983, p. 32, 34 e 37 [1958g])

A capacidade de estar só na presença de alguém é uma condição de maturidade emocional que surge da experiência de contato confiável entre a mãe e o bebê. A maturidade e a capacidade de estar só " ... significam que o indivíduo teve a oportunidade através de maternidade suficientemente boa de construir a crença num ambiente benigno" (Winnicott, 1983, p. 34 [1958g]). Assim, pode descansar na ausência de estímulos externos e se sentir confiante quanto ao presente e ao futuro pela experiência de passado confiante.

O estágio de desenvolvimento relativo à origem da capacidade de estar só é anterior ao estágio edípico, embora já exija certa integração psicossomática em uma unidade com interior e exterior. Winnicott fala de falta relativa de ansiedade persecutória e da presença de bons objetos internos nessa condição de solidão.

A capacidade da mãe gestante de estar só tem como base a regressão para suas próprias experiências precoces com uma mãe suficientemente boa, não intrusiva, que pôde se adaptar às necessidades de seu bebê, e, assim, pode ser saudável ou emocionalmente amadurecida. É preciso lembrar que, para a mãe grávida, o ambiente deve ser tranquilo o suficiente para que ela possa preocupar-se com seu bebê, porque está repetindo sua vivência primitiva, para que se constitua a capacidade de comunicação por identificação entre ela e o bebê.

A mãe grávida está em uma condição muito especial de identificação com o bebê, tanto que existe uma relação subjetiva na qual ela e o bebê são o mesmo conjunto ambiente-indivíduo. Nessa condição, o bebê é associado pela mãe à ideia de um objeto interno de interesse e cuidado. Segundo Winnicott, no artigo "O relacionamento inicial entre uma mãe e seu bebê":

> Constatamos na mãe grávida uma identificação cada vez maior com seu filho. A criança é associada pela mãe à ideia de um "objeto interno", um objeto imaginado para ser instalado dentro e aí mantido apesar de todos os elementos persecutórios que também têm lugar na situação. O bebê tem outros significados na fantasia inconsciente da mãe, mas é possível que o traço predominante nesta seja uma vontade e uma capacidade de desviar o interesse do seu próprio si-mesmo para o bebê. Já denominei esse aspecto da atitude da mãe como "preocupação materna primária". (Winnicott, 2005, p. 21 [1965vf])

Não há pulsão, no sentido de forças que impulsionam o funcionamento psíquico ou relações objetais ligadas ao desejo de amor e ódio reprimidos, como pressupõe a análise orientada pelas relações objetais edipianas. Fulgêncio (2008) apresenta o conceito de pulsão como uma construção metapsicológica, utilizada por Freud como uma ideia abstrata de caráter especulativo que ultrapassa a descrição dos dados clínicos. Há um tipo de relação objetal muito particular para descrever o relacionamento da mãe grávida com o feto em suas necessidades biológicas e instintuais de cuidar e ser cuidado.

A capacidade de ser ou de continuar sendo do bebê está na condição materna de adaptar-se a uma identidade sujeito-objeto, o que significa que a mãe identifica-se tanto com seu bebê que ela e o bebê se tornam um. Lembre-se do esquema circular da fusão ambiente-indivíduo. A identidade sujeito-objeto é descrita por Winnicott para tratar do bebê recém-nascido sob o título "Especulação sobre o contraste em tipos de relacionamento objetal" (1994 [1971va]), em que ele afirma que essa primeira experiência em que o bebê e o objeto são um é vitalmente importante para o início de todas as experiências de identificação. "As identificações projetivas e introjetivas originam-se deste lugar em que cada um é o mesmo que o outro" (p. 140).

Esse aspecto do relacionamento objetal que Winnicott chama de "elemento feminino puro" está associado ao ser do bebê e só pode ser enunciado dentro da compreensão do conceito de mãe suficientemente boa capaz de regredir à preocupação materna primária e oferecer ao bebê o seio ou a provisão ambiental em condição de dependência absoluta para a experiência do ser, ou seja, de relações com objeto subjetivo, " ... no sentido de *o bebê tornar-se seio (ou a mãe), no sentido de que o objeto é o sujeito*[10]. Não consigo ver pulsão instintual nisto" (Winnicott, 1994, p. 140 [1971va]).

Quando a mãe fracassa em atender ao funcionamento inicial do elemento feminino puro, o bebê se desenvolve com uma capacidade prejudicada de ser.

A mãe saudável, capaz de atender a essa necessidade do bebê, " ... não produz uma criança cujo si-mesmo[11] 'feminino puro' é invejoso do seio uma vez que, para essa criança, o seio é o si-mesmo e o si-mesmo é o seio. 'Inveja' é um termo que poderia ser aplicado na experiência de um fracasso atormentador do seio como algo que *É*" (idem, p. 141). No caso da mãe grávida, a inveja atormentadora significa o início das fantasias persecutórias descritas na literatura psicanalítica tradicional.

Desse modo, o relacionamento mãe-feto poderá refletir uma das duas circunstâncias relativas ao cuidado materno, ou a experiência ou o fracasso de ser para o bebê e para a mãe.

Embora Winnicott esteja tratando do bebê recém-nascido, é possível utilizar seu esquema circular e aplicá-lo na vida intrauterina e depois, então trazer a ideia de objeto-subjetivo para a relação mãe-feto. Basta notar mais uma vez o esquema circular:

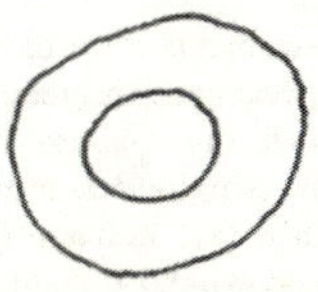

Fusão indivíduo-ambiente: lugar em que cada um é o mesmo que o outro. Identidade sujeito-objeto. Ideia presente para a psicologia do bebê recém-nascido e também antes do nascimento.

[10] Winnicott menciona a expressão "o objeto é o sujeito" por ocasião de um encontro científico da Sociedade Psicanalítica Britânica. É provável que nessa circunstância ele tenha escolhido utilizar uma forma de comunicação diferenciada daquela que lhe é mais peculiar para facilitar o entendimento. Em outros momentos, ele teria dito do *conjunto indivíduo-ambiente*, linguagem mais apropriada para falar do início do desenvolvimento emocional.

[11] No original lê-se a palavra *self* traduzida aqui como si-mesmo. Ver nota número 10 do capítulo anterior.

O bebê gestado não é objeto de relação ambígua com a mãe. Ele tem a experiência de ser no contato com a mãe. Winnicott (1990 [1988]) fala do conjunto ambiente-indivíduo do qual surge o indivíduo isolado em um estado de silêncio e solidão essencial, possível apenas pela condição de dependência máxima do ambiente, do qual o bebê faz parte. A mãe grávida, mãe-ambiente, que teve um bom começo com a própria mãe,

> ... após a concepção, ou quando já se sabe que a concepção é possível, ... começa a mudar sua orientação e a se preocupar com a mudança que está ocorrendo dentro dela. De várias formas ela é encorajada por seu próprio corpo a ficar interessada em si própria. A mãe transfere algo de seu interesse em si mesma para o bebê que está crescendo dentro dela (Winnicott, 1983, p. 52 [1960c])

Na saúde, esse *objeto interno* imaginado pela mãe não traz persecutoriedade ou ambivalência, mas implica uma crença e confiança na capacidade de cuidar, por já ter sido ela mesma cuidada. O próprio corpo encoraja o interesse da mãe em si mesma e no bebê.

Entretanto, esse estado regressivo saudável da gestação pode ser prejudicado a partir das experiências pessoais da mãe, que podem ter impedido seu amadurecimento pessoal, e isso interfere na identificação com seu bebê antes e depois do nascimento; identificação que acontece pelas mudanças que ocorrem no próprio corpo e que pode ser distorcida. Citando Winnnicott (1983 [1960c]):

> No início, essas mudanças são quase fisiológicas, e começam com a sustentação física do bebê no útero ... as mudanças fisiológicas sensibilizam a mulher para as mudanças psicológicas ... A mãe transfere algo de seu interesse em si própria para o bebê que está crescendo dentro dela ... as mães de um modo ou de outro se identificam com o bebê que está crescendo dentro delas, e deste modo podem atingir uma percepção muito sensível do que necessita o bebê. Isto é uma identificação projetiva ... mas por mais que essas mudanças sejam baseadas na fisiologia elas podem ser distorcidas por falta de saúde mental na mulher. (p. 51-52)

A partir do referencial winnicottiano, pode-se verificar que a identificação com a necessidade de cuidado muito precoce do bebê se sobrepõe, na saúde, a qualquer tendência ambivalente persecutória.

É no mínimo curioso que toda uma tradição psicanalítica tenha se detido no aspecto da ambiguidade das relações de amor e ódio e de identificações com um objeto interno persecutório. Talvez porque, de acordo com Winnicott (1994 [1971va]), os psicanalistas negligenciaram o elemento feminino puro encontrado na base do ser do indivíduo humano em prol do elemento masculino ou aspecto pulsional do relacionamento objetal, quando as relações de amor, ódio e medo do bebê – principalmente ódio e medo – são compreendidas a partir da identificação da mãe com o bebê, resultante de fantasias incestuosas infantis.

Em 1989, Winnicott escreve um pequeno texto chamado "Nota sobre o relacionamento mãe-feto" (1994, p. 127 [1989a]) e, logo no começo, considera que os textos de psicanalistas fazem copiosas referências às fantasias consciente e inconsciente da mãe a respeito do bebê, objeto interno igualado a pênis, fezes, dinheiro ou mobília. Em seguida, o autor sugere outra forma de enunciar o relacionamento mãe-feto: a capacidade de a mãe de acreditar em seu bebê vivo e real.

Assim, o bebê só é real pela capacidade psicológica da mãe de elaborar imaginativamente as mudanças fisiológicas de seu corpo durante a gestação. Essa capacidade surge quando ela mesma pôde experienciar o cuidado materno confiável e integrador de alguém, sendo então emocionalmente capaz de se preparar para cuidar. Elementos persecutórios também fazem parte dessa elaboração, pois mãe alguma é totalmente capaz de se relacionar com uma criança viva e total. O bebê sustentado adequadamente no relacionamento cotidiano vai se tornando e continuando a ser vivo e total, o que reduz as incertezas e inseguranças da mãe. Mas sempre há certa vulnerabilidade nesse relacionamento enquanto o indivíduo é o ambiente.

No caso de mães grávidas pouco capazes de sentir que sua criança é real, o que também quer dizer que são pouco capazes de dar sentido às mudanças fisiológicas em seu corpo, a amamentação e o cuidado após o nascimento oferecem uma segunda oportunidade para que ocorra uma relação natural entre a mãe, o bebê e também o pai.

Se essa mãe pouco saudável recebe um diagnóstico pré-natal pouco promissor, ou mesmo se o feto ou bebê recém-nascido morre, o estado da mãe pode se revelar uma doença. Em "Nota sobre o relacionamento mãe-feto", de 1989, Winnicott expõe: "Se um bebê *realmente* nasce com um defeito ou deformidade, o efeito prejudicial disso sobre a mãe e o pai pode ser bastante espantoso, proporcionando o oposto da tranquilização contra temores de incapacidade de produzir um ser humano 100% perfeito" (1994, p. 127 [1989a]).

Quanto maior o sentimento de incapacidade relativo à maternidade e paternidade, maior pode ser a desorganização e desestruturação do casal. Dados clínicos de profissionais da área materno-infantil demonstram que, de certa forma, é comum a separação do casal após o nascimento de um bebê com grande dificuldade de sobrevivência quando os pais não são acompanhados em psicoterapia pelo período aproximado de um ano, o que pode ser feito no próprio hospital-maternidade. Dentro desse período, em geral, a família se reorganiza, e as perdas afetivas em relação a outros filhos e ao próprio casal são minimizadas.

No texto "A preocupação materna primária", de 1958, Winnicott considera que:

> Gradualmente, esse estado [de preocupação materna primária] passa a ser o de uma sensibilidade exacerbada durante e principalmente ao final da gravidez ... Não acredito que seja possível compreender o funcionamento da mãe no início mesmo da vida do bebê sem perceber que ela deve alcançar esse estado de sensibilidade exacerbada, quase uma doença, e recuperar-se dele. (Introduzo aqui a palavra "doença" porque a mulher deve ter saúde suficiente tanto para desenvolver esse estado quanto para recuperar-se dele à medida que o bebê a libera. Caso o bebê morra, o estado da mãe repentinamente revela-se uma doença. A mãe corre esse risco). (2000, p. 401 [1958n])

A mãe corre o risco de realmente adoecer se não tiver saúde suficiente para regredir, identificar-se com seu bebê e, aos poucos, retomar o interesse em outras tarefas pessoais, familiares e profissionais. Quanto menos amadurecida for a mulher, maior será sua necessidade de ser cuidada pela família e pelos profissionais que a acompanham diante da gestação e parto. São dois aspectos a serem considerados: de um lado, o desenvolvimento emocional da mãe, e de outro, as ocorrências gestacionais e fetais, para que se possa avaliar cada paciente de modo pessoal e indicar o atendimento individual. Tanto o ponto de vista do bebê no ambiente uterino quanto o da mãe-ambiente-uterino devem ser descritos para que a psicologia pré-natal tenha algum sentido não para o psicólogo, mas para o paciente.

Quando Winnicott (1990 [1988]) aprofunda a discussão sobre os estágios iniciais do desenvolvimento humano, diz que a comunicação que se dá na fusão ambiente-indivíduo é um assunto difícil de abordar, pelo aspecto da solidão essencial que existe mesmo neste contato tão íntimo. Por outro lado, falar da relação mãe-bebê baseada na experiência materna inicial suficientemente boa talvez implique indicar que as dificuldades de contato inter-humano, especialmente entre a mãe grávida e seu bebê, não são estruturalmente inerentes ao desenvolvimento psíquico-emocional, decorrentes das repressões trazidas pela civilidade e caracterizadas no indivíduo por desejo sexual infantil incestuoso reprimido. Mas são originárias antes disso, em um colo perturbador, ao longo do tempo, quando o colo é o único suporte para a vida e integração do ser humano.

A psicologia pré-natal se constitui das considerações de Winnicott sobre o valor do ambiente nos estágios iniciais do indivíduo. O autor elaborou um postulado bastante sóbrio e pertinente do ser, das condições de sua continuidade e de sua interrupção pela reação à intrusão e das possibilidades de retorno ao ser, que parte de uma solidão essencial, posterior à situação de não-estar-vivo, para um contínuo processo de integração psicossomática por meio de contato somático sentido como experiência pessoal de cuidado.

2. Patologias da gestação

Em termos gerais e biológicos, as patologias da gestação representam uma quebra na homeostase materno-fetal. São diversos os transtornos do desenvolvimento biológico que podem acometer o feto, a mãe ou, especificamente, a placenta, e ocasionar procedimentos diagnósticos e terapêuticos que podem ser física e psicologicamente invasivos. O problema que se apresenta aqui é a relação do conjunto ambiente-indivíduo e o que poderia significar em termos psicológicos uma patologia da gestação tanto para o núcleo isolado – do esquema circular ambiente-indivíduo – quanto para o ambiente acolhedor. Lembrando que a base para o desenvolvimento emocional é a princípio o soma, que origina a psique.

Para Winnicott, a experiência pessoal está relacionada a memórias corporais, o que não pode ser classificado como um processo cognitivo de interpretação de estímulos, tampouco um processo inconsciente relacionado à repressão pulsional. A experiência pessoal, assim, abrange a capacidade de dar sentido pessoal aos acontecimentos corpóreos – por isso a importância da integridade cerebral. A psique se compõe de memórias de ser, e esse ser significa espontaneidade de movimento e quietude do próprio corpo quando ainda não se pode falar da existência de um si-mesmo ou de integração psicossomática propriamente dita de laços entre os dois elementos: o soma e a psique. Essa impossibilidade se deve à precocidade, pois, amparada no soma, a psique está se constituindo de continuidades de momentos dessa espontaneidade, graças à grande adaptação ambiental.

O aspecto físico que parece ser preponderante para o autor caracterizar a psicologia pré-natal é a capacidade do cérebro para a constituição da psique, ou seja, a capacidade de dar sentido a vivências corporais tornando-as experiências pessoais. A primeira experiência pessoal é a experiência de ser solidão-acompanhada.

Dentro dessa concepção, o que pode acontecer diante de um ambiente não adaptativo e intrusivo é a reatividade ou o aniquilamento do ser ou da capacidade de ser. Esse contexto, o da experiência pessoal, oferece parâmetros para descrever a psicologia do feto e da mãe-ambiente diante de patologias gestacionais.

Sob o ponto de vista do feto, um exemplo para essa circunstância pode ser observado em situações de oligoâmnio por Rotura Prematura das Membranas Pré-Termo (RPM-PT), quando se adota o procedimento de hiper-hidratação materna[12] por via venosa ou mesmo estimulação maior da hidratação oral. O procedimento só é indicado se não há patologias maternas que impeçam o aumento da volemia, como cardiopatias ou insuficiência renal.

Nesse caso, pode-se perguntar se a manutenção adequadamente estável do ambiente líquido intrauterino pode possibilitar a continuidade saudável do estado de quietude espontânea do feto. A resposta para essa pergunta deve considerar o fator temporal.

O ponto de vista do bebê, trazido por Winnicott a partir de seu contato com pacientes em regressão, sugere que a intensidade das mudanças nos fatores ambientais pode ser considerada intrusiva, no sentido de ultrapassar a capacidade temporal da memória do feto para acreditar no retorno à continuidade de ser. Portanto, se a diminuição do líquido amniótico foi intensa o suficiente para ser intrusiva, o aumento do líquido e a consequente facilitação para os movimentos corporais do feto pode se constituir um fator de grande adaptabilidade ambiental.

De qualquer modo, um estado secundário de depressão ou ansiedade da mãe pode tornar-se ainda mais evidente para o bebê do que a própria alteração do líquido amniótico, podendo atá mesmo causar a morte do feto, pois, para o feto, morrer não tem sentido algum, mas recuperar a quietude da solidão-acompanhada pode ter grande sentido pessoal, por já ter sido experienciado.

Nesse exemplo, o comprometimento patológico foi ambiental, mas, nos casos das cromossopatias, o comprometimento é do feto, e a integridade somática pode não estar garantida. Nesses casos, muitas vezes ocorre a interrupção natural da gestação. Erros genéticos importantes são relativamente frequentes, de acordo com Borges-Osório e Robinson (2001).

---

[12] A hiper-hidratação materna, por aumentar a volemia [quantidade de sangue no organismo], melhora a perfusão placentária, aumentando a formação de líquido amniótico. Estudos têm demonstrado que esse procedimento adotado em gestantes com RPM pré-termo associa-se à evolução da gestação até idades gestacionais maiores, fetos com maior peso, menor índice de complicações respiratórias neonatais e menor mortalidade perinatal (SOGESP – Associação de Obstetrícia e Ginecologia de São Paulo).

Diferentes estudos mostram que as alterações cromossômicas estão relacionadas com 30% a 50% dos abortos espontâneos. Os abortos prematuros mostram mais anormalidades cromossômicas em relação aos mais tardios. A incidência de nascidos vivos com a síndrome de Edwards, trissomia do 18, a segunda mais frequente, é de 2/10.000, com baixa expectativa de vida: 30% morre antes de um mês de vida e 10% antes de um ano. Meninas têm maior sobrevida do que os meninos, e mosaicos[13] sobrevivem mais, podendo chegar à vida adulta. Na área neurológica verifica-se retardo mental, hipertonia e retardo do crescimento.

O que deve estar em discussão para a psicologia pré-natal é o risco de aniquilamento do ser, em termos da capacidade do feto para a experiência de quietude e solidão primordial, e a capacidade de estabelecer contato espontâneo por meio da adaptação ativa do ambiente de cuidado, mesmo nos casos de transtorno do desenvolvimento, desde que o prejuízo físico não seja extremado.

Há um estudo clínico de Winnicott envolvendo erro genético hereditário, e, embora o paciente em questão já seja uma criança de nove anos, são retomados aspectos da gestação e da capacidade para experiências pessoais iniciais. No relato, verifica-se que a integração psicossomática pôde ocorrer pelos cuidados maternos suficientemente bons no início da vida do bebê, mesmo que a gestação tenha sido cercada de certa ansiedade pelo risco evidente de o bebê manifestar uma característica genética de deformação morfológica.

Winnicott visitava um hospital infantil na Finlândia para falar aos profissionais sobre a descrição de um paciente atendido no hospital. O paciente escolhido foi Iiro, uma criança de nove anos e nove meses da divisão ortopédica. Iiro apresentava sintomas vagos, incluindo confusões, dores de cabeça e dores abdominais, mas estava no hospital por causa de sindactilismo[14] nos dedos das mãos e dos pés. Era bem conhecido no departamento ortopédico, e todos gostavam dele, pois havia se submetido a sucessivas cirurgias de correção.

Iiro foi escolhido porque o *staff* do hospital desejava saber por que a mãe e a criança eram tão persistentes na correção do defeito, enquanto que tantos outros pais e crianças tinham de ser persuadidos a fazer o que era cirurgicamente necessário.

---

[13] Mosaicismo é a presença de dois ou mais cariótipos diferentes em um mesmo indivíduo ou tecido, devido à existência de duas ou mais linhagens celulares derivadas de um mesmo zigoto. O mosaicismo cromossômico resulta normalmente da não disjunção nas mitoses do início do desenvolvimento embrionário (Borges-Osório e Robinson, 2001, p. 93).

[14] Sindactilia é a presença desde uma membrana interdigital até a fusão de ossos nos dedos e artelhos. (Borges-Osório & Robinson, 2001, p. 442)

Durante o atendimento, eles usaram uma psicóloga como intérprete, dado que Iiro não falava inglês, e Winnicott não falava finlandês. Mas a comunicação importante entre eles se deu por meio de desenhos no jogo de rabiscos. Iiro identifica no primeiro rabisco a figura de um pato, e Winnicott (1984 [1971k]) comenta: " ... senti então que Iiro me havia comunicado um sentimento positivo em relação a patos, a nadar e a lagos" (p. 23), ou seja, em relação a si mesmo e sua deformidade. Conforme a entrevista avançava, Winnicott notou que a criança se referia a seu próprio estado pré-primitivo em uma espécie de fantasia pré-nascimento, por isso diz a ele:

> Se pensarmos em você quando pequeno, você gostaria de nadar no lago, ou nadar em lagos como os patos. Está me dizendo que gosta de você mesmo com seus pés e mãos ligados e que precisa que as pessoas o amem da maneira como era quando nasceu. Já crescido, você quer tocar piano, flauta e fazer trabalhos manuais, e assim concorda em continuar a ser operado, mas a coisa principal é ser amado como é e do modo como nasceu. Ele parecia ter respondido a essa observação minha ao dizer: "Mamãe é assim como eu" – um fato que eu não conhecia até então. Em outras palavras, ao lidar com essa condição em si mesmo ele tinha de lidar com ela também em termos de sua mãe. (p. 31)

A criança crescida, apesar de não ser capaz de conhecer e lidar com seu sindactilismo, " ... era um garoto saudável e feliz e que tinha senso de humor" (idem, p. 23). Foi um bebê amado, o que quer dizer que sua mãe pôde identificar-se e oferecer os cuidados favorecidos pela preocupação materna primária, apesar das limitações físicas e psicológicas envolvidas nesse caso. Entretanto, segundo Winnicott, " ... ele deve ter ganho alguma coisa desse amor especial de sua mãe por ele, mas tinha que pagar por isso, sendo acometido de um impulso obsessivo" (idem, p. 35), tanto quanto sua mãe.

Depois do atendimento da criança, a mãe solicitou uma entrevista. Winnicott relata que, durante a maior parte do tempo, ela repassa assuntos já comentados com a psicóloga, mas de repente desata em lágrimas, fica muito perturbada, expõe algo com o qual provavelmente nunca havia lidado. Ela diz:

> Desde que casei, a cada vez que ficava grávida me tornava tremendamente ansiosa sobre o bebê que ia nascer, ansiosa em termos de ele herdar a deformação. A cada vez que nascia uma criança e ela era normal eu me sentia imensamente aliviada. Com Iiro, porém, não tive essa sensação, pois lá estava ele com dedos e artelhos como os meus; eu havia sido punida. Quando o vi, odiei-o.

> Repudiei-o completamente, e durante alguns momentos (uns vinte minutos ou mais) senti que não queria vê-lo nunca mais. Ele tinha que ser levado para longe de mim. Então me ocorreu que ele poderia ter os dedos das mãos e dos pés corrigidos por constantes cirurgias ortopédicas. Decidi imediatamente persistir em consertar os dedos de Iiro, embora isso parecesse impossível, e a partir desse momento percebi que meu amor por ele voltou e acho que o amo mais que aos outros. Partindo desse ponto de vista, posso dizer que ele ganhou alguma coisa. Entretanto tenho ficado obcecada por esse impulso de recorrer a cirurgias ortopédicas. (p. 35 [1971k])

É curioso notar no relato da mãe a importância dada ao tempo que ela diz ter sentido que não queria vê-lo nunca mais: *uns vinte minutos*. Foi um tempo curto, considerando-se as circunstâncias de esgotamento físico e emocional no pós-parto e as alterações de humor inclusive decorrentes das rápidas mudanças hormonais. É natural que haja certa dificuldade para estar com o bebê, especialmente para essa mãe, que gerou um bebê com um defeito físico.

Além disso, é possível questionar a saúde materna e sua capacidade de desenvolver a preocupação materna primária, o que também é um retomar a própria experiência pessoal de quietude inicial e encontro com uma adaptação ambiental suficientemente boa, quando a mãe foi um bebê que nasceu com um defeito. De qualquer modo, para Iiro houve ansiedade materna durante a gestação devido à probabilidade maior de gerar um filho com um defeito genético e por sentimentos de culpa. O amor materno ficou condicionado à correção da deficiência, e o sentir-se amado para o filho ficou condicionado a aceitação do defeito, o mesmo da mãe.

O que se impõe como fator psicológico decisório mesmo na gestação em que há intercorrências fetais – e o bebê vai se desenvolver de acordo com suas características herdadas – é a capacidade da mãe de sustentar seu bebê e permitir que ele se torne vivo e total, o que é também o sentir-se vivo para a mãe. Dando continuidade à ideia da adaptação ambiental, comento a seguir a adaptabilidade na abordagem terapêutica psicológica.

O CUIDAR-CURAR

Em 1970, Winnicott fez uma palestra titulada "A cura", para médicos e enfermeiros, para tratar do conceito cuidar-curar. Ele traz a somatória das experiências de uma vida de atendimentos pessoais para associar o cuidado médico aos cuidados maternos, ambos significados como ambiente facilitador para se encontrar o sentido de uma identidade pessoal, essencial a todo ser humano no cenário da vida comum, política e social.

Winnicott sinaliza que a doença pode ser uma oportunidade de amadurecimento pessoal desde que adequadamente cuidada, no sentido de cuidar-curar, uma extensão do conceito de "segurar". Um aspecto dos procedimentos terapêuticos de Winnicott (1999 [1986f]) tem como base a seguinte ideia da continência corpórea: o segurar " ... começa com o bebê no útero, depois, com o bebê no colo, havendo um enriquecimento a partir do processo de crescimento da criança, pois a mãe que conhece aquele bebê específico que ela deu à luz torna esse enriquecimento possível" (p. 112-113). Esse enriquecimento pessoal significa saúde, e seu oposto é a doença mais ou menos intensa que pode se manifestar, por exemplo, diante de uma intercorrência obstétrica.

O conceito de cuidar-curar pode ser utilizado como linha condutora para pensar o atendimento psicológico das patologias da gestação, especificamente quando Winnicott aplica a ideia de segurar-curar, como a seguir:

> ... quando falo em cura no sentido do "cuidar-curar", aparece a tendência natural de médicos e enfermeiras a responder às necessidades dos pacientes, mas agora isso é explicitado em termos de saúde: é registrado em termos da dependência natural do indivíduo imaturo, que evoca, nas figuras parentais, a tendência a fornecer condições que incrementem o crescimento individual. Isso não é cura no sentido do tratamento, mas sim no sentido do "cuidar-curar" ... Em termos da doença social, o cuidar-curar pode ser mais importante para o mundo do que a "cura-tratamento" e do que todo diagnóstico e prevenção que acompanham aquilo que geralmente se denomina abordagem científica. Aqui estamos irmanados aos assistentes sociais, cuja atribuição "serviço social de caso" pode ser vista como uma extensão bastante complexa do uso da palavra "segurar" e como uma aplicação prática do "cuidar-curar". Num contexto profissional, dado o comportamento profissional apropriado, pode ser que o doente encontre uma solução pessoal para problemas complexos da vida emocional e das relações interpessoais; o que fizemos não foi aplicar um tratamento, mas facilitar o crescimento. (1999, p. 113-114 [1986f])

Para o profissional, o cuidar-curar significa que cada paciente terá uma necessidade muito pessoal. Portanto, um protocolo de atendimento psicológico não poderia ser generalizado.

O seguinte estudo clínico[15] acompanhado em enfermaria obstétrica pode ilustrar essa reflexão: a paciente segundigesta, com diagnóstico genético de feto incompatível com a vida aproximadamente aos cinco meses de gestação, opta pela interrupção, e aguarda pelo procedimento por dois meses.

Dois dias após o parto do bebê morto, a paciente é entrevistada pela equipe de psicologia da qual eu fazia parte em um hospital-escola de São Paulo. Quando cheguei ao quarto, no momento em que a paciente saía do banho, ela estava perfumada e tranquila. Quando conversamos, ela relatou o processo desde a notícia da inviabilidade fetal, quando foi orientada sobre as características da síndrome genética, os motivos da inviabilidade de vida do bebê e a escolha entre interromper a gestação ou aguardar o parto a termo. Faziam parte do protocolo de atendimento psicológico algumas orientações para minimizar o sofrimento, incentivando que a mãe verbalizasse seus sentimentos e tocasse a barriga para aceitar mais facilmente as intervenções médicas para o parto. Após o parto, de acordo com os procedimentos, ainda se esperava que a paciente vivenciasse objetivamente o luto para que pudesse receber a alta hospitalar e o encaminhamento para ambulatório psicológico.

Apesar do protocolo extremamente diretivo, a paciente relata sua experiência com um bebê vivo durante a gestação, e menciona o nome *Yasmin*[16], escolhido para a filha, vista logo após o parto envolta em tecido verde e em uma bandeja cirúrgica. A mãe diz que a filha era linda, e parecia estar dormindo. O fato de o bebê estar na bandeja foi narrado, mas o rosto da filha teve mais importância para a mãe. Ela apenas se despediu do bebê. Somente o pai acompanhou o enterro do bebê, pois a mãe permaneceu internada, com aumento de pressão arterial. Na hora da entrevista, ela dizia estar esperando o médico para alta, se a pressão arterial estivesse estável. Além disso, afirmou que pretendia ter outra filha nos próximos dois anos, e que, agora, só queria voltar para casa e ficar perto do primeiro filho, de cerca de cinco anos, e do marido.

---

[15] Os dados são trazidos a partir de lembranças gerais do atendimento, e não incorrem em riscos individuais para a paciente, ou seja, a utilização das informações não expõe os indivíduos à vulnerabilidade quanto à sua dignidade, segurança ou bem-estar, pois não são informações específicas ou identificadas, e têm o propósito restrito de discutir o manejo clínico.

[16] Yasmin não é o nome dado ao bebê, mas simboliza aqui o bom perfume, a boa memória, que, para mim, essa filha deixou à mãe. Uma mãe aparentemente saudável, apresentando-se integrada neste momento da consulta.

Partindo das referências do protocolo psicológico citado, a paciente deveria verbalizar certa sequência de sentimentos e ordenar todos os eventos vivenciados. Foi considerado como alteração comportamental o fato de estar perfumada, não ter ido ao enterro e não verbalizar seu sofrimento. Entretanto, ela só queria ir para casa, pois o luto pela perda gestacional foi experienciado durante todo o processo, mas isso não foi percebido pela equipe.

No entanto, compreender a necessidade de descansar em silêncio me parecia a única maneira de acompanhá-la de maneira não intrusiva. Ela precisava de quietude, e não de fala, o que fugia das conclusões-padrão do protocolo.

De acordo com Winnicott (1982 [1964a]), a experiência entre a mãe e o bebê ocorre sem que nem mesmo uma regra se interponha na relação, inclusive quando se trata do luto. Isso implicaria em uma clínica não intrusiva, de acolhimento do gesto espontâneo da mãe, pois o sentimento de luto se exprime pelo gesto corpóreo, como um modo de ser, um modo espontâneo de relacionamento com o bebê com quem a mãe esteve durante cerca de sete meses, dois deles sabendo do prognóstico de inviabilidade.

O diagnóstico pré-natal antecipa situações esperadas anteriormente apenas após a gestação e parto. O problema talvez não seja a possibilidade tecnológica de antecipar o diagnóstico, mas esquecer que há alguém extremamente necessitado do ambiente facilitador que cura, como esta paciente, para quem não fazia sentido algum expressar verbalmente as reações esperadas de tristeza e luto.

Por outro lado existem os terapeutas, que, segundo Winnicott "... experimentam lutos reduplicados e repetitivos. Um dos perigos de nossa vida profissional é que podemos ficar empedernidos, pois a perda repetida de pacientes nos torna cautelosos quanto a ficar muito próximos do doente novo" (Winnicott, 1999, p. 112 [1986f]), e, quando se trata de intercorrências gestacionais ou fetais a perda é uma constante.

Em obstetrícia há algo difícil de apreender: às vezes, a solução boa é muito ruim, ou seja, não há solução boa. Nesses casos, do ponto de vista do bebê, não há expectativa satisfatória de vida pós-natal, e então não haverá razão para falar sobre a experiência de ser fundamentada em memória, se a função cerebral, somática geral ou a própria vida está comprometida. Entretanto, do ponto de vista da gestante que passará por um processo de interrupção médica da gestação, é importante considerar a individualidade do atendimento no sentido de observar o relacionamento entre a mãe e o feto em termos da capacidade da paciente de acreditar no bebê vivo e real, mesmo que apenas durante um pequeno intervalo durante a gestação. Esse dado oferece indicadores sobre o amadurecimento pessoal da gestante e o tipo de cuidado que ela necessita.

O fator básico na compreensão psicológica da mãe grávida é a regressão para estágios do desenvolvimento inicial. Embora os diversos autores citados concordem com esse estado regressivo, suas abordagens tratam de relações objetais tardias. Em Winnicott, o regredir materno não implica em relações objetais persecutórias ou relações introjetivas e projetivas de objetos bons e maus. Para ele, o estágio das relações objetais é tardio, e o autor considera a solidão inicial e a extrema dependência, em que apenas são possíveis relações de cuidado.

Se a mãe regride para esse estágio de extrema imaturidade e fragilidade, dependente dos cuidados ambientais, regride para suas experiências pessoais, que podem ter sido suficientemente boas ou não.

A característica mais importante nessa fase de vida é a sustentação confiável ou a adaptabilidade do ambiente à quietude e solidão da não intrusão. A comunicação de confiabilidade ocorre de maneira somática por meio da sustentação física, e aqui os médicos e as enfermeiras têm grande vantagem em relação ao psicólogo na equipe de atendimento em obstetrícia e neonatologia, por oferecerem cuidados físicos.

Algo que deve ser alvo dos interesses e preocupações constantes da equipe de saúde materno-fetal é estabelecer o contato pessoal confiável com a paciente. Esse contato vem simplesmente do relacionamento, das consultas rotineiras, da constância da equipe e das informações esclarecedoras para a mãe sadia. Nesse caso, é importante que as informações estejam organizadas e sejam muito simples.

No manejo da comunicação com a paciente ainda é preciso pensar em evitar intrusões de informações incompreensíveis para a paciente, que necessita, muitas vezes, de cuidados não verbais. As informações mais adequadas devem ser apresentadas na medida em que forem espontaneamente solicitadas pela paciente. A equipe deve estar disponível e com as orientações organizadas, mas não pode esperar que a paciente compreenda todas as implicações clínicas de um diagnóstico letal. Talvez ela não precise compreender, mas, com certeza, ela precisa confiar naqueles que fazem parte da experiência dolorosa de um trabalho de parto sem nascimento de bebê vivo.

Em situações de diagnóstico fetal de incompatibilidade com a vida, a interrupção terapêutica pode ser indicada e sugerida pelo especialista. Entretanto, apenas os pais poderão decidir entre interromper precocemente a gestação ou aguardar seu término natural. Nos casos de interrupção, Barin, Setúbal, Messias, Milanez e Barini (2003) afirmam que a decisão é individual, está relacionada à história de vida da paciente, e que a equipe deve fornecer informações e esclarecimentos, sem, contudo, induzir à interrupção ou à manutenção da gestação. Setúbal *et al.* fazem um relato médico bastante oportuno, ao qual, se se dissesse em uma linguagem winnicottiana, poderia dizer-se sem causar intrusões. Isso justifica que as informações sejam sempre pautadas pela necessidade dos pais e também não orientadas para uma ou outra escolha.

As informações fornecidas de acordo com a necessidade da paciente podem ser mais bem assimiladas. É comum que a paciente fique confusa e a mesma informação ou orientação precise ser repetida muitas vezes e por vários profissionais. No estudo clínico 2 do item "Interrupção médica da gestação", a ser apresentado mais adiante neste livro, fica claro que a paciente não tolerou saber o que poderia ser feito para interromper a gestação, pelo menos não naquele momento inicial. No entanto, depois de assimilar o problema de desenvolvimento letal do bebê, ela teria dúvidas sobre o procedimento para minimizar o sofrimento de ambos, e esse seria o momento de fornecer as informações, desde que a espera, evidentemente, não representasse risco imediato para a vida da mãe.

Pode acontecer também que a paciente não tenha condições de tomar a decisão, lembrando seu estado de regressão e dependência, mas, se houver confiança nos profissionais da equipe, ela pode se deixar cuidar e se submeter ao procedimento de menor risco materno. Nesse sentido, a capacidade de escuta do terapeuta, médico, enfermeiro ou psicólogo é mais importante do que a informação correta. É mais acolhedor, para a paciente, perceber alguém que escuta sua história com atenção e sensibilidade, e não apenas sua fala pontual, mas todo seu contexto somático e familiar. Se a paciente está regredida a estágios iniciais de seu desenvolvimento emocional, pode-se comparar as habilidades do terapeuta com a de uma mãe, e lembrar que "... as coisas mais importantes que uma mãe faz com o bebê não podem ser feitas através de palavras" (Winnicott, 1997, p. 60 [1968f]), mas pelo gesto de cuidado. Este pode ser expresso pela não intrusão e pela apresentação da realidade de perda do bebê de acordo com as possibilidades da mãe, como a realidade apresentada em pequenas doses ao bebê. Mesmo porque a mãe que passou pelas dúvidas decorrentes do processo de diagnóstico sabe, de alguma maneira, que a gestação merece maior atenção e que algo pode estar errado.

A dificuldade de entender a realidade daquela gestação pode indicar a necessidade da paciente de descansar e ficar retraída após receber a notícia do fracasso de gerar a criança sadia, circunstância que, por si, já é uma intrusão suficiente a seu estado de ser. Mais tarde, as dúvidas quanto aos procedimentos médicos surgirão e, nesse momento, a disponibilidade e organização do profissional no qual a paciente confia serão imprescindíveis.

O estado de regressão que possibilita a sensibilidade da preocupação materna primária é um processo de saúde materna, como foi estudado antes. Entretanto, se o bebê nasce morto, disforme, ou se ainda antes do nascimento estas ocorrências são conhecidas, o estado materno pode tornar-se uma doença. Proponho que a gravidade desta doença seja analisada em relação ao desenvolvimento emocional da mãe naquele momento, ou seja, o quanto amadurecida emocionalmente é a paciente ou o quanto sua integração psicossomática está fortalecida, o que trará parâmetros para a condução de seu atendimento. Se essa doença estiver associada a um estado regressivo – e, no caso da maternidade, considero que está –, a regressão que implica uma vulnerabilidade importante pode adquirir " ... um caráter terapêutico se os intensos sofrimentos associados à dependência experimentada na regressão puderem ser suportados" (Winnicott, 1990, p. 179 [1988]).

O verbo suportar, do latim *supportare*, significa sustentar, estar debaixo de, sofrer e tolerar. O sofrimento da regressão precisa ser sustentado, ou, ainda, precisa ser sofrido e de forma pessoal. Só é possível tolerar esse sofrer sob os cuidados confiáveis de alguém. Não é concebível esperar que o sofrimento possa ser uniformizado em palavras ou comportamentos.

A regressão à dependência absoluta saudável, que possibilita a identificação com as necessidades do bebê, sugere a necessidade da comunicação silenciosa com objetos subjetivos. Talvez seja possível falar de um tipo de comunicação somática quando o que é importante é o sentido dado ao corpo cuidado pelo ambiente, o sentido da experiência pessoal de comunicação indivíduo-ambiente " ... nas fases iniciais do desenvolvimento do ser humano, a comunicação silenciosa se relaciona com o aspecto subjetivo dos objetos" (Winnicott, 1983, p. 168 [1965j]). Pelo fato de o bebê e a mãe formarem a unidade ambiente-indivíduo, a relação é subjetiva, e não uma relação com objetos internos ou externos. Nesse momento do desenvolvimento, há um elo com " ... a ideia de estar só na presença de alguém, de início um acontecimento natural na vida da criança, e mais tarde uma questão de aquisição da capacidade de reclusão sem perda da identificação com aquilo do que esta reclusão se originou" (idem, p. 171).

Winnicott pressupõe que, na saúde " ... pela vida afora do indivíduo continua a haver uma solidão fundamental, inerente e inalterável, ao lado da qual continua existindo a inconsciência sobre as condições indispensáveis a este estado de solidão" (Winnicott, 1990, p. 154 [1988]). Essa condição de amadurecimento pessoal possibilita à gestante saudável a experiência subjetiva de regressão para a reclusão ou retraimento de uma solidão acompanhada já experienciada.

Desse modo, pode-se falar que a expectativa de que a mãe compreenda e tome uma decisão sobre a interrupção da gestação significa, para ela, submeter-se à exigência externa, uma *intrusão* para o momento em que a paisagem externa está esmaecida. Os objetos externos percebidos diretamente estão além do esperado para essa fase inicial mesmo que seja em regressão, embora em gradações diferenciadas, para a mãe saudável nesses termos psicológicos. Na " ... posição em que se pode comunicar secretamente com fenômenos e objetos subjetivos, a perda do contato com o mundo da realidade compartilhada [está] sendo contrabalançada por um ganho em termos de se sentir real" (Winnicott, 1983, p. 169 [1965j]).

Para a gestante, o sentir-se real está relacionado à crença em sua capacidade pessoal para gestar biológica e afetivamente um bebê vivo e real. Em outras palavras, pode-se dizer que as fantasias de seu mundo interno são boas. Talvez não haja nada mais real para a mãe do que a crença em seu bebê e em seu potencial para gerar, apesar de a gestação atual não ser bem-sucedida.

Por mais que conheçam sobre saúde e doença, os profissionais da equipe não sabem como a mãe está se sentindo, pois estão fora dessa área de experiência subjetiva, em que nem se permite sua comunicação verbal. O profissional pode sustentar essa experiência oferecendo espaço e tempo para sua continuidade necessária.

Algumas outras vezes, observa-se que a mãe apresenta um humor depressivo e, ainda assim, dentro de um contexto de saúde psíquica, por essa condição estar intimamente relacionada ao luto normal e à questão da reação à perda gestacional. Para Winnicott (1990 [1988]):

> No humor depressivo, pode-se dizer que o bebê (ou criança, ou adulto) amortece toda a paisagem interna, permitindo que um controle desça sobre ela, como uma nuvem, uma cerração ou uma espécie de paralisia. Isto torna pos-

> sível (com o tempo) a gradual suspensão do controle mágico, permitindo que os resultados da experiência se organizem, pouco a pouco, até que o humor melhore, e o mundo interno da criança [ou adulto] volte a viver. (p. 91-92)

Esse amortecimento, quando tardio, tem o propósito de cura que acontece a cada tempo na relação com um ambiente facilitador. O mundo interno da gestante volta a viver com o tempo, mas durante esse tempo não se pode esperar uma postura proativa dela em relação aos procedimentos hospitalares para o parto induzido. De acordo com Winnicott, a tarefa da equipe é " ... aceitar e acolher a completa dependência de muitas mães que só conseguem encarar o trabalho de parto delegando todo o controle à pessoa que a assiste" (Winnicott, 2005, p. 156 [1957f]). O autor se refere ao parto normal sem patologia, entretanto, essa conduta poderia ser aplicada nos casos de gravidez patológica, em que a primeira opção é o parto vaginal, para preservar o futuro reprodutivo da paciente, o que inclusive deveria ser uma opção pessoal e individual, e não institucional. Uma postura proativa pode repercutir como um distanciamento da maior necessidade da paciente para conseguir se curar da perda, a necessidade da quietude e imobilidade, uma condição de relaxamento e de não reação às contingências externas, como estar só diante de alguém confiável para poder ser. A alternativa patológica seria a reatividade, e uma ação falsa para a paciente, não um movimento de cura.

Abortos espontâneos e recorrentes

Em *Nota sobre o relacionamento mãe-feto*, Winnicott (1994, p. 127 [1989a]) oferece um modelo de reflexão a respeito da terapêutica do cuidar-curar que propicia o amadurecimento pessoal em uma patologia da gestação, o aborto recorrente.

Apresento, a seguir, o modelo como um estudo clínico, com a descrição resumida do desenvolvimento emocional e os esclarecimentos sobre a técnica de análise.

Winnicott (1994 [1989a]) analisa a paciente que sofre abortos de repetição da seguinte maneira:

> Digamos que um aborto espontâneo de três meses representa uma capacidade de 33,33% [de produzir um bebê na fantasia]. Se uma mulher grávida achar-se em análise e o analista foi incapaz de chegar a tempo à interpretação das fantasias que a paciente tem em relação à sua parte interna (ou das partes internas em geral), a paciente pode fazer um aborto espontâneo quase como um ato de honestidade. É como se ela estivesse alegando o que existiria de falso, se ela fosse continuar com a gravidez e produzir um bebê íntegro. Só existe esperança

> se o analista puder trazer as fantasias do interior do corpo para a análise e, dessa maneira, enfrentar o interior biológico afastando de sua função secundária de depositário de fantasias conscientemente repudiadas. A pista para a análise deste aspecto da maternidade é a interpretação da relação com o funcionamento orgástico (principalmente oral) na situação transferencial. Desta maneira, o mundo interno da fantasia passa a ser sentido como real, algo que não precisa ser secreto e que se pode pessoalmente possuir; ao mesmo tempo, o analista assiste ao desaparecimento da *colocação* até então compulsiva, pela paciente, do material de fantasia pós-incorporativo *dentro da barriga*. A função biológica pode então prosseguir sem perturbações e a mãe levar seu feto a termo íntegro, e não precisa ficar doente, mesmo que passe pela triste experiência de dar à luz a um bebê deformado. (p. 128)

O contexto clínico das pacientes com abortos recorrentes está relacionado à incapacidade da mulher em acreditar que, em seu mundo interno, há um bebê vivo, sentido como um objeto interno bom. Ao contrário, seus objetos internos são persecutórios. A origem desse sentimento está relacionada à fase de lactação, quando o mundo interno é localizado pelo bebê na barriga. Embora Winnicott, nesse texto, apenas cite o funcionamento orgástico oral, esse tema precisa ser explorado para a compreensão da prática clínica em maternidade. O capítulo 1 da parte III do livro *Natureza Humana*, "*Concern*, culpa e realidade psíquica pessoal e interna", descreve a fase da lactação quanto à elaboração imaginativa relacionada à digestão, incorporação e excreção de alimentos.

O mundo interno localizado pelo bebê na barriga por meio da experiência instintiva oral de elaboração imaginativa do processo digestivo é caracterizado por ambivalência e ansiedade decorrentes da discriminação entre o estado tranquilo e o estado excitado do funcionamento orgástico oral. Para Winnicott (1990 [1988]):

> O "ataque" impiedoso ao objeto, deflagrado pelo instinto, cede lugar a um crescente reconhecimento da mãe como a pessoa que cuida do EU, ao mesmo tempo que é a pessoa que oferece uma parte de si para ser comida. Gradualmente vai ocorrendo uma integração entre a forma tranquila de relacionamento e a forma excitada, e o reconhecimento de que ambos os estados (e não apenas um) constituem uma relação total com a mãe-pessoa. É a isto que se denomina "Posição Depressiva no Desenvolvimento Emocional", um estágio importante que envolve o bebê em sentimentos de culpa, levando-o a preocupar-se com os relacionamentos, em razão de seus componentes instintivos ou excitados. As ansiedades da criança são de uma complexidade muito elevada. Existe não só a preocupação

> ... quanto aos efeitos sobre a pessoa da mãe por causa dos elementos instintivos no relacionamento entre o EU e ela, duas pessoas, (culpa); mas também a preocupação quanto às mudanças internas que decorrem das experiências de excitação, e de experiências matizadas pela raiva ou motivadas pelo ódio (p. 89)

A posição depressiva não será aprofundada, pois o objetivo aqui é somente destacar a relação entre mundo interno e lactação para reforçar a análise sobre a incapacidade da mulher de manter a gestação associada ao mundo interno de objetos persecutórios localizado na barriga. As mudanças corporais do bebê relativas à amamentação, de excitação ocasionada pela fome e tranquilidade decorrente da satisfação da necessidade alimentar implicam sentimentos quanto ao que é bom e ao que é ruim para o bebê, e, como em todos os outros momentos do desenvolvimento pessoal, depende de um ambiente facilitador para que a integração ocorra.

O desenvolvimento emocional satisfatório do bebê neste momento exige de forma absoluta tanto o tempo contínuo quanto o ambiente pessoal de cuidado. Para Winnicott (1990 [1988]):

> Se a mãe sustenta a situação dia após dia, o bebê tem tempo para organizar as numerosas consequências imaginativas da experiência instintiva e resgatar algo que seja sentido como "bom", que apóia, que é aceitável, que não machuca, e com isto repara imaginativamente o dano causado à mãe. Na relação comum entre mãe e bebê esta sequência de machucar-se-e-curar se repete muitas e muitas vezes. Gradualmente, o bebê passa a acreditar no esforço construtivo e a suportar a culpa, e assim tornar-se livre para o amor instintivo. (p. 90)

Essa relação entre necessidade e cuidado envolve as manifestações corporais vindas da demanda biológica e instintual, como os incômodos da fome, as dores físicas e também as manifestações ambientais de atenção às demandas de necessidade, ambas proporcionando conteúdos para a elaboração de objetos internos, nessa fase em que o bebê está se constituindo uma unidade separada da mãe. Winnicott (1990 [1988]) descreve como acontece essa relação cotidiana:

> O que é mau é retido por algum tempo, para ser usado em expressões de raiva, e o que é bom é retido para servir ao crescimento pessoal, bem como à restituição e à reparação, e para fazer o bem ali onde imaginativamente havia sido feito um mal ... Com a mãe (ou mãe substituta) presente e disponível, quer dizer, com o bebê ainda situado num ambiente adequado para bebês, começa lentamente a formar-se um momento de reparação (*mending*), um momento

> no qual o bebê utiliza a capacidade que vinha se desenvolvendo nas últimas horas de contemplação ou digestão. Pode ser que o bebê faça algo concretamente (um sorriso, ou um gesto espontâneo – como sinal de reparação e restituição). O seio (corpo, mãe) está agora reparado (p. 91)

Essa afirmação indica que a continuidade do cuidado adequado é a base para a elaboração do mundo interno do bebê advinda das vivências de amamentação. Winnicott chama de "humor depressivo" o amortecimento do mundo interno para que aconteça a organização da experiência que envolve a excitação da demanda instintual.

Quanto ao significado das palavras bom e mau, Winnicott se refere ao que " ... qualquer bebê sente ocorrer dentro de si mesmo – quer e trate de forças, objetos, sons ou cheiros" (idem em nota). Os objetos do mundo interno são constituídos pela incorporação de todas as ocorrências corporais e ambientais relacionadas à alternância de estados tranquilos e excitados, que o bebê integra lentamente a partir de suas experiências ocasionadas pelo processo digestivo. A constituição do mundo interno será a base para as relações afetivas ao longo da vida. Winnicott (1990 [1988]) descreve o transcorrer saudável desse período do seguinte modo:

> O bebê que alcançou a estabilidade neste estágio está agora em condições de livrar-se de algo, manter ou reter aquilo outro, dar tal coisa por amor ou tal outra por ódio. Outra consequência do processo de reorganização interna é a possibilidade de experimentar uma espécie de continuar vivendo, mas vivendo no interior da psique (imaginada como estando na barriga). Deste momento em diante, o crescimento não e apenas do corpo e do *self* em relação a objetos tanto externos quanto internos; é também um crescimento que se desenrola no interior, como uma novela que vai sendo escrita ao longo do tempo, um mundo desenvolvendo-se no interior da criança. Na saúde existem inúmeras oportunidades de intercâmbio entre essa vida no mundo interno e o mundo externo, no qual se vive e em que há relacionamentos. Cada um enriquece o outro. (p. 98-99)

A partir dessa compreensão do desenvolvimento emocional é possível associar a dificuldade de iniciar e de manter uma gestação com o funcionamento orgástico oral. A elaboração do mundo interno ocorre como uma tarefa da psique relacionada à digestão, sem interferência da intelectualidade, pois o uso de processos mentais pelo bebê poderia significar a falta de amortecimento e quietude pessoal, essenciais para controlar a tensão instintiva, e levar a constituição de um mundo interno mais vulnerável e talvez persecutório pela inquietude e intensidade dos sentimentos de amor e ódio implicados na lactação.

A dificuldade inerente ao estar vivo nessa fase é resolvida pela capacidade do bebê de fazer reparações, o que depende da constância do ambiente facilitador. O bebê pode ser incapaz de fazer reparações e ter de lidar com forças e objetos internos maus que não foram controlados. Para Winnicott:

> Quando o corpo está envolvido nessas experiências [instintivas], utilizamos termos como incorporação, excreção ou evacuação, termos que abarcam as ideias de uma elaboração psíquica e de um funcionamento corporal. Quando o perigo proveniente da situação interna é grande, a expressão das funções ou instintos não pode esperar por oportunidades propiciadas pela realidade externa, e então têm lugar processos mais mágicos, para os quais utilizamos os termos "introjeção" e "projeção". (idem, p. 100)

Uma resolução malsucedida em termos de suporte ambiental pode caracterizar o mundo interno da fantasia repleto de objetos repudiados que foram introjetados e projetados magicamente pela mente, ou seja, dissociados do funcionamento corporal. Winnicott apresenta uma situação específica de dificuldade dos adultos que cuidam do bebê (pais, médicos, enfermeira, professoras ou babás) de medo de lidar com fezes, que aparece sob uma preocupação exagerada com a higienização e uso de medicação laxativa. Nesses casos, a criança não pode lidar com naturalidade com a excreção e as ideias persecutórias associadas ao processo digestório, o que pode comprometer outras funções corporais e psicológicas na vida adulta, como indica Winnicott (1990):

> Na mulher, o equivalente a isso é o sentimento de que o homem só tem a oferecer elementos persecutórios, dos quais ele próprio tem medo, e ela, então, só pode tratar de evitar ser usada pelos esforços do homem para se desvencilhar dos seus conteúdos ruins. Desta maneira, resíduos dos conflitos internos não resolvidos podem causar interferências na potência sexual. (idem, p. 102)

A interferência desse aspecto específico da potência sexual, de a mulher sentir que o homem oferece conteúdos ruins, pode se manifestar na dificuldade para engravidar ou na incapacidade de manter a gestação, pois os sentimentos persecutórios com frequência podem causar o aborto espontâneo como um gesto de honestidade em relação à incapacidade de acreditar em um mundo interno não ameaçador, de objetos bons, e na gestação de um bebê vivo e real.

Acompanhei por dois anos uma paciente de cerca de trinta anos de idade que não conseguia engravidar e relatava ter medo de ser como uma mãe daquelas que abandonam os filhos ou mesmo deixam que morram em acidentes duvidosos. Esse medo era compartilhado pelo marido. Durante a terapia a paciente engravidou, depois de quatro anos de casamento, quando já havia inclusive realizado diagnóstico quanto à capacidade reprodutiva do casal. O sentimento mais frequente era de uma inevitável perda do bebê e de impossibilidade de acreditar na competência dos profissionais que a assistiam. De maneira geral, todos estavam fracassando. Passou a gestação sem trabalhar, e após o nascimento do bebê, desistiu da carreira profissional. O bebê nasceu com baixo peso, apresentou dificuldades respiratórias e passou cerca de uma semana na UTI neonatal. A paciente frequentou a terapia semanalmente, sem interrupção, durante todo o período gestacional. A terapia transcorreu como uma maternagem suficientemente boa, oferecendo suporte para as dúvidas e ansiedades. A gestação seguiu como uma segunda possibilidade de elaboração imaginativa ligada às funções de incorporação, expulsão e retenção, com a redução dos sentimentos persecutórios e fortalecimento dos sentimentos de cuidado e atenção ao próprio corpo e expectativas em relação ao bebê.

Enfim, o que se faz nesses casos é a reconstituição de um colo no *setting* terapêutico, de forma que o terapeuta seja uma presença confiável nesse momento da vida da paciente para que haja o prosseguimento da gestação. Embora Winnicott comente a interpretação na situação transferencial do atendimento de pacientes que sofrem abortos recorrentes, é preciso entender que a técnica da interpretação, aqui, tem o sentido de oferecer sustentação confiável à paciente. Winnicott diz que:

> Uma interpretação correta e oportuna no tratamento analítico produz uma sensação de estar sendo fisicamente seguro, que é mais real (para o não-psicótico) do que se ele estivesse sendo concretamente embalado ou posto no colo. A compreensão penetra mais fundo, e através da compreensão demonstrada pelo uso da linguagem o analista embala o paciente fisicamente no passado, ou seja, na época em que havia necessidade de estar no colo, quando o amor significava adaptação e cuidados físicos. (1990, p. 80 [1988])

Não se trata de trazer à consciência conteúdos traumáticos inconscientes, mas de recuperar um relacionamento de cuidado estável. Evidentemente, a clínica para essas pacientes vai muito além da confiabilidade da linguagem. Elas têm necessidade da disponibilidade constante e tranquila do terapeuta, o que implica acompanhamento pessoal e específico dos procedimentos médicos ligados à saúde clínica geral e extremo cuidado com a constância de horários, a pontualidade, o atendimento às muitas solicitações fora dos horários e outros detalhes reasseguradores que minimizem ao máximo as falhas iniciais, sem que essas falhas sejam sequer mencionadas.

Seja qual for a falha anterior, ela deve ser minimizada pela terapia o máximo possível. Embora não possa ser completamente eliminada, sempre haverá maior ou menor necessidade de sustentação ambiental para que a integração psicossomática e o amadurecimento materno sejam retomados e então a paciente consiga dar prosseguimento para sua gestação e parto, além de cuidar adequadamente de seu bebê.

Interrupção médica da gestação

Nos casos de interrupção médica da gestação devido à cromossomopatias e outras patologias fetais incompatíveis com a vida, não há como falar em psicologia pré-natal ou no ponto de vista do bebê, entretanto, há muito sobre a psicologia da mãe.

O tempo entre a realização dos exames de diagnóstico que indicam a alternativa de interrupção da gestação e os encaminhamentos legais para o procedimento é relativamente longo, e as reações da gestante nessa situação são muito pessoais, compreendidas apenas diante de sua história de vida. A paciente pode, inclusive, ter a capacidade de estabelecer contato com o bebê dito inviável, se for uma mãe emocionalmente amadurecida e sadia. Por outro lado, a gestante pode necessitar de auxílio maior para superar um estado doentio desencadeado pelo diagnóstico.

A condição não saudável pode ser entendida, com Winnicott, como o não amadurecimento pessoal, uma interrupção da continuidade de ser mais ou menos importante, da qual pode decorrer uma organização psicótica ou depressiva para a mãe. Portanto, o fator crítico no atendimento à gestante em situação de interrupção é o suporte ambiental de amparo às suas necessidades de continuidade de ser. Tendo como ponto de partida o referencial winnicottiano, a gestante, saudável ou não, irá experienciar uma regressão para sua própria história inicial. O que se tem, então, no manejo clínico adequado da gestação, é uma possibilidade de dar continuidade a momentos em que o amadurecimento pessoal foi interrompido e prejudicado, mesmo quando o quadro clínico é complicado, chegando à interrupção, dependendo do manejo e cuidado ambiental.

Se a gestante é saudável, por maior que seja o sofrimento da perda do bebê em seu útero, reconhecer e lidar com a patologia são possibilidades pessoais, em termos psicológicos, assim como essa intercorrência é um processo natural do ciclo reprodutivo[17]. Ao contrário, se a gestante não é amadurecida emocionalmente, nem mesmo um bebê que nasce saudável pode despertar nela a sensibilidade materna.

No primeiro caso, de paciente saudável quanto ao desenvolvimento emocional, muitas vezes as informações organizadas e bem dosadas são tudo o que a mãe necessita do terapeuta. Mas, no secundo caso, as informações são tudo o que ela não precisa.

A seguir serão abordadas essas duas condições, a da mãe gestante saudável e a da mãe gestante não saudável emocionalmente, por meio da citação e análise de estudos clínicos parciais, relativos à minha observação na área de obstetrícia. Esses estudos foram acompanhados durante uma especialização acadêmica na área de psicologia em obstetrícia, em ambulatório e enfermaria de hospital-escola. As pacientes eram acompanhadas por médicos residentes e por psicólogas que cursavam a especialização ou eram formadas e faziam monitoria.

Durante os acompanhamentos, uma psicóloga fazia a entrevista, uma segunda anotava todas as falas da sessão para relatório interno e posterior supervisão, outras duas ou três participavam assistindo, sem fazer anotações ou comentários, evitando interferências. Todos os relatórios foram arquivados no hospital. Após os atendimentos, organizei algumas anotações de fragmentos de memória que me pareciam importantes serem lembrados para participação nas supervisões. A seguir, apresento resumidamente os acompanhamentos parciais conforme ocorreram, orientados por uma compreensão psicanalítica interpretativa tradicional em contraponto a uma proposta de acompanhamento baseada na teoria e clínica winnicottiana.

Primeiramente, relato dois estudos clínicos[18] com indicações sobre a gestante amadurecida emocionalmente. Em ambos os estudos o sofrimento materno é evidente, entretanto, a necessidade de cuidado é bastante diferenciada.

---

[17] Uma observação sobre esse aspecto do ciclo reprodutivo é o que há poucas décadas as mulheres diziam de seus filhos ou irmãos: "tive tantos, por exemplo, onze filhos, ou irmãos, mas um nasceu morto e outro morreu logo que nasceu". Para aquelas mães e irmãs todos os bebês são filhos ou irmãos, mesmo aqueles que não nasciam vivos ou viviam muito pouco tempo. Nessa época, a maioria dos bebês nascia em casa, e não no hospital. A família, a parteira, outras mulheres e religiosos acompanhavam o nascimento, sustentavam e partilhavam a perda, quando ocorria, cuidando da casa, dos pais, de seus outros filhos e da rotina doméstica; essa situação minimizava o sofrimento e sustentava a continuidade do dia a dia.

[18] Os relatos clínicos são baseados no diagnóstico médico, não apresentam dados de histórico pessoal e nem transcrição de relatório de sessões psicológicas. São relatados apenas fragmentos de atendimentos anotados posteriormente na forma de memórias seletivas, pois foram realizados há cerca de cinco anos. São utilizados aqui com o objetivo de serem analisados diante da teoria winnicottiana, e suas decorrentes possibilidades terapêuticas.

O estudo clínico 1 apresenta o diagnóstico de síndrome de Edwards, trissomia do cromossomo 18, com 26 semanas de gestação. Os exames ultrassonográficos mostravam má formação cardíaca e de bexiga e estômago, além de cisto de plexo coroide. Durante o atendimento com o casal, a mãe diz: "eu não tenho falsa esperança, depois [de nascer] ele vai estar sozinho ... está chegando o dia, estou com medo. Não tenho coragem de abortar, mas não quero ver ele sofrer. Imagina a dor! Será que ele vai conseguir empurrar com o pezinho para sair, não sei se ele vai conseguir". O pai comenta: "eu chego em casa e a barriga dela está maior. Às vezes dá para sentir ele ao passar a mão. O nenê está mexendo bastante. Se o médico diz que você só tem três dias, fica chorando e vê que podia ter vivido mais um pouquinho, fazer um monte de coisas". A mãe continua, dizendo "é mais divertido ficar com ele [ela sorri]. A gente não fica deprimido, nós três ... a gente fica assim como se fosse normal. É o tempo dele".

Em outra sessão, então com 29 semanas de gestação, a mãe, acompanhada do marido, relata em atendimento ambulatorial: "A gente não quer que o nenê sofra. Parece que ele está contente. É uma morte prevista. Diminui os problemas, diminui os problemas dele ... Prefiro que não nasça, porque está vivo. Preferia só conhecer pelo ultrassom. A data de nascimento pode ser a da morte dele. Apesar de ele estar com esse problema, foi a melhor coisa que aconteceu na minha vida".

Relendo minha anotação sobre esse caso, fico pensando se o que sentiam essa mãe e esse pai não é algo tão simples como "poderíamos ficar mais com nosso bebê", mesmo que o procedimento de interrupção já estivesse agendado após os pais terem buscado autorização judicial. Mesmo assim, para essa família, o curso natural da gestação e parto talvez fosse o mais saudável. Talvez os pais estivessem buscando segurança para opção de levar a gestação e o parto a termo.

Neste caso específico, o prolongamento do contato poderia significar não interferir de forma intrusiva na continuidade do sentimento materno e paterno. Até porque a continuidade natural do próprio processo iria permitir ao pai e à mãe continuar a sentir a alegria e a tristeza de estar com o bebê durante o tempo de vida dele. O sentimento saudável da gestante envolve a necessidade de um ambiente de suporte afetivo que o pai pode oferecer. Embora o período gestacional seja um período de maior vulnerabilidade emocional tanto para a mãe quanto para o pai, a proximidade do casal significava um ambiente tranquilo, constante e seguro, especialmente para a mãe. Restava apenas ao atendimento clínico um processo não invasivo, no sentido de um suporte ambiental adaptativo às necessidades de ser, para esse casal, pai e mãe.

A interrupção da gestação pode ser uma opção viável quando há indicação médica devido ao risco de morte materna, e também quando permanecer com a gestação após o diagnóstico letal é insuportável para os pais. No caso clínico a seguir, o risco de morte materna é determinante para a conduta de interrupção. Contudo, o manejo clínico psicológico poderia seguir o procedimento não intrusivo de continência afetiva muito primitiva, conforme a necessidade demonstrada pelo estado regressivo da mãe e do pai que a acompanhava, e não devia, de forma alguma, ser diretamente informativo.

O estudo clínico 2 apresenta uma gestação de trinta semanas com oligoâmnio decorrente de alterações fetais e indicação para interrupção, devido a risco materno. Os procedimentos médicos foram explicados aos pais para dar suporte à decisão de interromper a gestação. Em consulta psicológica ambulatorial com o casal, a mãe fala: "é certo fazer uma coisa dessa, é sofrimento ... mas é melhor assim do que matar seu filho. Eu quero que seja por conta da natureza ... Ter que por remédio no coraçãozinho dele, depois comprimidos; se não der certo, cesárea; depois biópsia [necropsia[19]], é muito sofrimento".

Para essa mãe, tanto o diagnóstico quanto a terapêutica foram letais. Não a letalidade da morte propriamente dita, mas do aniquilamento pessoal. Estando a mãe identificada com seu bebê – o que quer dizer que ela e o bebê são a mesma unidade indivíduo-ambiente – não haveria possibilidade de ela dar qualquer sentido para o risco materno de prosseguir com a gestação. A única alternativa de cuidado, neste caso, seria o acolhimento individual do casal, oferecendo um ambiente terapêutico constante e confiável. A indicação de uma internação seria oportuna, mesmo sem a decisão da interrupção, com o objetivo de oferecer um ambiente de atendimento mais constante e que despertasse confiança, segurança e o deixar-se cuidar pelos médicos, enfermeiras e psicólogas. A cada tempo, devia ser apresentado a eles um aspecto de todo o tratamento, aquele mais imediato, para que ela pudesse descansar e não ser solicitada para decisões às quais estava incapacitada, não porque não pudesse entender racionalmente, mas porque o essencial para ela era diferente e anterior à intelectualidade. Esse algo está relacionado à continuidade de sua capacidade de ser mãe, de gerar um bebê. Talvez seja melhor dizer da continuidade de

[19] Para um diagnóstico conclusivo das patologias que levam à inviabilidade fetal, muitas vezes são necessárias a necropsia fetal e/ou análise da placenta, procedimentos que devem ser autorizados pelos pais.

sua capacidade de acreditar ser possível gerar um bebê vivo e real, quando seu bebê não vai viver nem tornar-se real em seu colo.

Nesse sentido, há temporariamente uma descontinuidade de sua capacidade de ser, e o papel do ambiente é tornar-se adaptado para sua necessidade de continuidade; não sendo intrusivo, embora os procedimentos médicos possam ser fisicamente invasivos. A intrusão significativa, e negativa, é a da falta de relacionamento pessoal constante e confiável. A capacidade dessa mãe de acreditar em seu bebê vivo e real é indicativo forte de sua saúde emocional, apesar do grande abalo momentâneo.

De qualquer maneira, essas são descrições de gestações inviáveis para a vida pós-natal, mas a capacidade materna de acreditar que pode gerar uma criança viva e real permanece durante o tempo de vida de seus bebês ditos inviáveis, o que, de certa forma, eles não são, à medida que fazem parte da experiência materna de acreditar em sua capacidade para a maternidade.

Agora comentarei a mãe gestante não amadurecida emocionalmente por meio do estudo clínico 3[20], que apresenta o diagnóstico de feto inviável por anomalia genética de trissomia do cromossomo 13, síndrome de Patau. A paciente tem vinte anos, é solteira, primigesta, e a gravidez não foi desejada. Assim que soube da gestação, pensou em abortar. Durante o atendimento psicológico ambulatorial relatou suas preocupações com o parto e suas consequências, e também com a aparência do bebê; ela diz: "tenho medo de sentir frio no parto, senti os movimentos fetais como ruins, por não parecer que estou grávida, mas doente. Quando soube aos quatro meses que ele estava doente, parei de conversar. Sinto raiva dele por causa do sofrimento. Desejo que ele morra por causar tanto sofrimento. Mas tenho pena".

A orientação teórica tradicional que fundamentou esse protocolo de atendimento psicoprofilático de patologias da gestação foi baseada na compreensão de um sentimento de culpa e ambivalência materna oriundas de relações infantis edipianas que pode ser interpretado, como já foi discutido sobre os trabalhos de Soifer (ver Capítulo 1). Durante o atendimento desse caso, a psicóloga realizou esclarecimentos sobre a vivência do luto, e também foram feitas orientações sobre os procedimentos do parto por via vaginal, procedimento de escolha nos casos de interrupção da gestação para que se preserve o tecido uterino.

[20] O dado sobre o medo do frio foi anotado por parecer um detalhe importante naquele momento, mas somente com o desenrolar desse estudo pude dar algum sentido clínico para esse dado.

Serão descritos o contexto em que este encaminhamento foi realizado, e, em seguida, outra proposta de cunho não informativo, que também pode, por exemplo, englobar informação, mas antes disso percorre a linha de desenvolvimento emocional da paciente para localizar momentos de descontinuidade, de acordo com a teoria de Winnicott, que podem trazer transtornos específicos para o período gestacional e do parto.

A supervisão do caso orientou o grupo de psicólogas quanto aos encaminhamentos protocolares a seguir: discussão sobre os sentimentos maternos de ambivalência e culpa; indicação para sessões dirigidas para esclarecimento do fator genético visando à desculpabilização quanto ao desejo de abortar e possível consequente fantasia de responsabilização pela má formação do feto; encaminhamento para atendimento em grupo de interrupção da gestação, considerando-se dados do histórico da paciente como indicativos positivos para a opção de interrupção, tais como a gravidez indesejada, um princípio de diabetes, ser jovem, primigesta e solteira. O foco do atendimento em grupo concentra-se no vínculo afetivo com o bebê e na posterior promoção do desligamento afetivo do mesmo, por meio de técnicas de esclarecimento e outras, como sistematização de conversas com o bebê e toques na barriga.

Esse processo de desvinculação tinha como objetivo melhorar a resposta aos procedimentos médico-medicamentosos de interrupção da gestação, ou seja, havia um pressuposto de que a aceitação da gestação e o posterior desligamento afetivo do bebê facilitassem o processo de aborto terapêutico. Nesse momento do curso de especialização, os casos eram atendidos pela equipe de psicologia do ambulatório e da enfermaria que se revezava. Assim sendo, a paciente poderia ser vista apenas uma vez pela terapeuta, e foi isso que ocorreu nesse atendimento. De qualquer modo, posso dizer que o quadro clínico geral e exatamente os mesmos indicadores utilizados para o encaminhamento do procedimento de interrupção seriam também os indicadores para o oferecimento de um atendimento pessoal orientado para as necessidades de suporte afetivo, e não para a decisão do parto por interrupção ou a termo.

Embora a ambivalência seja evidente, é também o aspecto mais superficial. O dado que se sobrepõe a isso é o fato de a mãe comunicar-se espontaneamente com seu bebê ainda na barriga até saber do diagnóstico letal. O que essa mãe, talvez, não estivesse suportando, era sentir que não estava mais grávida, ao menos não de um bebê, mas de uma doença, de um Patau.

Um detalhe importante é que a mãe disse "tenho medo de sentir frio no parto". Pode-se relacionar esse sentimento com o seguinte fator fisiológico do nascimento: o resfriamento súbito da pele é uma das sensações físicas do bebê decorrentes do parto, que funciona como um estímulo para o início da respiração do recém-nascido. Se a paciente está regredida e traz memórias parciais de seu próprio nascimento, pode-se pensar em um parto em que as intrusões conduziram a processos mentais reativos de memória e percepção defensivos. Pois, entre todas as ocorrências possíveis, a paciente tem medo do frio, e não da dor, o que seria mais comum.

Isso nos faz pensar na possibilidade de que o desenvolvimento pessoal dessa paciente tenha sofrido interrupções precoces e importantes. Além disso, para ela, os movimentos do bebê são uma doença que causa raiva e desejo de morte, ou seja, uma gravidez associada a sentimentos persecutórios desencadeados pela gravidade da patologia gestacional. Não fosse esse episódio, talvez o parto ou os primeiros dias com o bebê poderiam evidenciar a falta de amadurecimento pessoal da paciente. De qualquer maneira fica evidente, nesse caso, a fragilidade da capacidade pessoal para acreditar que poderia gerar um bebê vivo.

Uma das orientações para a condução adotada neste estudo, conforme ocorreu, e não de acordo com as discussões propostas aqui, foi a utilização de esclarecimentos visando à desculpabilização da paciente. Considero essa conduta falha por dois motivos principais: o primeiro é o uso de esclarecimentos informativos, e o segundo é o foco na culpa materna. Não há nada que indique que essa mulher é capaz de dar qualquer significado positivo para qualquer informação que ela receba. Não há como informar sobre a capacidade de ser do indivíduo. Além disso, não vejo o menor valor terapêutico de trabalhar a culpa. O que está em questão no processo emocional da paciente são suas experiências extremamente precoces, que podem ter fragilizado a integração psicossomática durante a gravidez. Sua necessidade básica, portanto, é a de um ambiente confiável.

Os procedimentos terapêuticos dentro de uma proposta de suporte ambiental à regressão e à dependência seriam, entre outros, a constância de uma mesma terapeuta, a valorização da história pessoal por meio tão somente de uma escuta sensível e a facilitação ambiental de uma presença confiável e não intrusiva. O atendimento focado na interrupção pode ser intrusivo, pois é preciso pensar essa mãe identificada com um bebê, ou seja, uma mulher que já foi um bebê e que pode estar regredida para lugares e momentos de descontinuidades e de medo de sentir frio, como ela mesma relata.

Este estudo clínico ainda possibilita uma discussão adicional. A síndrome de Patau manifesta dismorfia facial importante, entre outras manifestações. A mãe pode não querer ver o bebê após o nascimento, e a equipe ou o serviço de psicologia pode ter como regra a obrigatoriedade de que a mãe veja o bebê após o parto, para não ter dúvidas sobre o diagnóstico, por exemplo, e também para evitar que um membro da equipe faça uma visita ao necrotério para acompanhar a mãe que algum tempo depois do parto insista em ver o bebê.

A obrigatoriedade de que o bebê seja visto pela mãe pode ser uma regra intrusiva. Isso pode ser feito por outra pessoa próxima à paciente ou pela própria paciente, no momento que lhe for oportuno. Pode, ainda, não ser feito. O mais importante não é que a paciente acredite que seu bebê não é viável, e sim que ela acredite ou continue a acreditar em sua capacidade pessoal para gerar um bebê. A questão não é especificamente gerar biologicamente um bebê, mas crer na capacidade psicológica para criar um bebê, o que quer dizer a capacidade de oferecer o cuidado suficientemente bom que vai tornando alguém vivo e real. No caso dessa paciente, um processo terapêutico que pode ter início com o acolhimento pessoal e confiável da equipe de atendimento.

Um dado adicional sobre as patologias da gestação é que o relacionamento do casal pode ser prejudicado e interrompido após os encaminhamentos médicos. No atendimento em obstetrícia, observa-se que, em alguns casos, cerca de um ano depois da perda gestacional pode ocorrer a separação do casal. São diversos os fatores que podem causar a separação, somente são de interesse nesse atendimento psicológico os casos desencadeados pelos sentimentos e fantasias relativos à capacidade de criar filhos vivos e reais. Nesses casos, a intervenção psicológica deve se ampliar aos pais para prevenir rompimentos causados pela confusão e descontrole característicos da situação de perda. Se há mais filhos do casal, o contexto de apoio e facilitação ambiental deve ser oferecido como parte da terapia.

3. Nascimento: memória e tempo da espontaneidade de *ser*

Para Winnicott, o nascimento é uma experiência pessoal em termos da psicologia do bebê compreendida dentro de um preceito teórico paradoxal para a vida humana, pois a condição inicial e permanente de estar vivo é descrita como uma solidão essencial para que haja um relacionamento subjetivo entre o bebê e a mãe ainda antes do nascimento. A solidão e relacionamento, portanto, estabelecem esse paradoxo. Winnicott descreve essa questão dizendo que, " ... mesmo no contato mais íntimo possível haverá uma ausência de contato, de modo que cada indivíduo manterá, essencialmente, um isolamento absoluto, permanentemente e para sempre" (Winnicott, 1990, p. 178 [1988]). É assim com o bebê no útero: intimamente ligado à mãe, mas isolado.

Pode-se perguntar: qual a importância de falar da solidão de um contato? Para Winnicott, essa relação paradoxal é fundamental, pois o faz postular uma condição do ser humano antes do nascimento e logo depois, em que a solidão é considerada uma quietude que caracteriza um estado psicológico de espontaneidade de ser. Um estado que ocorre somente pela perfeita adaptação ativa da mãe-ambiente, que comporta também doses de intrusão que interrompem a continuidade do ser, desde que não impeçam o posterior retorno ao ser, o que implicaria em sentimento de aniquilamento para o bebê.

Após o período gestacional assim compreendido o parto significa mais uma interrupção momentânea para o bebê, para a qual ele está preparado pelas experiências anteriores de contato espontâneo e não demasiado intrusivo. Durante o parto, ainda, esse aspecto da solidão do contato, caracterizado por um estado materno de relaxamento, permite que a espontaneidade corpórea do bebê seja uma experiência de valor, envolvendo um sentimento de esforço pessoal bem-sucedido, o que quer dizer retornar de uma interrupção momentânea para a continuidade do ser por meio da respiração. Isso implica na experiência identificada da mãe com o bebê, como diz Winnicott (2000 [1958f]):

> Existe uma relação muito clara entre a experiência do bebê e a experiência da mãe no que chamamos de ter o parto. Ocorre um estado durante o trabalho de parto em que a mãe, quando saudável, deve ser capaz de entregar-se ao processo, de forma quase idêntica à experiência do bebê naquele mesmo momento. (p. 266)

Em 1957, Winnicott atribui o nome de " ... preocupação materna primária" para esse estado de sensibilidade da mãe que permite o relacionamento subjetivo entre ela e o bebê. Talvez o que se tenha seja, então, um aparente paradoxo entre solidão e contato. Para Winnicott o "indivíduo surge ... da solidão" (Winnicott, 1990, p. 155 [1988]), quando é cercado por todos os lados pelo amor materno (ver o item "O líquido amniótico e a condição de ser amado").

Ainda é possível perguntar qual a base dessa teoria ou como surge essa abordagem psicológica dos estágios muito precoces do desenvolvimento humano. A resposta é a observação clínica psicanalítica e também médica realizada por Winnicott com pacientes em regressão. Para o pediatra e psicanalista (2000 [1958f]):

> As chaves para a compreensão da psicologia do bebê, incluindo o trauma do nascimento, devem originar-se das experiências psicanalíticas onde a regressão é uma característica. Este método deve ter prioridade sobre a compreensão intuitiva e também sobre o estudo objetivo de bebês e da relação mãe-bebê em seus estágios iniciais. (p. 272)

Há um estudo clínico descrito por Winnicott que pode ser considerado exemplar para a compreensão objetiva da experiência do nascimento. Foi relatado em 1949, quando ele se propõe a apresentar possíveis memórias da experiência do nascimento, como se segue:

> Tenho uma dívida para com uma paciente por ela ter colocado em palavras algo proveniente de uma percepção extremamente profunda da condição do bebê no seu estágio inicial. Essa paciente tinha uma mãe deprimida, notavelmente rígida, que, depois do nascimento, passou a segurar o bebê com muita força, com medo de deixá-lo cair. É esta a razão pela qual a descrição foi feita em termos de pressão. Trabalhamos em conjunto essa formulação, que se revelou vitalmente importante para aquela análise. A compreensão desse ponto levou-a à raiz mesma de suas dificuldades, e forneceu uma descrição muito acurada do grau de regressão que ela precisou alcançar antes retomar o seu desenvolvimento emocional. A paciente disse: "No início, o indivíduo é como uma bolha. Se a pressão externa adapta-se ativamente à pressão interna, o elemento central da situação será a bolha, ou seja, o eu do bebê. Mas se a pressão do ambiente for maior ou menor que do interior da bolha, então a bolha não será o elemento principal, e sim o ambiente. A bolha adapta-se à pressão externa."[21] Depois de chegar a essa compreensão a paciente sentiu que pela primeira vez, na análise, ela estava sendo segurada por uma mãe em estado relaxante, ou seja, uma mãe

[21] Na tradução há a seguinte nota, neste mesmo ponto do texto: "Imagino que, se pudesse reescrever essa formulação em termos mais atuais, Winnicott teria usado a noção de 'sujeito' para falar dessa situação. O bebê que 'reage' (em vez de 'agir') não é, obviamente, o sujeito da situação". N.T. (Winnicott, 2000, p. 264 [1958f]). Dentro do contexto apresentado neste trabalho, não é possível concordar com a observação dessa nota. O bebê que reage não está sendo. Winnicott está falando do ser, e não do agir; seus conteúdos teóricos indicam aspectos da constituição do verdadeiro e falso si-mesmo. O agir, nesse sentido, é uma experiência mais tardia do desenvolvimento emocional. A reatividade, se muito prolongada, significa aniquilamento para o bebê. Pensar em termos de "sujeito da situação" me parece mais próximo de uma análise gramatical que questiona o sujeito da ação para a compreensão do um texto do que de uma análise psicanalítica em termos de experiência do nascimento.

> que estava viva, acordada e pronta para fazer uma adaptação ativa a partir de sua capacidade de devotar-se ao bebê. (2000, p. 264 [1958f])

Logo após a exposição clínica, que parece a princípio remeter aos estágios iniciais da vida pós-natal, Winnicott considera a analogia da adaptabilidade e reatividade a descrição mais simples possível do processo de nascimento. Em resumo, sobre o nascimento, ele afirma: "Trata-se de uma fase temporária de reação, e portanto de perda da identidade, um exemplo importante de interferência no 'continuar a ser' pessoal, pra o qual o feto já estava preparado, mas não tão intensa ou tão prolongada a ponto de cortar o fio do seu processo pessoal e contínuo" (Winnicott, 2000, p. 264-265 [1958f]). Aqui identidade significa a continuidade de ser no tempo. Nos escritos mais tardios de *Natureza humana*, o esquema circular já está didaticamente inserido na concepção teórica de Winnicott (1990 [1958f]) sobre os estados iniciais do desenvolvimento emocional humano:

> Gostaria de postular um estado de ser que é um fato no bebê normal, antes do nascimento e logo depois. Esse estado de ser pertence ao bebê, e não ao observador. A continuidade do ser significa saúde. Se tomarmos como analogia uma bolha, podemos dizer que, quando a pressão externa está adaptada à pressão interna, a bolha pode *seguir existindo*. Se estivéssemos falando de um bebê humano, diríamos "sendo". Se, por outro lado, a pressão no exterior da bolha for maior ou menor que aquela em seu interior, a bolha passará a *reagir à intrusão*. Ela se modifica como reação a uma mudança no ambiente, e não a partir de um impulso próprio. Em termos do animal humano, isto significa uma interrupção no ser, substituída pela reação à intrusão. Cessada a intrusão, a reação também desaparece, e pode haver, então, um retorno ao ser. Parece-me que é uma descrição capaz não apenas de nos levar até a vida intrauterina sem um grande esforço da imaginação, mas também de ser levada para frente, podendo ser aplicada de modo útil como simplificação extrema dos processos muitíssimo mais complexos da vida posterior, em qualquer idade. (p. 148)

Essa concepção da natureza humana inicialmente silenciosa e dependente da sustentação do ambiente permite a Winnicott conceber a tese do nascimento como uma experiência que pode "promover o fortalecimento do ego" (Winnicott, 2000, p. 262 [1958f]). Para Winnicott (1990 [1988]):

> ... no momento do nascimento a termo já existe um ser humano no útero, capaz de ter experiências e acumular memórias corporais e até mesmo organizar defesas contra possíveis traumas (como a interrupção da continuidade do ser pela

> reação contra intrusões do ambiente, na medida em que este falha em sua missão de se adaptar) ... os fetos que completam o período de gravidez chegam ao momento do parto cada qual com sua capacidade individual (ou sua incapacidade) de lidar com as grandes mudanças que ocorrem naquele momento. (p. 165).

O aspecto pessoal é sempre acentuado em sua relação subjetiva com o ambiente para que Winnicott traga a experiência do nascimento como um simples continuar, que não deixa marcas de memórias isoladas ou de traços traumáticos dissociados. O parto normal não é traumático porque não é significativo. Mesmo quando Winnicott fala da experiência traumática, não caracteriza uma experiência única, há uma "extrema variabilidade de graus em que o episódio do nascimento será traumático para o bebê ..." (1990, p. 165 [1988]), considerando-se que o fator temporal de demora, ou seja, o tempo de descontinuidade, precisa ser breve o suficiente para ser tolerado pelo bebê, sem ultrapassar a capacidade de acreditar no retorno à continuidade de ser.

Winnicott verificou uma "certa confusão" na teoria psicanalítica geral, referente à compreensão do nascimento, em termos da psicologia do bebê. Ele nota que " ... não está claro se as memórias do nascimento são individuais ou raciais, se o nascimento pode ser normal ou se o trauma lhe é inerente ou é um fenômeno variável, que ocorre aleatoriamente" (2000, p. 254 [1958f]). Em sua teorização psicanalítica, o autor formula uma classificação para a experiência do nascimento, considerada normal, mas com uma variabilidade de graus em que pode ser traumática. A classificação winnicottiana estabelece a existência de três categorias de experiência do nascimento:

> A primeira é a experiência normal, ou seja, saudável, uma experiência positiva e valiosa, de significância relativa. Esta fornece o padrão de um modo de vida natural. Esse modo de vida normal pode vir a ser fortalecido por diversos tipos de experiências subsequentes, fazendo com que a experiência do nascimento seja um elemento numa série de fatores favoráveis ao desenvolvimento da confiança, do senso de sequência, estabilidade, segurança, etc. Na segunda categoria temos a experiência traumática comum, que acaba por misturar-se a diversos fatores ambientais traumáticos, exacerbando-os e sendo exacerbada por eles ... o terceiro tipo de experiência do nascimento, de natureza traumática extrema. (Winnicott, 2000, p. 261-262 [1958f])

O nascimento é uma experiência pessoal que pode ou não ser traumática, depende da demora em que a respiração acontece. O conceito de experiência, aqui, está fundamentado na capacidade humana de "reter memórias corporais" (Winnicott, 1990, p. 147 [1988]). Para isso, deve-se considerar o funcionamento cerebral. No caso da experiência do nascimento, deve-se analisar os estados de consciência do feto para os sentimentos acerca das experiências de ser e continuar a ser no tempo. Winnicott expôs a questão da consciência na vida intrauterina ao presumir que as sensações do feto despertam a partir do sexto mês de gestação, quando as mães valorizam os movimentos natatórios do bebê. O autor afirma que " ... é possível – e até provável – a existência aí de uma organização central que seja normalmente capaz de perceber essas experiências" (Winnicott, 1990, p. 148 [1988]), ao afirmar também que " ... existe um simples estado de *ser*, e uma consciência (*awareness*) incipiente da continuidade do *ser* e da continuidade do existir no tempo" (Winnicott, 1990, p. 157 [1988]); ou, ainda, ao sugerir que haveria uma " ... percepção (*awareness*) intrauterina da respiração da mãe" (Winnicott, 1990, p. 168 [1988]).

Talvez seja útil verificar informações sobre as sensações do feto, considerando que a integridade neurológica é importante para se considerar a experiência do nascimento, mesmo porque as sensações corpóreas são revividas em terapia, contudo são importantes apenas por permitir o sentimento de ser. Apesar do interesse pelo desenvolvimento embrionário do funcionamento cerebral, para Winnicott " ... não é necessário decidirmos em que momento preciso o feto se torna uma pessoa, a ser estudada psicologicamente" (Winnicott, 1990, p. 147 [1988]). Ele diz que, " ... sem dúvida, o momento certo para a criança nascer, do ponto de vista psicológico, é aproximadamente o mesmo que do ponto de vista físico, ou seja, após nove meses de existência intrauterina" (idem) e após o relacionamento com a mãe-ambiente.

O tempo de gestação é um período em que a mãe recupera as próprias memórias de ter sido um bebê extremamente dependente do ambiente, o que pode favorecer o estado materno especial que Winnicott chama de "'preocupação materna primária', um estado em que a mulher foi capaz de se permitir tornar-se temporariamente orientada para o bebê que ela gradualmente reconhece como um fato dentro de sua estrutura física. A mãe gestante ... foi ajudada pelo aparelho endócrino e por suas próprias experiências como bebê" (Winnicott, 1994, p. 220 [1989n]) a alcançar essa sensibilidade. Winnicott sugere que, no fim dos nove meses de gravidez e de relacionamento com a mãe-ambiente, o bebê torna-se maduro para o desenvolvimento emocional proporcionado pela experiência do nascimento, ou seja, para que o nascimento seja um fato previsto, não demasiado demorado e intrusivo. Vale a pena lembrar que, no início do desenvolvimento emocional, o ambiente do bebê e o bebê constituem uma unidade.

No início do desenvolvimento emocional, o bebê e a mãe constituem uma unidade em que o bebê é absolutamente dependente da mais completa adaptação do ambiente materno. A adaptação adequada às necessidades do indivíduo permite a espontaneidade do movimento e o retorno à quietude. Para Winnicott, a repetição desse movimento espontâneo torna-se um padrão de relacionamento entre o indivíduo e o ambiente, e possibilita ao indivíduo o sentimento de ser responsável pelo contato, pois não há nenhum conhecimento da existência do ambiente. Ao contrário: quando o movimento parte do ambiente e é imprevisível para o indivíduo, que reage de forma repetitiva, estabelece-se um padrão descrito como intrusivo na relação de contato e o sentimento de um fracasso pessoal.

Uma observação sobre a importância da adaptação do ambiente é que, mesmo quando a mãe é adequada, ocorrem certas intrusões ainda antes do nascimento que são necessárias para a condição inicial de ser. Winnicott (1990 [1988]) explica o aspecto da intensidade temporal da intrusão que causa interrupção da continuidade de ser:

> A partir de um certo momento anterior ao nascimento, o bebê passa a se habituar às interrupções da continuidade e se torna capaz de admiti-las, desde que elas não sejam intensas demais, nem excessivamente prolongadas. Em termos somáticos, isto quer dizer que o bebê não apenas teve experiências de mudança de pressão, temperatura e outros fatores ambientais simples, mas também que foi capaz de reconhecê-las e começou a organizar um modo de lidar com elas. Do ponto de vista do observador, o ambiente é tão importante quando há uma simples continuidade do ser quanto no momento em que ele provoca uma intrusão e a continuidade é interrompida pela reação. Para o bebê, entretanto, não há motivo algum para tomar conhecimento de um ambiente suficientemente bom. O ambiente suficientemente bom, devemos relembrar, é absolutamente essencial para o desenvolvimento natural do ser humano que está começando a viver. (p. 150)

Quanto às experiências de pressão mencionadas por Winnicott, é importante salientar que a intensidade das contrações uterinas aumenta progressivamente durante a gestação, o que fornece ao bebê algo como um preparo para o parto. Os conhecimentos da fisiologia podem ajudar a compreender o processo corpóreo analisado em termos psicológicos por Winnicott. De acordo com os fisiologistas Guyton e Hall (2002):

> Durante a maior parte dos meses da gravidez, o útero passa por episódios periódicos de contrações rítmicas fracas e lentas, denominadas *contrações de Braxton Hicks*. Essas contrações ficam progressivamente mais fortes ao final da gravidez; a seguir, modificam-se subitamente, em poucas horas, transformando-se em contrações excepcionalmente fortes, que começam a distender o colo uterino e, mais tarde, a forçar a criança pelo canal do parto, determinando assim seu nascimento. Esse processo é denominado *trabalho de parto*, e as contrações fortes que resultam no parto final são denominadas *contrações (do trabalho) de parto*. (p. 891)

Esse aspecto corporal e fisiológico da gestação significa adaptação ativa do ambiente materno e, para o bebê, significa um sentimento de amor. Para Winnicott (1990 [1988]):

> Aqui, neste início, a continuidade do *ser* do novo indivíduo é destituída de qualquer conhecimento sobre a existência do ambiente e do amor nele contido, sendo este o nome que damos (nesse estágio) à adaptação ativa de uma espécie e dimensões tais, que a continuidade do *ser* não é perturbada por reações contra a intrusão. (p. 154)

O sentimento de amor é o aspecto emocional da sustentação do corpo do bebê pelo corpo da mãe na vida intrauterina quando tudo corre bem, e, depois do nascimento, esse sentimento é comunicado pela sustentação adequada no colo materno. Winnicott se refere à ideia da ação da gravidade sobre o corpo, durante a gestação, de pressão por todos os lados, e depois, com o parto, a vivência de ser empurrado apenas de baixo para cima. O autor relaciona esse processo à condição de sentir-se amado por todos os lados e depois amado apenas de baixo para cima. A importância do colo e sua relação com o útero ficam estabelecidas por esse critério somático, que Winnicott observou em sua prática clínica:

> A partir da sintomatologia de pacientes adultos fica claro que, do ponto de vista do bebê, a mudança de uma etapa para a outra pode significar uma mudança do sentimento de estar sendo amado para o de estar sendo tratado com desleixo. (1990, p. 151 [1988])

Em termos psicológicos, o tempo de gestação capacita o bebê a viver experiências como um ser humano. Winnicott afirma que "... sem dúvida alguma o tempo certo para o nascimento, do ponto de vista das necessidades emocionais, é o momento do termo, um fato que poderia ser previsto" (1990, p. 133 [1988]), pois houve adaptação materna adequada, e o bebê pôde se sentir amado, o que quer dizer que pode ser e continuar a ser.

Todo o processo gestacional e o relacionamento intrauterino conferem ao bebê uma experiência de nascimento que é pessoal. Para Winnicott " ... os fetos que completam o período de gravidez chegam ao momento do parto cada qual com sua capacidade (ou incapacidade) de lidar com as grandes mudanças que ocorrem naquele momento" (1990, p. 165 [1988]). O autor caracteriza três implicações para o nascimento normal:

> Em primeiro lugar, a de que o bebê experimenta uma interrupção maciça da continuidade do ser (pela intrusão relativa à mudança de pressão, etc.) mas já alcançou em grau suficiente a capacidade de construir pontes sobre os abismos da continuidade do ser, que as reações contra a intrusão representam. A segunda é de que o bebê já possui memórias de sensações e impulsos que são fenômenos próprios do si-mesmo, já que pertencem a períodos de *ser* em vez de a momentos de reação. O terceiro aspecto pressupõe que a mecânica do parto não seja muito anormal, quer dizer, que o parto não seja nem precipitado nem excessivamente prolongado. A partir destes três pontos é possível imaginar um nascimento no qual, do ponto de vista do bebê, a mudança do estado intrauterino para o estado de recém-nascido é provocada pelo próprio bebê, que está biologicamente pronto para as mudanças ... Com isso quero dizer que o bebê tem uma série de impulsos e que a progressão em direção ao nascer surge no interior da capacidade do bebê de se sentir responsável. Sabemos obviamente que o nascimento foi provocado pelas contrações uterinas. *Do ponto de vista do bebê*, foi o seu próprio impulso que produziu as mudanças e a progressão física, em geral começando pela cabeça, em direção a uma nova e desconhecida posição. (idem, p. 165-166)

Ao nascimento, portanto, Winnicott considera que há um si-mesmo capaz de memorizar sensações e, a partir delas, "construir pontes" quando as intrusões perturbam a quietude do ser. Ou seja: as memórias de retornos anteriores à quietude fazem que o bebê descubra um sentimento de temporalidade, e assim se habitue à intrusão, desde que não seja intensa ou demorada demais. A organização egoica nesse estágio, portanto, é extremamente rudimentar e dependente da sustentação do ego da mãe. Entretanto, a experiência do nascimento estabelece a base somática de impulsionamento do próprio corpo pelo canal do parto e para a respiração, o que, em termos psicológicos, sustenta o sentimento de uma responsabilidade pessoal com a própria vida.

Obviamente, o bebê não tem consciência da mãe enquanto objeto externo, o que confere o sentimento de responsabilidade pessoal dependente da relação subjetiva que se estabelece com ela. No sentido da intensidade da relação subjetiva inicial, Winnicott esclarece:

> O ambiente, tal como o conhecemos, não precisa ser mencionado, porque o indivíduo não tem meios de percebê-lo, e na verdade o indivíduo não se encontra ali, ainda não está separado do aspecto ambiental da unidade total ... nesta etapa tão primitiva, é preciso postular que o ambiente terá de fornecer uma adaptação física 100% adequada, para dar a partida a um crescimento saudável, e para que o centro de gravidade do ser tenda a se deslocar do ambiente em direção ao centro onde se encontra o feto. À mãe, fisicamente, cabe fornecer o aspecto ambiental do conjunto total. (Winnicott, 1990, p. 179 [1988])

É necessária toda a adaptação do ambiente, visto que, nesse estágio tão inicial do desenvolvimento, ainda não há força suficiente do ego para que ocorra uma reação contra a intrusão do ambiente sem perda da identidade. Essa adaptação ambiental é expressa somaticamente. Winnicott (2000 [1958f) descreve "... uma relação muito clara entre a experiência do bebê e a experiência da mãe no que chamamos de ter o parto. Ocorre um estado durante o trabalho de parto em que a mãe, quando saudável, deve ser capaz de entregar-se ao processo, de forma quase idêntica à experiência do bebê naquele mesmo momento" (p. 266). Para o bebê, a força do ego é a do conjunto total indivíduo-ambiente.

Segundo Winnicott, para o bebê, a experiência do nascimento é uma experiência de ser e continuar a ser para o bebê. Não há trauma de separação, nem mesmo há separação. O que ocorre é uma experiência de amadurecimento pessoal, de fortalecimento egoico, compreendido como experiência de integração psicossomática.

O parto

O parto implica uma interrupção maciça da continuidade de ser pela intrusão relativa à mudança de pressão das contrações uterinas. Winnicott assinala que, no nascimento normal, a mecânica do parto não é nem precipitada nem excessivamente prolongada a ponto de cortar o fio do processo pessoal e contínuo. É um momento somático de mudança no modo de ser para o qual o bebê está preparado por outras condições uterinas de interrupção de seu estado de ser. O parto é um acontecimento corporal esperado, o que o torna natural e não significativo, não mais que outras experiências. Winnicott (2000 [1958f]) apresenta a seguinte descrição para o processo de parto:

> Antes do parto, e especialmente se este sofre uma demora, podem facilmente ocorrer ao bebê experiências repetidas em que, durante aqueles momentos, a predominância é do ambiente e não do eu, e é possível que o bebê seja apanhado mais e mais vezes nesse intercurso com o ambiente à medida que o parto se aproxima. Assim, no processo natural, *a experiência do nascimento é um exemplo exagerado de algo que o bebê já conhece.* Nesse intervalo de tempo que culmina com o nascimento o bebê reage, e o elemento importante é o ambiente; logo depois ocorre o nascimento, e em seguida há o retorno a um estado de coisas em que o elemento importante é o indivíduo, o que quer que isto signifique. Na saúde, o bebê está preparado antes do parto para uma certa intrusão ambiental, e já teve experiência de um retorno natural da reação a um estado em que não é preciso reagir, sendo este último o único estado em que o eu pode começar a ser. (p. 264)

Uma exposição da mecânica do parto pode ser útil para detalhar a experiência de nascimento conforme a compreensão winnicottiana, que enfatiza o valor do aspecto somático para dar sentido à psicologia do desenvolvimento emocional. Segue a citação de literatura didática escrita pelos fisiologistas Guyton e Hall:

> As contrações uterinas durante o trabalho de parto começam, principalmente, na parte superior do fundo uterino e propagam-se para baixo, ao longo do corpo do útero. Além disso, a intensidade da contração é pronunciada na parte superior do corpo do útero, porém fraca no segmento inferior, adjacente ao colo uterino. Por conseguinte, cada contração uterina tende a forçar a criança para baixo, em direção ao colo uterino. No início do trabalho de parto, as contrações podem ocorrer apenas uma vez a cada 30 minutos, e a intensidade da contração aumenta acentuadamente, havendo apenas curto período de relaxamento entre cada uma delas. As contrações combinadas da musculatura uterina e abdominal durante o parto da criança exercem força para baixo sobre o feto de cerca de 13 kg durante cada contração forte. Felizmente, as contrações do trabalho de parto ocorrem intermitentemente, visto que as contrações fortes impedem ou, algumas vezes, até mesmo interrompem o fluxo sanguíneo através da placenta, o que causaria a morte do feto se fossem contínuas. Na verdade, no uso clínico de vários estimulantes uterinos, como a ocitocina, a superdosagem dos fárma-

> cos pode causar espasmo uterino, em lugar de contrações rítmicas, podendo causar a morte do feto.
>
> Em 19 de cada 20 nascimentos a cabeça é a primeira parte da criança a ser expelida, e, na maioria dos outros casos, as nádegas são as que se apresentam em primeiro lugar. A cabeça atua como cunha, para abrir as estruturas do canal do parto à medida que o feto é forçado para baixo. A primeira obstrução importante à expulsão do feto é o colo uterino. No final da gravidez, o colo fica amolecido, permitindo seu estiramento quando as contrações do trabalho de parto começam no útero. O denominado *primeiro estágio do trabalho de parto* é um período de dilatação cervical progressiva, que dura até que a abertura cervical seja grande o suficiente para permitir a passagem da cabeça do feto. Em geral, esse estágio dura 8 a 24 horas na primeira gravidez, mas, com frequência, é de apenas alguns minutos depois de muitas gestações.
>
> Quando o colo uterino já está totalmente dilatado, as membranas fetais geralmente se rompem, e verifica-se a perda súbita de líquido amniótico através da vagina. A seguir, a cabeça do feto desloca-se rapidamente no canal do parto e, com a força adicional vinda de cima, continua a abrir seu caminho pelo canal de parto, até a ocorrência do parto. Trata-se do denominado *segundo estágio do trabalho de parto*, que pode durar desde apenas 1 minuto, depois de muitas gestações, até 30 minutos ou mais, na primeira gravidez. (Guyton & Hall 2002, p. 892)

Essa exposição favorece a apresentação das descrições do nascimento elaboradas por Winnicott sobre o preparo do bebê para a interrupção maciça em sua continuidade de ser. As contrações ocorrem durante quase toda a gestação, e, ao final, durante o primeiro estágio do trabalho de parto, propagam-se ao longo do corpo promovendo algo como um deslizamento. Do ponto de vista do bebê há o sentimento pessoal de impulsionar, especialmente após a perda do líquido amniótico. As contrações fortes que impedem o fluxo sanguíneo são um exemplo somático da intrusão ambiental e da interrupção da continuidade de ser tolerada pelo bebê, por serem previsíveis. O bebê está preparado para uma experiência de grande mudança que ameaça seu sentimento de ser. Entretanto, se houver demora a experiência pode se tornar significativa. Mesmo no caso de o feto não estar em posição cefálica e for necessária uma intervenção cirúrgica que coloque fim à interrupções intensas devidas à maior pressão na região da cabeça, dependendo da variável temporal, pode ser que a reatividade do bebê seja rapidamente superada com os cuidados adequados após o nascimento, embora a experiência valiosa do processo de parto já tenha sido perdida.

O parto normal não é traumático porque não é significativo. O bebê vai se preparando gradualmente para a intrusão ambiental do parto não prolongado, uma experiência de mudança decorrente das intensas contrações uterinas. Durante o parto, a propagação das contrações contribui com os movimentos corporais que estimulam a respiração e a recuperação da interrupção de ser. Winnicott teoriza uma experiência saudável do nascimento, mesmo reconhecendo que:

> Com certeza seria normal a existência de um grau considerável de reação a estas novas e variadas sensações intrusivas, de modo que devem ocorrer inevitavelmente repetidas interrupções da continuidade do ser, exigindo o máximo da capacidade do bebê de tolerar essas interrupções. É necessário partir do ponto de vista de que pode existir um nascimento que, do ponto de vista do bebê, não seja excessivamente intrusivo, e que seja produzido pelos impulsos em direção ao movimento e à mudança que se originam diretamente do estar-vivo do bebê ... Sugiro, entretanto, que a experiência prévia adquirida pelo bebê em recuperar-se das reações contra a intrusão, mais o estado de aptidão biológica para a mudança representada pela respiração propriamente dita, podem dar conta deste início da respiração. (Winnicott, 1990, p. 166 [1988])

O parto normal não é traumático e pode deixar memórias de vida, no sentido da continuidade de ser do bebê. Winnicott considera que "as experiências do nascimento são boas" (2000, p. 262 [1958f]), pois o corpo que pode ser elaborado imaginativamente durante o nascimento fortifica o desenvolvimento egoico. A passagem do corpo do bebê pelo canal do parto pode deixar memórias de ser amado e cuidado. O bebê torna-se biologicamente preparado para respirar, e o ambiente favorece a mudança da não respiração para a respiração e a adaptação aos efeitos da gravidade.

Em termos emocionais ou psicológicos, o bebê não tem consciência do ambiente uterino que exerce a pressão. Diante disso, Winnicott observa que, " ... *do ponto de vista do bebê*, foi o seu próprio impulso que produziu as mudanças e a progressão física, em geral, começando pela cabeça, em direção a uma nova e desconhecida posição" (1990, p. 166 [1988]). É uma progressão física que conduz à respiração. Nesse processo, evidentemente, há ênfase nas experiências relativas à cabeça, a parte corpórea mais avançada do bebê durante o parto, e, em segundo lugar, ao peito. Winnicott descreve as memórias corporais relativas à experiência do nascimento no parto normal e no parto demorado demais. As memórias de nascimento no parto normal não são significativas e são incorporadas ao fortalecimento do ego, como se pode notar na citação a seguir:

> *A cabeça* ... No parto normal, a cabeça é o ponto mais avançado do bebê e faz o trabalho de dilatar os tecidos macios da mãe. Isto pode permanecer na memória de vários modos. É possível que fique conservado como importante um modo de avançar ... A mim parece que nos traços mnemônicos de um parto normal não haveria qualquer sentimento de desamparo. O bebê sentiria que os movimentos natatórios, dos quais sabemos ser o feto capaz, ... produzem o deslocamento para a frente. O nascimento propriamente dito, num parto normal, poderia ser facilmente sentido pelo bebê como o resultado bem-sucedido do esforço pessoal devido a um *timing* razoavelmente acurado. (Winnicott, 2000, p. 268 [1958f])
>
> *O peito* ... Durante o processo de nascimento, em reação à constrição provocada pelos tecidos da mãe, o bebê deve realizar algo que seria (se houvesse ar à sua disposição) um movimento de *inspiração*. Após o nascimento, se tudo vai bem, o choro proclama a instauração da vivacidade por meio de uma *expiração*. Este é um exemplo, em termos de funções físicas, entre o reagir e o simples "continuar sendo" ... na forma do choro a raiva pode ser egossintônica desde muito cedo, uma função de expulsão com um objetivo muito claro, o de o indivíduo viver à sua própria maneira, e não reativamente. (idem, p. 270)

No nascimento, não há a consciência do ambiente, pressão externa que impulsiona, há a experiência de deslocamento pessoal para a respiração, quando ela acontece dentro do tempo de reação para o qual o feto já está preparado. Dessa maneira, não há ruptura na continuidade de ser, ao contrário, há o fortalecimento do ego em termos do sentimento de que o corpo e seus impulsos têm sentido e são elaborados imaginativamente, como a raiva na forma de choro acontece ao mesmo tempo do sentir-se vivo e real.

Winnicott elaborou esses conceitos com a participação de pacientes psicóticos que apresentavam memórias tardias do início de seu desenvolvimento emocional. Ao observar a exposição fisiológica do processo respiratório, fica extremamente evidente o sentido de esforço pessoal bem-sucedido, a acentuação da continuidade de ser que acontece com o processo de parto normal. Guyton e Hall (2002) apresentam detalhes do aspecto fisiológico:

> A respiração não pode ocorrer durante a vida fetal, visto que não há ar na cavidade amniótica. Entretanto, ocorrem movimentos respiratórios, que começam ao final do primeiro trimestre de gravidez. Esses movimentos respiratórios são estimulados, especialmente, por estímulos táteis e asfixia fetal. Durante os últimos 3 a 4 meses de gravidez, os movimentos respiratórios do feto são, principalmente, inibidos por razões desconhecidas, e os pulmões permanecem quase totalmente desinsuflados. A inibição da respiração durante os últimos meses de vida fetal impede o enchimento dos pulmões por líquido e resíduos do mecônio excretados pelo trato gastrintestinal do feto no líquido amniótico. Além disso, são secretadas pequenas quantidades de líquido, nos pulmões, pelo epitélio alveolar, até o momento do nascimento, mantendo, assim, apenas líquido limpo nos pulmões. (p. 896)

Os movimentos respiratórios estimulados por uma asfixia funcional ocorrem durante a gestação, assim, as experiências de interrupção dos estados de ser e de retorno à espontaneidade de ser durante a vida intrauterina são recorrentes. O tempo de interrupção não tem significância[22] se não é prolongado, e, portanto não leva à reatividade do feto, mas ao retorno ao ser. Ao final, são experiências orgânicas e pessoais preparatórias para o nascimento e a respiração. O início da respiração ocorre do seguinte modo fisiológico:

> Depois do parto normal de mãe que não tenha sido deprimida por anestésico, a criança, habitualmente, começa a respirar dentro de poucos segundos e atinge ritmo respiratório normal dentro de menos de 1 minuto após o nascimento. A rapidez com que o feto começa a respirar indica que a respiração é iniciada pela súbita exposição ao mundo exterior, provavelmente em consequência de (1) estado de asfixia moderada, inerente ao processo do nascimento, mas também de (2) impulsos sensitivos, que se originam na pele subitamente resfriada. No lactente que não respira imediatamente, o corpo fica progressivamente mais hipóxico e hipercápnico[23], o que proporciona estímulo adicional ao centro res-

---

[22] O tempo de interrupção poderá ser significativo se for prolongado e causar reatividade, provavelmente, até mesmo no início da gestação. A medula espinhal e o tronco cerebral já estão presentes ao final do terceiro trimestre de gestação, condição necessária para se falar do estado ser inicial do desenvolvimento emocional. Winnicott observa que a base de uma paranoia grave pode estar presente imediatamente após o nascimento. Além de um parto demorado, pode-se pensar em padrão reativo durante a vida gestacional, não somente devido a alterações do humor depressivo ou ansioso da mãe, mas talvez também eventos físicos que causem asfixia frequente no feto.

[23] *Hipercapnia*: manifestação clínica de aumento anormal na quantidade de dióxido de carbono no sangue arterial. Disponível em http://decs.bvs.br/cgi-bin/wxis1660.exe/decsserver/.

> piratório e, em geral, provoca a respiração dentro de 1 minuto ou mais após o nascimento. (Guyton & Hall, 2002, p. 898)

A expansão dos pulmões exige do bebê uma primeira respiração extremamente potente, com pressão inspiratória suficiente para abrir os alvéolos pela primeira vez, normalmente; a segunda respiração é muito mais fácil, sendo necessária pressão menor. A respiração se normaliza cerca de quarenta minutos após o nascimento. Sem o conhecimento do ambiente, a experiência de nascer e respirar constitui o sentimento pessoal de ser vivo e real, simplesmente porque o ambiente permaneceu presente para o retorno seguro do deixar de ser. Esse é um aspecto da solidão acompanhada que comunica ao bebê o sentimento de que a vida vale a pena.

Winnicott (1990 [1988]) observa que, no nascimento normal, o estabelecimento do ritmo respiratório do bebê fornece a oportunidade de contato e comunicação somática com a mãe:

> No processo de nascimento ocorre essa grande mudança devida ao início do ato de respirar. Possuo evidências provenientes do trabalho clínico que mostram que o bebê pode se tornar consciente da respiração da mãe, no sentido de perceber os movimentos abdominais ou as mudanças rítmicas de pressão e ruído, e como após o nascimento o bebê pode vir a necessitar de um reatamento do contato com as funções fisiológicas da mãe, especialmente sua respiração. Por esta razão, acredito ser provável que certos bebês precisam do contato pele a pele com a mãe, e especialmente da sensação de serem movimentados pelo sobe e desce de sua barriga. É possível que para o bebê recém-nascido a respiração significativa seja a da mãe, enquanto a sua própria respiração acelerada não tem sentido algum, até que esta comece a se aproximar da frequência do ritmo respiratório da mãe. Com certeza muitos bebês, sem saberem o que estão fazendo, brincam com ritmos e contra-ritmos, e uma observação cuidadosa pode mostrar que às vezes o bebê está tentando acertar seu ritmo respiratório com a frequência cardíaca (por exemplo respirando uma vez a cada 4 batimentos cardíacos). Algum tempo depois é possível encontrá-lo lidando com a diferença entre o seu ritmo respiratório e o de sua mãe, procurando talvez criar situações de relacionamento baseadas primeiramente numa respiração de frequência dupla ou tripla. É possível que a sequência seja a seguinte: percepção (*awareness*) intrauterina da respiração da mãe; percepção extra-uterina da respiração da mãe; e a percepção da própria respiração. (p. 168)

Seria satisfatório se Winnicott houvesse escrito um artigo detalhado sobre a observação do ritmo respiratório e contato do bebê com a mãe, o que provavelmente poderia ser estendido para o conceito de preocupação materna primária. Se o bebê leva cerca de quarenta minutos para normalizar seu ritmo respiratório, as observações de Winnicott foram feitas continuamente dentro desse intervalo de tempo a partir do nascimento, ou após o período imediato do nascimento, com os pacientes no quarto?

De qualquer maneira, essa observação faz pensar em um ambiente médico hospitalar de continência e tranquilidade suficientes para criar situações de relacionamento. A base do relacionamento entre a mãe e o bebê começa antes de o bebê nascer, continua durante o nascimento e depois da alta hospitalar. É importante pensar nos procedimentos profissionais que podem facilitar essa comunicação.

A descrição acerca da consciência somática da respiração da mãe pelo bebê deixa clara a continuidade de ser do psiquessoma, e também que essa consciência é uma elaboração imaginativa do contato corpóreo. Essa experiência de relacionamento é extremamente pessoal, tanto que Winnicott considera a necessidade de cada mãe e cada bebê, que imediatamente após o parto podem não estar prontos para o contato. Em alguns casos, a possibilidade ambiental não intrusiva, de cuidado terapêutico, seria a completa ausência de estimulação para favorecer a espontaneidade do gesto corpóreo, tanto da mãe como do bebê. Esse aspecto foi notado por Winnicott (1990 [1988]):

> É muito valioso para a mãe ver o bebê e mesmo senti-lo contra seu corpo ... Seria pouco preciso, entretanto, dizer que *todos* os bebês estão prontos para encontrar suas mães imediatamente após o nascimento, visto que muitos teriam tido experiências das quais eles próprios precisam se recuperar. Ainda não é inteiramente aceito que tanto a mãe quanto o bebê que não estejam perturbados demais terão muito a ganhar com alguns momentos passados juntos, com o bebê em contato pele a pele e talvez embalado pela respiração da mãe. (p. 170)

Nem todos os recém-nascidos estão prontos para a comunicação, mas o contato pessoal com as características que o bebê já conhece, como as sensações táteis ou sinestésicas, os ritmos cardíacos e respiratórios, são indispensáveis à experiência de nascimento e à recuperação necessária ou o retorno à quietude, mesmo que apenas após algum tempo de descanso do parto, quando a mãe o bebê estiverem prontos.

É preciso considerar especialmente que a mãe esteja pronta para o encontro e comunicação com seu bebê, e que o bebê não tenha sofrido traumas físicos durante o parto, " ... às vezes condições físicas predominam sobre todas as outras, mas nos casos considerados normais não há problemas físicos suficientes para que as necessidades emocionais da mãe e do bebê sejam deixadas de lado" (Winnicott, 1990, p. 170 [1988]).

Ambos, mãe e bebê, precisam estar em condições de permanecer em contato após o parto. Embora o contato seja importante, se a mãe estiver muito cansada ou ansiosa, pode ser necessário adiar a presença até que ela se recupere. Não há regras, assim como não deve haver protocolos obstétricos generalizados. Há, sim, a necessidade pessoal, para a qual a equipe de saúde deve estar atenta.

MEMÓRIA

Winnicott considera que as experiências do parto, da respiração e outras relativas ao nascimento normal sejam registradas como memória da continuidade da existência psicossomática. Na saúde, essa memória inicial da continuidade do ser não é um processo intelectual de capacidade para reter e recuperar informações de acontecimentos, mas uma memória corporal do processo de nascimento como um despertar prematuro do ego, uma memória de ser. Essa diferença é fundamental, tanto que Winnicott (2000 [1958f]) fez as seguintes considerações quanto ao desenvolvimento psicológico:

> Creio que seja possível dizer que tudo está indo muito bem, se o desenvolvimento do ego do bebê transcorreu até aqui sem perturbações físicas ou emocionais. É óbvio que antes do nascimento já há um início de desenvolvimento emocional, e é possível que mesmo nessa época já exista a capacidade para uma aceleração falsa ou não saudável desse desenvolvimento. Na saúde, as perturbações ambientais até um certo grau constituem um estímulo valioso, mas para além desse grau tais perturbações são contraproducentes na medida em que dão margem a *reações*. Nesse estágio tão inicial do desenvolvimento ainda não há força suficiente do ego para que ocorra reação sem perda da identidade. (p. 263)

A memória somática do feto permite o continuar a ser diante das perturbações que interromperem momentaneamente a quietude do ser, e são seguidas do posterior retorno conhecido e esperado da espontaneidade, devido às memórias de experiências anteriormente registradas e de certa forma catalogadas numa sequência. Quando há a perfeita adaptação ao ambiente, o feto " ... é capaz de suportar a reação por um período limitado de tempo" (Winnicott, 2000, p. 266 [1958f]).

Por outro lado, quando não há a perfeita adaptação do ambiente, esse estado mental do feto é sobrecarregado por estímulos intrusivos, e isso pode desencadear a aceleração de processos mentais defensivos na forma de uma intelectualidade, como a retenção de memória cognitiva detalhada dos eventos do parto, o que fornece a base para um desenvolvimento falso e defensivo do ego. Um parto difícil e demorado, que vai muito além de qualquer experiência pré-natal de intrusão provocadora de reações, pode conduzir ao desenvolvimento mental precoce e dissociado da integração psicossomática, funcionando como um componente compensatório para a interrupção prolongada da continuidade de ser.

O aspecto temporal de demora maior do que a memória pode trazer o conceito de trauma para Winnicott, quando a respiração é adiada e supera a capacidade do bebê para recuperar-se da descontinuidade causada por reações à intrusão ambiental, o que desencadeia processos intelectuais precoces de retenção de memória cindida do processo corpóreo de nascer, como um registro marcante da interrupção do ser, uma aceleração falsa e não integrada do desenvolvimento emocional.

Para Winnicott, a integração entre a psique e o soma começa imediatamente após o início da vida, mas nunca pode ser considerada algo óbvio. Em 1949, no artigo "Memórias do nascimento, trauma do nascimento e ansiedade", Winnicott caracteriza a existência intrauterina do soma e da psique até o nascimento do seguinte modo:

> É possível assumirmos com certeza que a partir da concepção o corpo e a psique desenvolvem-se juntos, a princípio fundidos, e gradualmente tornando-se distinguíveis um do outro. Seria certamente possível dizer da psique (independentemente do soma) que antes do nascimento existe um estar-aí pessoal, uma continuidade da capacidade de ter experiências. Essa continuidade, que poderia ser vista como o início do eu, é periodicamente interrompida por fases de reação a intrusões. O eu começa então a incluir memórias dos curtos períodos em que a reação à intrusão perturba a continuidade. À época do nascimento, o bebê está preparado para esse tipo de situação, e minha sugestão é de que *nos casos não traumáticos a reação à intrusão implícita no nascimento não excede o nível de reação para o qual o feto já se encontra preparado.* (2000, p. 274 [1958f])

A integração psicossomática é uma tendência inata do soma e da psique, que pode se realizar de forma mais ou menos integrada. No início, antes do nascimento, a tendência inata se manifesta como uma psique constituída por um estar-aí pessoal, que significa capacidade de ter experiências de continuidade de ser, independentemente do soma, ou seja, mesmo diante da incompletude somática característica do desenvolvimento embrionário. Em termos psicológicos, é possível falar em experiência de memória que possibilita a continuidade de ser decorrente de momentos de espontaneidade e reatividade. Mesmo que independentemente da psique soma integrada, essa memória é, no início, corpórea.

Na teoria do amadurecimento pessoal de Winnicott, memória é um conceito complexo. Há de se considerar uma memória inicial que fornece base para a consciência incipiente de continuidade de ser, desde antes do nascimento, e o aspecto intelectual mais tardio saudável ou precoce e patológico.

A integridade somática para o funcionamento cerebral é sempre trazida à discussão para delinear a experiência do estar-vivo e de nascer. Winnicott (1990 [1988]) considera que, " ... com o desenvolvimento do cérebro enquanto órgão em funcionamento, inicia-se a estocagem de experiências; as memórias corporais, que são pessoais, começam a juntar-se para formar um novo ser humano" (p. 38). A estocagem das experiências iniciais é descrita no texto "Uma nova luz sobre o pensar infantil", escrito em 1965 por Winnicott, como um processo de catálogo, o que, na saúde, significa registros de continuidade de ser desde antes do nascimento. Uma capacidade pessoal de continuar a ser e a existir no tempo.

Em 1949, no artigo "A mente e sua relação com o psico-soma", Winnicott atribui a memorizar e a categorizar um significado intelectual saudável e mais avançado em termos do amadurecimento pessoal do bebê, quando a mãe é ambiente suficientemente bom, e a mente pode se desenvolver mais tardiamente, de maneira articulada ao psicossoma, prevendo acontecimentos realizados pela mãe. Nesse artigo, o autor também discute um tipo de funcionamento mental precoce e patológico que se revela como uma " ... *sobrecarga para o psico-soma*, ou seja, para a continuidade do ser humano individual que constitui o eu" (Winnicott, 2000, p. 338 [1954a]), quando o bebê não encontra um ambiente adaptado e é forçado a adaptar-se, o que pode acontecer desde antes do nascimento.

O nascimento, de acordo com os pressupostos winnicottianos, descreve a experiência de continuar a ser. O nascimento não é essencialmente traumático. O trauma do nascimento é uma ocorrência que foge à normalidade temporal e espontânea do parto, associado à demora para nascer e retornar a ser, e essa demora pode trazer consequências de complicações intelectuais e da integração psicossomática.

O mais importante é que a observação clínica atenta e identificada de Winnicott com seus pacientes tornou necessário postular sua tese central de que as experiências do nascimento são boas.

4. Trauma de nascimento

O trauma do nascimento, para Winnicott, é uma variável da experiência do nascimento que foge da normalidade. A experiência normal de nascer, embora implique na interrupção para a continuidade de ser, estabelece algo em termos psicológicos, como uma base para a organização egoica do bebê. O trauma é uma experiência do nascimento que fez com que o bebê fosse empurrado para fora de seu estado de ser por certas situações temporais significativas, em que há uma progressão repetida e intensa de interrupção da continuidade de ser que repetidamente fracassa no retorno a ser.

No trauma de nascimento, o parto como experiência somática não é elaborado psicologicamente pelo bebê, e torna-se uma lacuna em sua existência e uma base para sentimentos de insegurança e desesperança em outras experiências da vida.

A concepção winnicottiana de trauma de nascimento tem origem no pressuposto teórico da tendência inata à integração psicossomática a partir da solidão essencial, uma concepção teórica extremamente distante daquela apresentada pela psicanálise clássica orientada para a separação e perda do objeto de amor incestuoso.

Winnicott (2000 [1958f]) considera que houve certa confusão desde que Freud associou a ansiedade ao trauma de nascimento. Não foi esclarecido, por exemplo, se o trauma é inerente ao nascimento ou um fenômeno variável, ou qual é a natureza do trauma em termos da psicologia do ego. Houve uma aceitação teórica básica dessa ideia que se repete ao longo das décadas, mais fortemente verificada nos seguidores do que no próprio Freud, que em determinados momentos separa nascimento e trauma[24].

Note-se que Winnicott está interessado na psicologia do ego, o que para ele representa a questão da integração psicossomática na constituição de um si-mesmo, uma identidade pessoal. Um si-mesmo inicial ainda antes do nascimento considerado na unidade indivíduo-ambiente em termos de ser e continuar a ser, não reativo a intrusões ambientais prolongadas. Nesse sentido, ele se propõe a esclarecimentos iniciados com o uso da expressão "experiência do nascimento", que pode ou não ser traumática.

A natureza do trauma, para Winnicott, é temporal por um prolongamento da ausência, e não algo que deveria acontecer ao corpo num tempo possível de ser suportado para que a experiência de interrupção do parto não fosse signifi-

[24] Por exemplo, quando Freud comenta o trauma de nascimento de Otto Rank (Freud, 1996b).

cativa. A experiência torna-se significativa e traumática quando o bebê deixa de acreditar na capacidade de recuperação e retorno ao ser, dado que o intervalo para haver a recuperação é maior do que o já experimentado pelo bebê durante a vida intrauterina em outros eventos de interrupção, e é uma demora que traz sofrimento e desperta reatividade defensiva contra a intrusão que interrompeu a espontaneidade de ser. A respiração é o que é de certa forma esperado como uma recuperação do estado de descontinuidade de ser provocado pelo parto, um movimento do ambiente que transfere a passagem da oxigenação umbilical para a respiração.

Ao contrário do que afirma a psicanálise tradicional, as proposições de Winnicott o levaram a um detalhamento clínico sobre a ansiedade e outras manifestações clínicas decorrentes da experiência traumática do nascimento. Se o nascimento é traumático apenas sob condições específicas, a ansiedade também é específica à circunstância traumática. Nesse sentido, Winnicott (2000 [1958f]) conclui que:

> É possível que a chave para o tão conhecido fato de que existe uma relação entre manifestações de ansiedade e alguns detalhes do trauma do nascimento seja a de que este fenômeno determina o padrão dos sentimentos de perseguição posteriores. Desta forma, o trauma do nascimento estabelece *de modo indireto* a maneira pela qual a ansiedade se manifesta em certos casos. (p. 273)

Winnicott caracteriza um padrão do sentimento de perseguição a partir da ansiedade relacionada a detalhes do trauma de nascimento, tais como a demora no parto e o sentimento de desesperança por sofrer algo interminável que ameaça a possibilidade de retorno à espontaneidade de ser. A interrupção da continuidade de ser que se prolonga ameaça a constituição do si-mesmo, o que fornece a base para uma identidade pessoal entremeada por sentimentos de perseguição.

Esses sentimentos posteriores de perseguição, entre outras manifestações sintomáticas da experiência do nascimento, são indicadores que vão além do estudo da experiência traumática do nascimento, pois permitiram a Winnicott elaborar uma prática clínica que privilegia a relação ambiental em detrimento da interpretação de sintomas.

A psicanálise de adultos e crianças fez o autor formular a experiência do nascimento como o ponto de vista pessoal do paciente, que pode ser dividido em três categorias, uma categoria da experiência normal e duas da experiência traumática do nascimento. De modo geral, surgem vários tipos de informações relativas às memórias de sofrimento do paciente na análise, inclusive com relação ao trauma de nascimento, mas isso não significa que a análise pode ser desenvolvida apenas com base nesse tema. O analista deve estar preparado para aceitar qualquer tipo de dado ou informação. É necessário reconhecer e avaliar todos os fatores ambientais relativos a falhas na provisão necessária para a capacidade de ser, de acreditar e de criar, e permitir, com o tratamento, a saúde mental do indivíduo, para que ele possa participar do contexto social.

O material que surge na análise pode indicar falhas importantes no tipo de ambiente que pertence às experiências intrauterinas e do nascimento; entre essas falhas estão a capacidade da mãe de devotar-se ao recém-nascido; a do casal de assumir a responsabilidade conjunta nos cuidados com a criança; e, mais tarde, a capacidade do grupo social de permitir a devoção da mãe e a cooperação dos pais para facilitar a constituição do indivíduo.

A interpretação assume forma e lugar complementares à compreensão das falhas ambientais quando a experiência do nascimento torna-se significativa e surge na situação analítica. A interpretação terá valor apenas se o paciente estiver profundamente regredido no momento da análise e se estiver também clinicamente doente nos intervalos entre as sessões, desde que signifique que o ambiente-terapeuta tornou-se seguro e confiante para permitir e suportar a regressão que revela as incompletudes ambientais do paciente. Não se trata de uma interpretação edipiana, mas do que é real para o paciente, ou seja, o sofrimento experimentado durante o parto que deixou marcas determinantes de um padrão que restringe o sentimento de estar vivo e sentir-se real.

Em outras circunstâncias, falar sobre o trauma de nascimento com o paciente é algo afastado de suas necessidades. Esse diálogo terá sentido apenas se envolver a presença viva do terapeuta e a facilitação ambiental para a regressão, que possibilita ao paciente reviver a experiência traumática. A interpretação fora do contexto de facilitação ambiental é intrusiva, impondo ao paciente a consciência do ambiente, o que repete as falhas ambientais anteriores. Nos casos em que é possível obter informações relativas à infância através de memórias e fantasias claras, interpretar o trauma do nascimento torna-se totalmente sem sentido. Winnicott avalia que a análise deve ser aprofundada: quando necessário, o paciente pode ser uma criança durante a sessão analítica, mesmo que não esteja muito doente, e " ... nesses momentos ocorrem muitas coisas que é preciso compreender sem recorrer à descrição verbal imediata" (Winnicott, 2000, p. 263 [1958f]). Atuações histéricas, por exemplo, ocultam afetos verdadeiros do paciente que podem revelar aspectos da experiência do nascimento, como pode ser notados em descrições clínicas.

DESCRIÇÃO DE ESTUDO CLÍNICO PARA ANÁLISE DO TRAUMA DE NASCIMENTO

Em seu trabalho clínico, Winnicott encontrou evidências de que a experiência pessoal do nascimento é significativa e mantida como matéria de memória, e está ao alcance da consciência apenas nos estados psicóticos. No texto que será apresentado, "Memórias do nascimento, trauma do nascimento e ansiedade", o autor apresenta como exemplo de evidências dois estudos clínicos: o primeiro de um menino com retardo secundário a uma psicose, e, em seguida, o estudo de uma paciente com sintomatologia física secundária a uma psicose, conforme pode ser notado na transcrição do relato.

O segundo estudo é apresentado a seguir:

> A Srta. H. é uma enfermeira de 50 anos. Foi tratada por mim aos 25 anos, numa época em que eu era médico residente no Hospital St. Bartholomew e tinha lido apenas um ou dois livros de psicanálise. Essa paciente sofria de uma grave neurose, incluindo uma constipação de um grau que eu jamais havia visto e nunca mais vi. Ela era estenodatilógrafa, mas depois de tratar-se comigo tornou-se enfermeira num hospital. Mais tarde especializou-se no trabalho com crianças psicóticas. Tem uma rara compreensão intuitiva das necessidades de crianças regredidas. No tratamento dessa paciente, caracterizado pela catarse, ela deitava-se e dormia, e subitamente acordava em meio a um pesadelo. Eu a ajudava a acordar repetindo muitas vezes as palavras que ela havia dito durante o intenso ataque de ansiedade. Desta forma, quando acordava, eu lhe permitia manter contato com a situação de ansiedade, e assim recordar-se de todo tipo de incidente traumático desde a sua mais tenra infância. Eu nunca soube o que fazer com a sua reconstrução do nascimento. Memórias do nascimento apareciam incrustadas de elementos visivelmente pertencentes a todos os outros estágios de desenvolvimento, inclusive da adolescência muito mais sofisticada e até da vida adulta. No entanto, o efeito geral parecia-me real por sua terrível intensidade. *Ao mesmo tempo que duvidava dos detalhes descritos como memórias, percebi-me acreditando no afeto que os acompanhava.* Ultimamente essa paciente vem cuidando de uma menina de sete anos, um caso de psicose (autística) em tratamento analítico. A Srta. H. adoeceu repentinamente, e, sem conseguir avisar a ninguém, simplesmente não veio trabalhar, sendo que sua tarefa consistia em trazer a menina para a análise e cuidar dela durante o dia. Fui visitá-la e descobri que ela estava se recuperando de uma doença que não era uma novidade

> para ela, mas que nunca tinha sido tão aguda. Ela teve que ficar de cama por algo que chamava de *blackout*. Ficou deitada de lado, encolhida e absolutamente imóvel, incapaz de fazer o que quer que fosse, e tão próxima da inconsciência quanto possível. Um médico foi chamado e disse que não encontrava nada de errado em seu corpo. Enquanto estava nesse estado não conseguia fazer nada que tivesse a ver com comida. Aos poucos recuperou a consciência e permitiu que a levassem à casa de uma amiga. Depois de uma semana ou dez dias começou a melhorar. Ela geralmente me mantinha informado sobre os casos com os quais trabalhava, mas antes desse episódio, durante os vinte anos seguintes ao tratamento que teve comigo, jamais me perguntou coisa alguma sobre si mesma. Desta vez, no entanto, antes de retomar o seu emprego, veio me ver, sentou-se e disse: "O que você acha desse *blackout*? Por que será que aconteceu?". Eu lhe disse que não atinha a menor ideia, e então ela continuou a falar e eu comecei a perceber que, embora ela não tivesse a intenção de ter uma sessão terapêutica, estava me fornecendo material vindo do inconsciente, que me permitiria dar uma explicação para o seu *blackout*. Descobri que ela estava morando com essa menina de sete anos e estava muito estreitamente identificada com ela, como sempre ocorria quando cuidava de crianças psicóticas. Contou-me que, para compreender o estado da menina, ela a imitava tanto quanto possível, colocando a mão assim, andando de tal maneira e assim por diante, "a fim de poder sentir o mesmo que a menina, tanto na mente quanto no corpo". Acontece que a menina entrou num estado de ansiedade aguda e passou a ter um medo enorme de andar de metrô. A Srta. H. vinha tentando levá-la ao metrô para distrair sua atenção e para mostrar-lhe que o metrô não era tão terrível assim. Uma grande quantidade de material desse tipo fez com que me desse conta subitamente de que era preciso que eu dissesse à Srta. H. que ela própria estava revivendo a experiência do nascimento, em conjunto com a menina. Não se tratava, aqui, de uma reconstrução histérica. Ela estava realmente precisando reexperimentar a coisa fisicamente, o que em seu caso incluía uma sensação asfixia. As interpretações nessa direção produziram um efeito dramático. As Srta. H. sentiu-se melhor, compreendeu o que estava acontecendo e retomou o seu trabalho, cheia de confiança. (Winnicott, 2000, p. 259-260 [1958f])

Winnicott apresenta esse caso clínico para ilustrar um estado psicótico em que a memória do nascimento fica ao alcance da consciência, e isso significa uma memória traumática da experiência do nascimento. Entretanto, não é a consciência verbal do trauma que alivia o sofrimento, mas a experiência de reviver o momento em que as falhas ambientais foram demasiadamente intrusivas para causar reatividade, que então pode ser tratada por um cuidado ambiental adequado.

Quando a paciente fica de cama, encolhida, absolutamente imóvel em um estado próximo da inconsciência e incapaz de fazer qualquer coisa, poderia se pensar na descrição de uma resistência da paciente a seu trabalho ou à própria vida, mas se perderia todo o valor de uma experiência clínica baseada na memória corporal que traz a necessidade de reviver a experiência do nascimento.

No caso da Srta. H., houve uma anoxia no nascimento. Portanto, seu parto foi demorado, o que significa um corte na continuidade de ser manifestado inclusive por um estado de inconsciência física do bebê, que foi reencenado na doença atual. Um bebê recém-nascido que demora para respirar é, com certeza, submetido a manobras de reanimação cardiorrespiratória. Esses procedimentos necessários podem também ser um exagero de estimulação para o bebê: muito barulho, muito movimento, muita luz, resfriamento rápido e persistente da pele e invasão de agulhas. O bebê, então, deixa de acreditar que o retorno à quietude de ser pode ocorrer novamente.

A necessidade de ausência de estimulação, que durou alguns dias após o estado de inconsciência da Srta. H. trouxe melhora e confiança para que ela pudesse retomar a própria vida. As memórias corporais do nascimento não são interpretáveis, são revividas com a facilitação ambiental, para que o funcionamento do corpo faça algum sentido pessoal. Desse modo, Winnicott apresenta a importância do acolhimento ambiental para que, a partir de um estado regressivo, o desenvolvimento emocional seja retomado. A regressão da Srta. H. foi desencadeada pela identificação com uma criança psicótica e a necessidade conjunta de reviver a experiência do nascimento mediante a facilitação de um ambiente adaptado à necessidade absoluta de depender. Houve todo um entorno de adequação ambiental para que essa situação ocorresse, a presença e a visita de Winnicott, o amparo na casa de uma amiga e todo um ambiente que permitiu dez dias de um estado de ausências, sem exigências, apenas com cuidados.

Além do fator ambiental, Winnicott cita um dado técnico muito específico para o cuidado clínico relacionado à memória do nascimento. A Srta. H. tinha memórias do nascimento incrustadas de elementos pertencentes a todos os estágios do desenvolvimento. Aparentemente, há vários aspectos para se lidar, como uma confusão de memórias que precisa ser organizada, do nascimento, da infância, da adolescência e mesmo da vida adulta. Winnicott não se preocupa com o significado interpretativo de cada memória, mas com seu efeito geral e real em toda a manifestação sintomática da paciente.

As memórias, seu relato e atuação, são acompanhadas de um afeto verdadeiro que faz a paciente ser real naquele momento; real em sua necessidade de depender para ser curada. A Srta. H. precisava reexperimentar fisicamente o nascimento em um ambiente adaptativo para o cuidado e a cura, pois sua experiência traumática e de asfixia do nascimento foi real e estabeleceu um padrão caracterizado pelos *blackouts* ou por se tornar ausente da própria vida. O que deveria ser interpretado e acolhido é o elemento específico que reúne as memórias e está disperso nos vários detalhes da manifestação sintomática. Porém, ser "interpretado" quer dizer ser aceito e revivido no momento adequado.

Natureza do trauma de nascimento

A natureza do trauma do nascimento é de predominância temporal e recorrente da perturbação ambiental durante o processo do parto que leva o bebê à reatividade e interrupção significada de sua capacidade de ser. A reatividade implica que, durante o parto, as intrusões do ambiente passaram a ser significativas, ou seja, " ... cada um dos aspectos da intrusão e da reação é, digamos, entalhado na memória do indivíduo" (Winnicott, 2000, p. 265 [1958f]). Quanto mais prolongadas forem as intrusões, maiores serão as descontinuidades de ser para o bebê.

No momento de nascer, o bebê não está preparado para uma perturbação prolongada do ambiente. O ambiente deve se tornar o mais adaptativo possível. Se as interrupções forem breves e necessárias para o desenvolvimento psicológico saudável, elas não se tornam significativas para a memória. O prolongamento frequente da perturbação ambiental causa reações significativas que marcam a memória com a

> ... perda temporária de identidade. Isto provoca um sentimento extremo de insegurança, e situa-se na base da expectativa de novos exemplos de perda continuidade do ser, e mesmo de uma desesperança congênita (embora não herdada) quanto à possibilidade de alcançar uma vida pessoal. (Winnicott, 2000, p. 265 [1958f])

Ao nascer, o bebê é sensível ao tempo de incapacidade do ambiente para adaptar-se à sua necessidade instintiva de respirar. O sentido pessoal atribuído ao adiamento da respiração não está associado diretamente a uma anoxia perinatal. Embora Winnicott exponha um quadro clínico físico de inconsciência, ele não se dá diante de transformações no cérebro ou devido ao anestésico recebido pela mãe, mas ao adiamento, que para o bebê é interminável e traumático.

Winnicott formula três categorias de experiências do nascimento. Uma delas ele caracteriza como tão suave que dificilmente se torna significativa para a memória. Nesse caso, o material ligado ao nascimento sequer costuma aparecer na análise, pois essas experiências são boas e promovem o fortalecimento do ego e a estabilidade emocional. Assim, haverá outros fatores ambientais urgentes e relevantes para a ansiedade que o paciente e o analista estarão tentando alcançar. Além dessa, foram formuladas mais duas categorias traumáticas: uma mais comum, e outra de natureza extrema.

A experiência traumática mais comum está relacionada à instabilidade e inconstância do ambiente, não tão intensa, mas frequente. Essa experiência mais comum mistura-se a outras com fatores ambientais também traumáticos, de modo que uma exacerba a outra. Nesse caso, os fatores ambientais de um bom manejo subsequente ao parto podem anular os efeitos do sofrimento da experiência traumática do nascimento, enquanto que a experiência definitivamente traumática pode deixar uma marca permanente no indivíduo, pois é difícil de ser anulada mesmo pelo mais cuidadoso manejo posterior.

O bebê apenas pode aceitar o parto normal sem reagir como mais um exemplo de uma breve interrupção, algo que já aconteceu antes e tem fim. Caso contrário, o significado pessoal é de aniquilamento, o que pode se manifestar como quadros clínicos diversos.

Exemplos clínicos de memórias do nascimento traumático

A experiência pessoal do trauma do nascimento pode incorrer em várias manifestações clínicas.

Exemplos de intrusão traumática são indicados por quadros clínicos de inconsciência, de fraca integração do ego total e de paranoia congênita apresentados por pacientes em análise como padrão decorrente da reatividade desencadeada ao nascimento.

Nos quadros clínicos de inconsciência, como, por exemplo, os quadros apresentados pela Srta. H., é provável que a manifestação clínica seja uma reencenação do corte no fio da continuidade do eu devida às repetidas fases de reação prolongada à intrusão ambiental, como exemplo a pressão exercida pela mecânica do parto no corpo do bebê. Winnicott compara essa experiência com a pressão à inconsciência causada por uma concussão que não é lembrada. A experiência prolongada da pressão durante o parto marca o corpo do bebê com memórias da pressão e com um sentimento de sofrimento interminável.

Nesse caso, o suporte ambiental, clínico e não clínico, de cuidado físico adequado pode tratar emocionalmente a paciente e ser curativo.

O quadro de fraca integração do ego total é apresentado para descrever um processo de falsa integração psicossomática caracterizado por desenvolvimento intelectual precoce e desarticulado da psiquessoma e cisão do núcleo do ego com manifestações somáticas defensivas.

Winnicott descreve o caso de um paciente que reviveu diversas vezes o processo de nascimento, o que favoreceu a detecção de

> … cada um dos núcleos do ego à medida que surgia nas reações apropriadas a cada tipo de intrusão. Para mencionar alguns: o núcleo do trato urinário, o núcleo da emissão de flatulências, o núcleo anal, o núcleo epidérmico, da saliva, da testa, da respiração etc. (2000, p. 266 [1958f])

O autor não detalha o tipo de intrusão que desencadeia a reação de cada núcleo. As reações somáticas surgem de memórias corporais que isolam o interior, o limite e exterior corpóreo. Ele comenta a dificuldade de descrever o ego fraco do indivíduo imaturo diante da tremenda força de cada um desses núcleos, e conclui que a fragilidade é a da integração do ego total.

Nesse caso, sua análise é da intrusão que tornou a experiência do nascimento significativa. Ao nascimento, o bebê é dotado de uma organização egoica extremamente imatura para suportar intrusões ambientais persistentes. Pode ocorrer uma falsa integração derivada de alguma forma de pensamento abstrato. Esse desenvolvimento intelectual é patologicamente desvinculado do corpo e de suas funções, dos sentimentos, impulsos e sensações do ego total.

Winnicott parte do princípio de que o desenvolvimento inicial do indivíduo implica continuar a ser. A tendência inata à integração psicossomática pode se cumprir se o continuar a ser inicial não for perturbado por reações a intrusões prolongadas. Se, no processo de nascimento, houver intrusões que exigem um excesso de reações, além da confusão de memórias pode haver a catalogação delas, ou seja, uma atividade mental de memorização exata do processo do parto.

O caso desse paciente, entre outros, forneceu provas convincentes para Winnicott de que, durante o nascimento, o bebê pode memorizar cada reação que perturba a continuidade do seu ser, na ordem em que ocorreram. Esse tipo de funcionamento mental é uma sobrecarga para o psicossoma e " … age como um corpo estranho, sempre que fica associado a uma falha do ambiente (em adaptar-se ativamente) que for impossível de compreender ou prever" (Winnicott, 2000, p. 338 [1954a]). Dessa forma, fica estabelecido um padrão de reatividade na relação com o ambiente, como descrito com esse paciente.

No quadro de paranoia congênita não herdada, Winnicott considera que sua origem seja um trauma psicológico agudo no nascimento. A experiência clínica como pediatra lhe permitiu sugerir algo como uma base para a paranoia grave presente no bebê imediatamente após o nascimento.

O sonho de uma paciente de 28 anos, esquizofrênica e com traços paranoides, é apresentado por Winnicott como exemplo clínico da paranoia decorrente da experiência traumática do nascimento. Após ler *O trauma do nascimento*, de Otto Rank:

> Ela sonhou que estava sob um monte de cascalho. Toda a superfície de seu corpo estava sensível a um grau difícil de imaginar. Sua pele estava toda queimada, o que lhe pareceu um modo próprio de descrever essa extrema sensibilidade e vulnerabilidade. Ela sabia que se alguém chegasse e fizesse qualquer coisa com ela, a dor, tanto física quanto psicológica, seria insuportável. Ela sabia o quanto seria perigoso se alguém aparecesse, retirasse o cascalho e fizesse algo com ela a fim de curá-la, e a situação era intolerável. Ela enfatizou que junto com isto havia sentimentos insuportáveis, comparáveis aos que ela sentiu quando tentou suicidar-se. 'Você não consegue suportar mais nada. Era o horror de simplesmente ter um corpo e uma mente que não aguenta mais. Era essa totalidade da coisa, a enormidade do que era preciso fazer que o tornava tão impossível. Se as pessoas apenas me deixassem em paz. Se elas apenas parassem de me perturbar. No entanto, o que aconteceu no sonho foi que apareceu alguém e derramou óleo sobre o cascalho, com ela ali dento. O óleo atravessou o cascalho e cobriu a sua pele. Ela então foi deixada ali por três semanas, ao final das quais o cascalho já podia ser removido sem que ela sofresse dor, e quando o removeram, sua pele havia sarado quase inteiramente. Havia, no entanto, uma pequena região ferida entre os seus seios, uma área triangular que o óleo não havia alcançado, e da qual saía algo como um pequeno pênis, ou um cordão. Essa parte também precisava ser tratada, e doía, é claro, mas era bastante suportável. Mas isto simplesmente não importava, alguém o arrancou fora e ponto final. (Winnicott, 2000, p. 267-268 [1958f])

Winnicott (1987, p. 40-42 [1964c]) apresenta dados do histórico do nascimento da paciente no texto "O recém-nascido e sua mãe", relatando que o parto complicou-se com placenta prévia que não foi diagnosticada com antecedência, o que causou uma significativa falta de oxigenação para o bebê antes de nascer.

Durante a terapia, a leitura do livro *Trauma de nascimento* desencadeou a memória do nascimento traumático. Winnicott descreve a incapacidade dela de tolerar o ambiente pessoal intrusivo que causava dor e, portanto, tornou-se persecutório. Uma vulnerabilidade como a do bebê ao nascer, que pode ser aniquilado por intrusões intensas demais. Para essa paciente, aos 28 anos, a intrusão ainda traz sentimentos intoleráveis que a fazem não querer viver.

De acordo com Winnicott, o sonho da paciente psicótica tem um grau pequeno de superposições sofisticadas, portanto, seu afeto verdadeiro é evidente. Esse sonho evidencia tanto o extremo sentimento de perigo diante de um ambiente pessoal, com a presença de alguém, como um grau de confiança no ambiente adquirido pelo modo como a terapia foi conduzida. O único detalhe importante sobre a condução do tratamento foi a abordagem do sonho como manifestação reativa a uma intrusão ambiental. Uma reatividade comunicada devido à confiança estabelecida no ambiente terapêutico, inclusive com o recuo temporário da análise e ênfase no cuidado não intrusivo.

O sonho não é um objeto de interpretação, nem mesmo sugerido pela leitura de um livro. Pacientes psicóticos acometidos de uma paranoia congênita não toleram a comunicação que não seja a do cuidado pessoal. Talvez apenas depois de algum tempo de experiência pessoal com um ambiente terapêutico confiável seja possível a tolerância de uma pequena intrusão, desde que o tratamento tenha alcançado a maior parte do sofrimento.

Memórias corporais do nascimento traumático

As memórias corporais da experiência traumática do nascimento estão relacionadas ao processo de compressão exercido pelo corpo da mãe sobre o da criança durante o parto. Se for demorado demais, pode deixar memórias somáticas da intensidade da experiência que desagrega ou desorganiza o que poderia dar sentido para o corpo, ou seja, localizar a psique no corpo. Essas memórias são encontradas em pacientes com sintomatologia física subjacente a uma psicose.

No parto vaginal, a cabeça do bebê atua como cunha para abrir as estruturas do canal do parto à medida que o feto é forçado para baixo pelas contrações uterinas e abdominais. A pressão da força de cerca de treze quilos durante cada contração forte pode ficar conservada na memória de vários modos, saudáveis ou patológicos.

No parto normal, o movimento desempenhado pelo corpo todo do bebê de um deslocamento natatório para frente, já realizado pelo feto antes do nascimento, pode ser preservado como um modo de avançar. O nascimento em um parto normal poderia ser sentido como um esforço pessoal bem-sucedido, pois o tempo de intrusão causado pelo parto é um tempo de descontinuidade experienciada outras vezes, com retorno posterior à continuidade esperado pelo bebê. Nesse caso, não há sentimento de desamparo associado ao nascimento.

O parto demorado pode frequentemente produzir o efeito de desamparo e sentimento de adiamento infinito, e pode também marcar o corpo com memórias recordadas somaticamente. Winnicott descreve as memórias corporais de experiências de demora relativas à cabeça e ao peito.

O tratamento analítico desenvolvido por Winnicott com certos pacientes o levou a pensar que pode haver durante o parto uma compressão demorada em torno da cabeça, recordada somaticamente como certo tipo de dor que o paciente descreve como se fosse uma faixa apertando a cabeça. Na análise, o sentido dessa faixa se relaciona com uma intrusão ambiental de fim imprevisível.

Além da dor, outras recordações somáticas não tão bem definidas são indicadas por Winnicott, tais como ruídos, congestão na cabeça, sensação de sangue subindo para a cabeça ou de sangue se esvaindo, como se algo estivesse escapando.

Esses sintomas psicossomáticos comuns, entre outros ligados à cabeça, relacionam-se ao delírio psicótico com base em traços mnemônicos de um parto demorado.

Winnicott (2000 [1958f]) elaborou uma descrição clínica sobre uma espécie de memória corporal relacionada à fantasia de voltar ao interior da mãe de ponta-cabeça como um aspecto patológico da personalidade decorrente do processo de nascimento em que o corpo empurra a si mesmo para frente:

> A paciente, segunda num par de gêmeas, não era esperada, e foi deixada sem cuidados por um bom tempo depois de nascer. Na análise houve um tempo em que o dilema da paciente era manter o relacionamento já conhecido ou tornar-se uma entidade separada sem que objeto externo algum se fizesse presente. A alternativa anterior proporcionava uma falsa relação objetal, e era representada na análise, naquela época, pela compulsão de manter uma das mãos sobre a testa, sendo que a mão representava o corpo da mãe. Isto veio a misturar-se facilmente a uma espécie de falsa homossexualidade, na qual a paciente entrava dentro de uma mulher de ponta-cabeça. Obviamente, os braços tornavam-se aqui marcadamente inúteis. No primeiro sonho que trouxe, ela tentava realizar um intercurso sexual sem usar os braços, e o fato é que ela havia desenvolvido uma artrite reumatóide confinada inicialmente aos cotovelos e aos pulsos, de

> modo que os braços que para ela não tinham qualquer utilidade fundamental tornavam-se assim eliminados. Não é preciso dizer que o erotismo oral estava severamente inibido como parte do mesmo complexo, e ela já tinha providenciado a remoção de todos os seus dentes. (p. 269)

Winnicott comenta que a identificação do corpo com o órgão sexual masculino é frequente nos tratamentos psicanalíticos, e lembra que esse fenômeno pode estar baseado na experiência do corpo, que durante o nascimento age como um todo, sem utilizar braços e sem qualquer tipo de erotismo, exceto o dos músculos usados para os movimentos natatórios durante a gestação e o parto.

Claro que toda a inadaptabilidade do ambiente imediatamente após o parto, quando a paciente foi deixada sem cuidado por um bom tempo, e provavelmente ao longo de sua história como segunda gêmea, confirmaram a possibilidade de um desenvolvimento egoico mais organizado.

Em outros casos, Winnicott encontra manifestações clínicas de memória da compressão intensa e prolongada ao nível do peito do bebê durante o parto. A descrição das experiências relativas ao peito é dividida em três partes: a memória de uma contrição real, a memória de demora da função respiratória e a sensação de falta.

A memória de uma contrição real ao redor do peito pode ser base para o sofrimento de delírios de contrição e para comportamentos de contrição física conhecida e controlada que causem diminuição desse sofrimento das fantasias delirantes, como a escolha de certas perversões e o uso de peças de vestuário que comprimem o peito.

A demora para ocorrer a respiração e o choro, quando o ar invade os pulmões do bebê pela primeira vez, é considerada por Winnicott um exemplo físico de reatividade e interrupção da continuidade de ser. O autor associa o choro à raiva, " ... uma função egossintônica desde muito cedo, uma função de expulsão com um objetivo muito claro, o de o indivíduo viver à sua própria maneira, e não reativamente" (Winnicott, 2000, p. 270 [1958f]). Traços mnemônicos de restrição da expansão do peito podem marcar o indivíduo com um amortecimento, pelo impedimento da instauração da vivacidade da respiração em tempo.

A sensação de falta é associada à dificuldade real de respirar durante o nascimento, e poderá ser aliviada se a respiração puder fluir livremente. No relato de um caso com histórico de placenta prévia, longo adiamento do parto e anoxia importante a paciente, aos seis anos de idade, queixava-se de falta de oxigênio. Além dos distúrbios respiratórios, manifestações de perversão com práticas de obstrução da respiração têm sua origem na dificuldade de respirar durante o nascimento, como, por exemplo, o desejo de ser sufocado manifestado em práticas masturbatórias que podem levar à morte sem que haja intenção suicida. Também há o assassinato por asfixia, quando ocorre o que Winnicott (2000 [1958f]) chama de suicídio invertido, ou seja, "... pela inversão de papéis, a asfixia ativa pode ser uma espécie de gentileza pervertida, em que a pessoa ativa acredita que a pessoa passiva deve estar ansiando por ser sufocada" (p. 271). Para Winnicott, tanto a perversão sexual como o relacionamento sexual apaixonado saudável guardam a memória corporal e pessoal do nascimento.

A questão não é unicamente o evento, o trauma do nascimento, mas a frequência de acontecimentos que consolidam o sentimento de desamparo, de paranoia e de falta de algo durante os primeiros dias e semanas de vida do bebê. A experiência traumática inicial torna-se o padrão de um sofrimento pessoal ao longo da vida do indivíduo.

Intervenção cesariana

Winnicott considera o bebê nascido de intervenção cesariana um caso especial, e sugere que o estudo do padrão de ansiedade de pessoas nascidas por cesariana poderia fornecer informações adicionais interessantes sobre o significado do nascimento para o bebê. Mesmo sendo um assunto que precisa ser mais estudado, pode-se afirmar que o procedimento do parto por cesariana não acompanha o preparo do bebê para a respiração. O nascimento por intervenção cesariana pode ser adiantado ou tardio, e do ponto de vista do bebê isso implica em uma experiência traumática, que será significativa apenas no caso de demora prolongada.

A demora do nascimento se impõe como intrusão ambiental, leva o bebê a reagir e rompe com o retorno esperado à continuidade de ser. Todo nascimento causa uma interrupção da continuidade de ser do bebê, no nascimento normal sem significado, mas, em um parto demorado, em que o tempo da interrupção se sobrepõe à capacidade do bebê de tolerar e compreender que o retorno à quietude irá acontecer novamente, o sofrimento é significativo. Winnicott (1990 [1988]) chama de experiência dolorosa a ocorrência de um parto adiado ou prolongado quando "... o bebê é apanhado por uma espera indefinida ou 'infinita'" (p. 167).

Winnicott faz uma recomendação sobre as necessidades do bebê que passou por um nascimento traumático. Essa recomendação não está relacionada especificamente à cesariana, mas parece bastante pertinente no caso desse tipo de intervenção, que representa um nascimento que adiantado ou tardio e é uma intrusão para o bebê, que precisa de uma recuperação mais cuidadosa. Winnicott (1990 [1988]) considera que:

> Muitos bebês nascem em condições que não podemos chamar de normais, necessitando por isso de um exagero nas técnicas de cuidado infantil, com as quais a mãe recria um ambiente tão próximo quanto possível das condições intrauterinas. Nestes casos parece haver uma necessidade bastante frequente de estar no colo em silêncio após o nascimento. É provável não só que a pele seja muito sensível às mudanças de textura e temperatura, mas que a mesma afirmação possa ser feita em termos psicológicos gerais. (p. 169)

Como o procedimento cirúrgico é rápido e impõe ao bebê uma mudança também muito rápida de pressão, temperatura e textura, a necessidade de receber o acolhimento do contato com o corpo da mãe pode ser mais urgente que os cuidados médicos neonatais. É interessante notar que a palavra "cesariana" significa cortar – a princípio, uma técnica utilizada somente em gestantes mortas, e depois para salvar o bebê em um parto complicado.

Atualmente, no Brasil, a cesariana é a primeira escolha para a maioria das gestantes e médicos, inclusive porque muitos médicos são especialistas no procedimento cirúrgico, mas não no parto normal. O tempo de contato somático com a mãe pode facilitar o retorno à continuidade de ser para o conjunto indivíduo-ambiente.

O interesse de Winnicott quanto à cesariana volta-se para a psicologia do bebê, ao considerar que a intervenção cirúrgica priva-o da experiência comum do nascimento. Entretanto, não é o procedimento cirúrgico que caracteriza o parto anormal, mas a alteração temporal de um processo que não pode ser sentido pelo bebê como um esforço pessoal para a respiração, especialmente o adiamento.

Pequenos graus de adiamento durante o parto podem ser muito comuns não apenas pela ocorrência de partos cirúrgicos, mas também por questões culturais, como o fato de as mães começarem a ter bebês com idade mais avançada, além do fator biológico da dimensão da cabeça do bebê humano no parto normal. Obviamente, quando há adiamentos no processo de nascimento, a preponderância é do ambiente, e não do indivíduo. Os adiamentos comuns trazem um padrão de ansiedade específico orientado pelo sentimento de espera indefinida ou infinita.

Winnicott lembra que Freud (1996a) já havia sugerido que o estudo do padrão de ansiedade de pessoas nascidas por cesariana poderia fornecer informações adicionais interessantes sobre o significado psicológico do nascimento. O padrão encontrado clinicamente por Winnicott se refere ao " ... interesse intelectual na questão do tempo, do parcelamento do tempo, e do desenvolvimento de um senso de *timing*" (Winnicott, 1990, p. 167 [1990]).

Para o autor, as memórias corporais do adiamento do nascimento que não podem ser compreendidas por superar a expectativa temporal do bebê trazem um sofrimento que se manifesta como ansiedade. Em alguns casos, essa ansiedade pode ser contida por experiências previsíveis de controle temporal, tais como aquelas oferecidas pela estrutura musical clara. A música com forma definida e previsível é asseguradora para aqueles indivíduos ansiosos pela experiência de adiamentos impossíveis de compreender ocorridos no nascimento e com o bebê recém-nascido.

Essa base ansiosa e seu controle podem explicar o alcance de determinadas terapias que utilizam música durante a gestação e no momento do parto para reduzir a ansiedade materna. Por outro lado, muitas pessoas não conseguem utilizar a organização de forma a controlar a ansiedade derivada do sofrimento de imprevisibilidade no processo do parto. Para elas, é necessário o controle rígido e rigoroso de uma programação do tempo para reduzir o sofrimento.

As descrições de Winnicott orientam a técnica psicanalítica no sentido do tratamento pessoal de acordo com as necessidades específicas de cada paciente. Alguns podem não tolerar qualquer falta ou atraso, enquanto que, para outros, esse aspecto do tratamento não será importante, da mesma maneira que a assistência ao recém-nascido deve ser diferenciada se o parto for antecipado ou adiado. As necessidades do bebê nascido antecipadamente serão aquelas da continuidade de cuidado ambiental muito próximo do que foi recebido no útero. O bebê que nasceu com adiamento, por sua vez, terá necessidade, por exemplo, de cuidado que não confirme o sentimento de perseguição.

Segue ainda a sugestão de Winnicott para um trabalho de análise da ansiedade em pacientes que nasceram de intervenção cesariana – do corte, e não da espontaneidade –, a partir da elaboração de um futuro protocolo de pesquisa da ansiedade ligada ao interesse intelectual no tempo.

5. Contribuições para a obstetrícia e neonatologia

Assim como o ambiente para o bebê deve ser o mais tranquilo e menos intrusivo possível, o ambiente para a mãe no período puerperal deve ser, necessariamente, o menos intrusivo possível.

Mas o que significa um ambiente não intrusivo durante a internação na maternidade?

Em seu artigo "A contribuição da psicanálise à obstetrícia", Winnicott faz algumas sugestões que giram em torno da experiência clínica baseada nas relações de cuidado pessoal que tornam o trabalho muito mais compensador. Nesse sentido, Winnicott (2006 [1957f]) recomenda como habilidade profissional a capacidade para realizar:

> ... alguma avaliação da paciente como pessoa – uma pessoa que nasceu, já foi uma criança, brincou de pai e mãe, ficou apavorada com as mudanças decorrentes da puberdade, passou pela experiência dos impulsos recém-descobertos na adolescência, tomou decisões importantes, talvez tenha se casado e, por vontade própria ou acidentalmente, teve um filho. Se a paciente estiver num hospital, ela estará preocupada com o lar para o qual deve retornar e, de qualquer forma, existe a transformação que o nascimento do bebê provocará em sua vida pessoal, em seu relacionamento com o marido, com seus pais e com seus sogros. Frequentemente, também, podem ocorrer complicações em seu relacionamento com seus outros filhos, além de alterações dos sentimentos destes entre si. (p. 62)

Embora esse tipo de avaliação possa parecer um detalhe muito usual e até insignificante, é necessário pensar um pouco em como é importante conhecer a história da paciente. Considerando que, na saúde, a gravidez e o parto envolvem uma regressão, toda a história de vida adquire algum contorno, especialmente durante o processo de parto. Isso permite dizer que as dores do parto são as dores da vida, as dores que surgem naquele momento, de maneira consciente ou inconsciente. O valor da história da paciente está no fato de que, mesmo sem que se saiba o porquê, algumas pacientes não poderão ficar na sala de pré-parto onde estão outras parturientes sofrendo dores do estágio avançado, outras pacientes, por sua vez, irão precisar de anestésico para suportar as dores, e outras não poderão ser deixadas no corredor do centro cirúrgico após o parto, sozinhas, para depois serem levadas ao quarto – elas precisarão ser aquecidas rápida e calmamente em um lugar tranquilo e confortável. Esses são exemplos de observações entre tantas outras que exigem uma avaliação individual de profissionais que podem facilitar o ambiente para o nascimento por meio dos cuidados necessários de acordo com a história de cada paciente.

Além disso, sob esse aspecto, a técnica para obter os dados da história da paciente precisa ser mais íntima e pessoal, diferente de simplesmente usar um questionário padronizado aplicado por técnicos segurando uma prancheta de anotação – o que, já de início, impede que se olhe para a paciente e faz perder dados como a sutileza da respiração, do olhar, das expressões faciais e outros aspectos que podem ser – e tantas vezes são – mais importantes do que a fala. Se as pacientes nesse momento estão regredidas e retraídas, a necessidade maior é de silêncio e quietude, com a companhia da pessoa em quem se confia. A confiabilidade é essencial para um ambiente suficientemente bom para a mãe, e esta pode ocorrer na rotina de atendimento, como observa Winnicott (2006 [1957f]):

> Coloco em primeiro e mais importante lugar esta questão da familiaridade entre a mãe, o médico e a enfermeira e da continuidade desse contato, se possível ao longo de toda a gravidez. Se isto for impossível, então pelo menos deverá existir um contato muito claro e definido com a pessoa que dará assistência à mãe no momento do parto, bem antes da data em que se espera que este último ocorra ... Uma de minhas pacientes, que teve dois filhos e agora está passando por um tratamento muito difícil, ao longo do qual ela própria teve que rever todas as suas concepções – para livrar-se das influências exercidas sobre ela, em seu desenvolvimento inicial, por uma mãe difícil –, escreveu o seguinte: " ... mesmo admitindo-se que a mulher seja bastante amadurecida emocionalmente, o processo todo do trabalho de parto e do nascimento rompe tantos mecanismos de controle que a gente necessita do máximo de assistência, consideração, incentivo e familiaridade por parte da pessoa que nos assiste, do mesmo modo que uma criança precisa de uma mãe através da qual possa ver e assimilar cada uma das novas e importantes experiências com as quais se depara ao longo ao longo de seu desenvolvimento". Contudo, no que diz respeito ao processo de nascimento natural, há algo de que raramente podemos nos esquecer: o fato de que o bebê humano tem uma cabeça absurdamente grande. (p. 65-66)

A familiaridade e a confiabilidade parecem fundamentais, pois trazem uma luz diferenciada para as relações terapeuta-paciente em maternidades, no sentido de que comumente pensa-se que um trabalho cognitivo seja o suficiente para reduzir as ansiedades da mãe no momento do parto. Grupos de gestantes recebem orientações sobre o desenvolvimento embrionário, tipos de parto e outras informações. Entretanto, as explicações detalhadas seriam muito bem recebidas e necessárias dentro de dois critérios básicos: o primeiro, é que a pessoa em quem a mãe confia deveria passar as informações individualizadas, e o segundo, é a mulher saudável emocionalmente que tem melhores condições de beneficiar-se das informações. As pacientes doentes, no sentido do desenvolvimento emocional, não serão beneficiadas com informações.

Dentro desse contexto da internação em maternidade, a amamentação do bebê talvez ainda seja um item a ser discutido, para que se evite qualquer interferência intrusiva, retomando o tema do ambiente não intrusivo. Mesmo nos casos mais delicados, a mãe e o bebê têm todas as condições de descobrir a amamentação.

Há uma tradição psicanalítica que considera os seres humanos como seres de linguagem. Diante dessa abordagem, a escuta psicanalítica pressupõe uma escuta interpretativa da palavra. O trabalho da psicanalista francesa Myriam Szejer (1997) aplica essa compreensão às relações humanas em maternidade, e o trecho a seguir exemplifica essa ideia:

> As palavras que a acompanham também não são insignificantes e marcam o filho através daquilo que a mãe ouve: "O ovo está lá, ele está bem colocado". Ou: "Volte em oito dias, parece que está tudo bem, mas não vejo o coração bater, provavelmente porque é muito cedo". São palavras que, às vezes, semeiam dúvidas, angústia e que terão consequências. O coração não é exatamente o próprio símbolo da vida? Diante da menor dúvida, a tendência é calar e isso vai interferir na escolha do dia do anúncio aos que estão por perto ou, até mesmo, ao marido, se ele ainda não estiver sabendo ... É impossível prever os efeitos dessa palavra sobre a criança, mas pode-se pensar que, de alguma forma, deixa marcas, não necessariamente dramáticas, aliás, mas marca porque já existe um embrião de história. (p. 96)

Nesse contexto, a fala orienta a compreensão clínica a partir do pressuposto de que a palavra causa a instalação e a remissão de sintomas. Uma abordagem inversa à indicação da necessidade específica de cuidado trazida pela compreensão winnicottiana de ambiente suficientemente bom, embora a autora esteja comentando o cuidado ambiental que o profissional deve ter com a gestante.

Diferentemente de considerar as necessidades desse cuidado ambiental, na abordagem centrada na palavra, o bebê é visto como sensível à enunciação direta de sua história familiar, como demonstra a citação de Myriam Szejer (1999):

> Parece que a sensibilidade dos recém-nascidos é particularmente receptiva às atenções. O humano é um ser falante e essa dimensão que lhe é específica permite que, desde o nascimento, ele ingresse nesse modo de comunicação privilegiada com o outro que é a palavra. Não deveríamos deixar de utilizá-la quando nos dirigimos a outros humanos destinados a falar, mas cujo estágio evolutivo ainda não está maduro, pois a clínica psicanalítica nos mostra que a palavra verdadeira, tal como conceituada pelos psicanalistas, afeta o sujeito

> bebê a ponto de possibilitar que ele volte a funcionar de maneira harmoniosa no seu universo. (p. 22)

Embora seja evidente a diferença entre essa abordagem psicanalítica do uso da palavra e a abordagem do acolhimento ambiental descrita por Winnicott, seria útil observar um caso clínico apresentado por Szejer, indicando os procedimentos psicanalíticos utilizados e, na sequência, apresentar o contraponto de análise possível por meio do suporte ambiental à luz da teoria winnicottiana.

Szejer (1999) apresenta, em detalhes, casos clínicos ocorridos em maternidades. Um deles chama a atenção:

> ... caso: Karina. A cena se passa na maternidade. O bebê é indicado para a psicanalista por vários membros da equipe obstétrico-pediátrica. Estão todos muito inquietos, pois a menininha tem cinco dias e seu peso de nascimento continua a diminuir gravemente. Ela rejeita quase todo alimento, é hipotônica, não se queixa, fica deitada, imóvel. Quando não está dormindo, permanece alheia a qualquer troca com o meio. A parteira chegou a descrevê-la como moribunda! A indicação é feita a partir de um consenso em que, todas as especializações estando confundidas, cada qual se sente urgido e perplexo em relação a essa criança. A mãe, primitivamente ou em consequência dessa situação, está cada vez mais deprimida. Os exames pediátricos não revelaram nada e ninguém sabe mais o que fazer para ajudá-los ... Ao escutar essa mãe, o sentido dos sintomas começa a emergir. O casal foi atendido durante anos por causa de uma esterilidade. Um ano antes, ela tinha ficado grávida depois de uma fecundação *in vitro*, mas a criança morreu no decorrer do parto. "A primeira vez eu fiz tricô, comprei tudo, preparei tudo em casa, não adiantou nada. Essa vez, para não dar sopa para o azar, não fizemos nada. E pronto, começou tudo de novo, ela está morrendo!", me diz a mãe, soluçando. (p. 22-23)

Sjezer observa que o bebê não desenvolve troca com o meio, e que a equipe de especialistas está confusa. É notável a sensibilidade da autora com o sofrimento da mãe, sua capacidade de mostrar-se disponível e confiável. Entretanto, diante da situação delicada e de risco para o bebê, é pertinente supor que, no período de cinco dias após o nascimento, os acontecimentos anteriores do histórico da paciente já houvessem sido falados entre os pais e mesmo entre os profissionais na presença do bebê. Mas somente supor, pois de qualquer modo o quadro clínico não evolui para melhora.

A sessão psicanalítica é relatada por Szejer do seguinte modo:

> A criança está deitada na cama da mãe e esta olha para ela chorando, como se velasse um morto. Essa imagem de velório fúnebre, que me impressionou ao entrar no quarto, iria me guiar ao longo de toda a entrevista. Portanto, durante a sessão, Karina finalmente ouve falar da morte de seu irmão mais velho pela boca da mãe. Retomo as palavras maternas e, dirigindo-me à criança, lhe digo: "Karina, seu irmão morreu há um ano, durante seu nascimento. Você escolheu nascer viva, mas ainda tem de decidir viver e para isso precisa se alimentar para engordar e ganhar forças. Seus pais não ousam acreditar que têm por fim um filho vivo, pois tiveram dificuldades para fazer você e têm medo de perdê-la como perderam seu irmão. Mas você não é o seu irmão e agora você pode decidir em nome próprio". (Szejer, 1999, p. 23-24)

Szejer considera que somente durante a sessão o bebê ouve falar da morte do irmão. De acordo com a abordagem focada na linguagem, ouvir falar da morte foi significante para o bebê recém-nascido. A sequência imediata dos procedimentos merece ser destacada:

> Ainda faltava que a mãe se tornasse mãe. Ao constatar que seu lugar está ocupado pelo bebê na sua cama, ela consegue associar sobre seu próprio nascimento. Conta-me então que toda a sua família mora no estrangeiro, no seu país de origem, que ela é a única que mora na França. Sente falta da mãe. Ela não está presente para reconhecê-la mãe, por sua vez, e isso funciona inconscientemente como um interdito que reforça a simbólica da esterilidade, como se fosse proibido ter filhos. Falando disso comigo, talvez por um efeito transferencial, ela se autoriza a realizar a identificação materna necessária para que possa sair da depressão e dar à sua filha o lugar que lhe cabe na linhagem. (Szejer, 1999, p. 23-24)

Embora o fracasso ambiental seja extremamente marcante nesse caso – a mãe está sozinha no país e sofreu várias dificuldades gestacionais –, a justificativa da autora para a dificuldade de início da amamentação regular se dá nos moldes da interpretação do inconsciente. E a resolução ocorre pela transmissão verbal de significantes da história dos pais ao bebê. Na visão de Szejer, o período pós-natal imediato é especialmente aberto para esse mecanismo, ela diz que:

> Essa facilidade de acesso ao sentido verificada no pós-parto precoce pela emergência espontânea de associações durante uma entrevista analítica só se observa num período muito limitado de tempo. Com efeito, curiosamente, "passada a hora, não é mais hora", pois essa disponibilidade de acesso aos conteúdos

> inconscientes é muito transitória. Poucos dias depois, tudo volta a se fechar e os processos do recalcamento voltam a agir com toda intensidade. É como se essa abertura tivesse a função de estabelecer uma forma de transmissão dos significantes da história familiar dos pais à criança. Dado o efeito das interpretações sobre o estado dos recém-nascidos, parece-me que estes são extremamente permeáveis a essa herança – mais ou menos pesada dependendo dos temas –, que eles aspiram a tratar com suas aptidões pessoais. (Szejer, 1999, p. 24-25)

Ao contrário dessa visão interpretativa e transferencial, para Winnicott, a história dos pais é importante enquanto facilitadora ou não dos processos de identificação da mãe com o bebê e do pai com toda a situação de dependência desencadeada pelo nascimento de seu bebê. Uma história pregressa da mãe envolvendo maternagem insuficiente pode gerar impedimentos na identificação com o bebê.

Além disso, o único efeito possível da palavra seria a mudança no cuidado ambiental que o bebê passa a receber quando os pais se sentem seguros e confiantes. Szejer disse anteriormente que o bebê não fazia trocas com meio. Talvez fosse mais adequado dizer que o meio era incapaz de interagir com o bebê, pois os pais estavam deprimidos e tristes.

Outro dado ambiental importante indicado por Szejer, embora não valorizado como aspecto de falha ambiental importante, foi que a equipe estava confusa. Uma equipe de profissionais confusos e ansiosos não poderia parecer confiável para uma mãe insegura quanto à sua capacidade pessoal de acreditar em um bebê vivo e real. Infelizmente, não há relato do parto, mas a seguinte atitude de Szejer parece definitiva em termos do valor dos cuidados ambientais, mesmo que ela não tenha mencionado:

> Na saída do quarto, a pediatra me interpela: "Vou ser obrigada a alimentar essa criança à força, é imperativo que ela engorde agora". A auxiliar de puericultura, que presenciava a conversa, sugere: "Se eu tentasse lhe dar a mamadeira longe da presença da mãe, talvez desse certo, ela está tão angustiada que, por assim dizer, tira-lhe o apetite". Peço a elas que deem mais uma chance a Karina, esperando mais um pouco. Alimentar o bebê longe da mãe teria como efeito confirmar para essa mãe de narcisismo tão frágil algo da ordem de uma incompetência, o que apenas agravaria a situação. Uma hora depois, ao visitar novamente aquele andar, fico sabendo que Karina acabava de mamar cinquenta mililitros dados pela mãe. (Szejer, 1999, p. 24)

Mesmo sem se dar conta, Szejer minimiza as intrusões ambientais. Uma equipe confusa e ansiosa tentando resolver a alimentação do bebê no lugar da mãe foi afastada para que a mãe e o bebê iniciassem tranquilamente a amamentação.

Apesar de não se voltar para os elementos da teoria winnicottiana, a autora cuidou suficientemente bem do ambiente. Não se trata de acesso verbal transitório a conteúdos inconscientes, mas da presença pessoal que sustenta o retorno à continuidade de ser da unidade ambiente-indivíduo.

Winnicott é bastante claro ao afirmar que: "A rigidez ou inadaptabilidade da mãe (devidas à ansiedade ou a um estado depressivo) podem, portanto, tornar-se evidentes para o bebê antes mesmo que este tenha nascido" (Winnicott, 1990, p. 149 [1988]). E isso não se deve apenas às palavras ditas ou não ditas, mas também ao ato de segurar o bebê. Para Winnicott (1990 [1988]):

> Frequentemente ... o ato de segurar o bebê é irregular, e pode até mesmo ser desperdiçado pela ansiedade (o controle exagerado da mãe para não deixar o bebê cair) ou pela angústia (a mãe que treme, a pele quente, um coração batendo com muita força, etc.), caso em que o bebê não pode dar-se ao luxo de relaxar. (p. 139)

A comunicação silenciosa, não intrusiva e em ambiente também não intrusivo, permite ao bebê uma integração psicossomática, o viver e sentir-se real. Winnicott parece brincar ao falar da questão da linguagem durante o período de parto, o que vale também para os primeiros dias de pós-parto. Ele comenta que:

> Seria possível dizer que muitos bebês poderiam ser ajudados caso conseguíssemos informar-lhes, durante um parto prolongado, que o processo durará apenas um período de tempo limitado. O bebê, porém, não tem como compreender a nossa linguagem. Além disso, falta-lhe algum precedente que ele pudesse utilizar, ou mesmo algum instrumento de medida. O bebê ao nascer tem um conhecimento rudimentar a respeito de intrusões que provocam reações, de modo que o processo normal do parto pode ser aceito por ele como mais um exemplo de algo que já aconteceu. Mas um parto difícil vai muito além de qualquer experiência pré-natal de intrusão provocadora de reações. (2000, p. 266 [1958f])

A ênfase na questão somática se sobrepõe na psicanálise winnicottiana, o que valoriza a mãe como ambiente de cuidado. Não há dúvidas de que a saúde física da mãe é fundamental para o bom andamento da gestação e do parto e para a garantia de saúde para o feto e o recém-nascido. O mesmo pode ser afirmado quanto à sua saúde emocional.

Outro aspecto que merece destaque são os procedimentos técnicos de manejo do bebê, logo após o nascimento. Winnicott (1990 [1988]) observa que:

> É provável que, nas técnicas de berçário mais cuidadosas, seja permitido ao bebê que passou por um parto especialmente complicado permanecer por um

> tempo prolongado no estado mais simples possível, ou no colo ou no seu substituto que esteja mais à mão. Pegar um bebê recém-nascido e submetê-lo a limpezas ou banhos imediatamente após o nascimento não pode ser um procedimento legítimo em todos os casos. Muitos bebês necessitam de um período no qual possam, por assim dizer, recuperar o equilíbrio, ou seja, recuperar a sensação de continuidade do ser, em vez da reação à intrusão, a fim de que possam começar novamente a ter impulsos e até mesmo a buscar o alimento. É muito valioso para a mãe ver o bebê e mesmo senti-lo contra o seu corpo imediatamente após o nascimento. E algumas mães acham que isto é tão importante, que não toleram sequer o estado de sonolência, a não ser que possam recuperar-se dele imediatamente após o parto. Seria pouco preciso, entretanto, dizer que *todos* os bebês estão prontos para encontrar suas mães imediatamente após o nascimento, visto que muitos teriam tido experiências das quais eles próprios precisam se recuperar. Ainda não é inteiramente aceito que tanto a mãe quanto o bebê que não esteja perturbado demais terão muito a ganhar com alguns momentos passados juntos, com o bebê em contato pele a pele e talvez embalado pela respiração da mãe. Não há porque discutir a importância de um interesse imediato na alimentação, ainda que pareça haver lugar para qualquer tipo de variação dentro dos limites da normalidade. (p. 169-170)

Cada bebê e cada mãe são únicos em suas necessidades e solicitações de cuidado durante a internação em maternidade. Talvez a ansiedade dos profissionais e a falta de tempo justifiquem os procedimentos padronizados.

Retomando o tema da história da paciente em prol do oferecimento de um ambiente adequado para o momento inicial após o nascimento, algumas mães e bebês precisam necessariamente estar juntos imediatamente após o parto, e outras, não. A questão principal é simplesmente a ocorrência de relações pessoais espontâneas entre a mãe e o bebê, entrelaçadas às relações profissionais que envolvem o nascimento. O parto é um episódio natural de desenvolvimento na linha de vida da mulher, no qual o profissional deve ser um facilitador do processo quando necessário, pois, de acordo com Winnicott:

> Quando uma mãe é capaz de ser mãe com toda naturalidade, jamais devemos interferir. Ela será incapaz de lutar por seus direitos, pois não terá uma compreensão dos fatos. Tudo o que saberá é que foi ferida. A única diferença é que o ferimento não é um osso quebrado ou um corte em seu braço, mas sim a personalidade mutilada do bebê. É muito comum que uma mãe passe anos de sua vida tentando curar este ferimento, que na verdade foi causado por nós

> quando, desnecessariamente, interferimos em algo que, de tão simples, não parecia ser importante. (1990, p. 11 [1988])

Winnicott considera que as implicações patológicas do episódio do nascimento para o bebê são relativas à formação de uma estrutura da personalidade psicótica. Entre outros aspectos, essa estrutura implica em manifestações de doenças psicossomáticas, conforme a descrição a seguir:

> É importante ter sempre em mente o seguinte ponto sobre os problemas psicossomáticos: o elemento físico da doença empurra a doença psicológica de volta para o corpo. Isto é particularmente importante por constituir uma defesa contra a fuga para o puramente intelectual, que levaria o indivíduo a perder uma parte do vínculo entre a psique e o soma. Neste sentido, os fenômenos muito precoces, descritos até agora sob a denominação geral de "primitivos", podem se revelar importantes para o estudo de qualquer caso que apresente um distúrbio psicossomático. (1990, p. 185 [1988])

Primitivos são também relativos ao nascimento. No caso da asma, por exemplo, os pacientes que regridem a uma dependência profunda revelam que os problemas respiratórios estão associados ao processo de nascimento e aos primeiros momentos de respiração, associados à continuidade de ser e à constituição do si-mesmo verdadeiro.

A doença psicossomática é compreendida dentro do contexto do amadurecimento pessoal e das intercorrências de falhas ambientais nos diversos momentos do desenvolvimento, sobrepostas a uma base inicial em que as interrupções da continuidade prejudicaram a constituição do verdadeiro si-mesmo ou a integração psicossomática.

O mais essencial é que muitas das ocorrências que podem caracterizar o nascimento temporalmente difícil para o bebê não podem ser evitadas, mesmo quando se tem em vista os pressupostos de um ambiente suficientemente bom para nascer. Contudo, o tempo para as recuperações após as interrupções da continuidade de ser, de vida e do contato entre a mãe e o bebê, deve ser privilegiado quando se fala de procedimentos em maternidade. A abrangência do conceito de ambiente suficientemente bom e consequente prática clínica deve alcançar os atendimentos em maternidade. O que significa oferecer toda a facilitação ambiental não intrusiva para a mãe, como alternativa mais viável, para que ela ofereça colo ao bebê independente da situação clínica.

A importante contribuição de Winnicott é a da clínica não intrusiva e facilitadora do amadurecimento pessoal, tanto para os profissionais como para os pacientes.

Considerações finais

Winnicott pensa o ser humano como uma amostra temporal da natureza humana com as seguintes implicações: a vida é uma extensão temporal entre dois estados de não-estar-vivo. Há um primeiro estado de ser concebido de uma solidão essencial e acompanhada, da qual o indivíduo desperta por meio da comunicação e do contato ilusório com o ambiente em que está envolvido. O parâmetro básico dos pressupostos winnicottianos é a vida em suas manifestações somáticas, que significa: estar vivo no ambiente intrauterino, estar vivo durante o parto e continuar vivo no colo materno, quando o soma acolhido pelo ambiente é elaborado imaginativamente em termos da tendência inata à integração do psiquessoma.

Em termos específicos, a teoria winnicottiana permitiu afirmar que o nascimento é uma experiência boa e necessária para o amadurecimento, pois o êxito de alcançar a respiração significa um esforço pessoal bem-sucedido. A existência humana acontece em uma constante alternância entre estados de ser e estados de interrupção da continuidade de ser desde antes do nascimento, no sentido da espontaneidade de movimento e quietude somática na relação com o ambiente. Algumas vezes o bebê reage à presença do ambiente, e então sua espontaneidade é momentaneamente interrompida. Assim, a experiência de nascer é mais uma interrupção da continuidade de ser para qual o bebê está somaticamente preparado por outras interrupções ocorridas na vida intrauterina.

Contudo, para Winnicott o nascimento pode se tornar traumático quando há o rompimento significativo da continuidade de integração do psiquessoma em um parto demorado. O prolongamento temporal causa sofrimento que deixa significativas marcas somáticas. Essa compreensão do nascimento é uma composição do trabalho clínico de Winnicott com pacientes que regrediram a condições de dependência máxima, no sentido de uma fusão incipiente entre indivíduo e ambiente. A abordagem clínica de Winnicott fez surgir o conceito psicanalítico de experiência, que significa o sentimento pessoal relativo aos acontecimentos corpóreos, um conceito transversal em toda sua obra, que se tornou útil para compreender a terapêutica adequada em obstetrícia e neonatologia.

Winnicott oferece um quadro teórico que modifica a teoria e as abordagens clínicas psicanalíticas, estabelecendo um paralelo entre a psicologia dos estágios iniciais e a intervenção psicoterápica, em termos de ambiente suficientemente bom para o cuidado e cura.

A literatura psicanalítica tradicional fundamenta a compreensão da gestação e parto, normal ou patológico, nas relações objetais persecutórias, oriundas dos trabalhos de Freud e Klein. Desde suas teorias não houve um deslocamento teórico que questionasse a simples aplicação das relações edipianas de amor e ódio para os estágios iniciais do ser humano. Pelo contrário, o que ocorreu foi levar as relações de objeto para a vida intrauterina. Dessa forma de pensar pode derivar uma prática clínica que impõe uma relação terapeuta-paciente completamente iatrogênica, no sentido de trabalhar com interpretações sem considerar as necessidades de cuidado ambiental seguro e confiável.

Aparentemente, muitos terapeutas conseguem estabelecer uma relação de confiança com suas pacientes, conseguem identificar-se com as necessidades primitivas trazidas com a maternidade. Winnicott observa que problema realmente ocorre quando os profissionais não são amadurecidos emocionalmente e impõem uma conduta intrusiva para a mãe e o bebê, além de buscar apoio numa clínica verbal e interpretativa que justifica a abordagem diretiva e verbal, sem valorizar a necessidade de acolhimento pessoal. Essas considerações se aplicam, obviamente, além da clínica da maternidade para a clínica geral.

A partir do trabalho de Winnicott, há abertura para novas possibilidades de pensar e cuidar do ser humano, um trabalho extremamente necessário em uma época de esfacelamento das relações interpessoais. E, para repensar a psicanálise da maternidade em pesquisas futuras, podem haver investigações como a análise dos sonhos da gestante, compreendidos como elaborações imaginativas e necessidade de acolhimento ambiental e humano para que as elaborações aconteçam e diferenciando-os de fantasias defensivas resultantes de representações mentais; a análise de dados do comportamento fetal sob a luz da teoria do amadurecimento pessoal em seus preceitos iniciais de solidão essencial, fusão indivíduo-ambiente, ilusão de contato, reatividade e espontaneidade na comunicação somática; a análise detalhada das patologias da gestação quanto à integridade somática e a capacidade de ser tanto do ponto de vista materno como fetal; a descrição detalhada da respiração após o parto e do ritmo respiratório do recém-nascido em contato com a mãe e separado dela, além de episódios de inconsciência e convulsões a partir do parto e durante a infância para analisar o trauma de nascimento e suas memórias somáticas; e também a análise das relações terapeuta-paciente em termos de cuidado e cura; entre outros temas.

As questões tratadas neste livro se direcionam para a necessidade de discutir o atendimento pessoal ao parto, nesse momento de preocupação com as estatísticas de mais de 50% de partos por cesariana no Brasil, e de fazer uma campanha pelo aumento do número de partos normais sem considerar as necessidades individuais de paciente. É preciso notar as necessidades individuais de cada paciente, ou corremos o risco de elaborar políticas para protocolos que generalizam o procedimento, considerando apenas os aspectos físicos e esquecendo-se da psicologia da gestação e do parto para fundamentar as decisões em maternidades.

As experiências do nascimento são boas e podem promover o fortalecimento do ego.
Winnicott

Bibliografia

Barretta, J. P. F. (2007). *Existência e aparelho psíquico: a crítica ontológica da psicanálise freudiana com base na analítica da existência de Martin Heidegger*. Tese de Doutorado em Psicologia Clínica, Pontifícia Universidade Católica, São Paulo.

Bellieni, C. V.; Severi, F.; Bocchi, C.; Caparelli, N.; Bagnoli, F.; Buonocore, G.; Petraglia, F. (2005) Blink-startle reflex habituation in 30-34 week low-risk fetuses. *J Perinat Med*, *33*(1), 33-37.

Borges-Osório, M. R., & Robinson, W. M. (2001). *Genética humana*. Porto Alegre: Artmed.

Campana, S. G.; Chávez, J. H.; Haas, P. (2003). Diagnóstico laboratorial do líquido amniótico. *J Bras Patol Méd Lab*, *39*, 215-218.

Caron, N. A. (2000). *A relação pais-bebê*. São Paulo: Casa do Psicólogo.

Francone, C. A., Stanley, W. J., & Walter, J. L. (1990). *Anatomia e fisiologia humana*. Rio de Janeiro: Guanabara.

Freud, S. (1996a). Três ensaios sobre a teoria da sexualidade. In S. Freud, *Obras completas de Sigmund Freud*. Rio de Janeiro: Imago.

Freud, S. (1996b). Inibições, sintomas e ansiedade. In S. Freud, *Obras completas de Sigmund Freud*. Rio de Janeiro: Imago.

Freud, S. (1999). *A interpretação dos sonhos*. Rio de Janeiro: Imago.

Fulgencio, L. (2006). Winnicott e uma psicanálise sem metapsicologia. *Livro de conferências do I Congresso Internacional de Filosofia da Psicanálise – Natureza humana*, *8*, 401-420.

Fulgencio, L. (2008). *O método especulativo em Freud*. São Paulo: Educ.

Fulgencio, L. (2011). A importância da noção de experiência no pensamento de D. W. Winnicott. *Estudos de Psicologia, 28*(1), 57-64.

Garcia, R. M. (2004). A tendência antissocial em D. W. Winnicott. Dissertação de Mestrado em Psicologia, Pontifícia Universidade Católica de São Paulo, São Paulo.

Gingras, J. L.; Mitchell, E. A.; Grattan, K. E. (2005). Fetal homologue of infant crying. *Arch Dis Child Fetal neonatal, 90*, 415-418.

Gonzalez-Gonzalez, N. L.; Suarez, M. N.; Perez-Piñero, B.; Armas, H.; Domenech, E.; Bartha, J. L. (2006). Persistence of fetal memory into neonatal life. *Acta Obstet Gynecol Scand, 85*, 1160-1164.

Groome, L. J.; Singh, K.P.; Burgard, S.L.; Neely, C.L.; Deason, M.A. (1995). Motor responsivity during habituation testing of normal human fetuses. *J Perinat Med, 23*, 159-166.

Guyton, A. C., & Hall, J. E. (2002). *Tratado de fisiologia médica*. Rio de Janeiro: Guanabara Koogan.

Heidegger, M. (1989). *Ser e tempo*. Petrópolis: Vozes.

Klein, M. (1996a). Princípios psicológicos da análise de crianças pequenas. In M. Klein, *Amor, culpa e reparação e outros trabalhos (1921-1945)*. Rio de Janeiro: Imago.

Klein, M. (1996b). Simpósio sobre análise de crianças. In M. Klein, *Amor, culpa e reparação e outros trabalhos (1921-1945)*. Rio de Janeiro: Imago.

Klein, M. (1996c). Estágios iniciais do conflito edipiano. In M. Klein, *Amor, culpa e reparação e outros trabalhos (1921-1945)*. Rio de Janeiro: Imago.

Klein, M. (1996d). A importância da formação de símbolos no desenvolvimento do ego. In M. Klein, *Amor, culpa e reparação e outros trabalhos (1921-1945)*. Rio de Janeiro: Imago.

Klein, M. (2006a). Notas sobre alguns mecanismos esquizóides. In M. Klein, *Amor, culpa e reparação e outros trabalhos (1921-1945)*. Rio de Janeiro: Imago.

Klein, M. (2006b). Sobre critérios para o término de uma psicanálise. In M. Klein, *Amor, culpa e reparação e outros trabalhos (1921-1945)*. Rio de Janeiro: Imago.

Klein, M. (2006c). As origens da transferência. In M. Klein, *Amor, culpa e reparação e outros trabalhos (1921-1945)*. Rio de Janeiro: Imago.

Klein, M. (2006d). Inveja e gratidão. In M. Klein, *Amor, culpa e reparação e outros trabalhos (1921-1945)*. Rio de Janeiro: Imago.

Langer, M. (1981). *Maternidade e sexo: estudo psicanalítico e psicossomático*. Porto Alegre: Artes Médicas.

Laplanche, J., & Pontalis, J. B. (2001). *Vocabulário da psicanálise*. São Paulo: Martins Fontes.

Lins, M. I. A. (1997) História e vida na obra de Winnicott. In A. B. Podkameni & M. A. C. Guimarães, *Winnicott: 100 anos de uma analista criativo*. Rio de Janeiro: NAU.

Loparic, Z. (1995). Winnicott e o pensamento pós-metafísico. *Psicologia USP*, *6*, 39-61.

Loparic, Z. (1999). É dizível o inconsciente? *Natureza humana*, *1*, 323-385.

Loparic, Z. (2000). O "animal humano". *Natureza humana*, *2*, 351-397.

Loparic, Z. (2001). Esboço do paradigma winnicottiano. *Cadernos de história da ciência*, série 3, v. 11, n.2, pp. 7-58. Recuperado de http://www.cle.unicamp.br/cadernos/pdf/Zeljko%20Loparic.pdf, em 12 mai. 2004.

Loparic, Z. (2005). Elementos da teoria winnicottiana da sexualidade. *Natureza humana*, *7*, 311-358

Loparic, Z. (2006). De Freud a Winnicott: aspectos de uma mudança paradigmática. *Livro de conferências do I Congresso Internacional de Filosofia da Psicanálise – Natureza humana*, *8*, 21-47.

Loparic, Z. (2007). Origem em Heidegger e Winnicott. *Natureza humana*, *9*, 243-271.

Madison, L. S.; Madison, J.K.; Adubato, S.A. (1986). Infant behavior and development in relation to fetal movement and habituation. *Child Dev*, *57*, 1475-1482.

Matheus, J.V. (2006): *Experiências clínicas com gestantes soropositivas*. Monografia de Especialização em Assistência Psicoprofilática em Medicina Fetal, Universidade Federal de São Paulo, São Paulo.

Naffah, A. (2007). A noção de *experiência* no pensamento de Winnicott como conceito diferencial na história da psicanálise. *Natureza humana*, *9*, 223-241.

Pereira, P. G. (2006). *Prematuridade: quando o bebê chega cedo demais*. Monografia de Especialização em Assistência Psicoprofilática em Medicina Fetal, Universidade Federal de São Paulo, São Paulo.

Piontelli, A. (1995). *De feto a criança*. Rio de Janeiro: Imago.

Sandman, C. A.; Wadhwa, P.; Hetrick, W.; Porto, N.; Peeke, H.V. (1997). Human fetal heart rate dishabituation between thirty and thirty-two weeks gestation. *Child Dev*, *68*, 1031-1040.

Setúbal, M.S.V.; Messias, T.S.C.; Milanez, H.; Barini, R. (2003). Interrupção legal em gestações com fetos portadores de patologias letais: aspectos epidemiológicos e emocionais. *Reprod. clim.*, *18*, 41-45.

Sherer, D. M.; Spong, C.Y.; Minior, V.K.; Salafia, C.M. (1996). Decreased amniotic fluid volume at < 32 weeks of gestation is associated with decreased fetal movements. *Am J Perinatol*, *13*, 479-482.

Sival, D. A.; Visser, G.H.; Prechtl, H.F. (1990). Does reduction of amniotic fluid affect fetal movements? *Early Hum Dev*, *23*, 233-246.

Soifer, R. (1980). *Psicologia da gravidez, parto e puerpério.* Porto Alegre: Artes Médicas.

Szejer, M. (1997). *Nove meses na vida da mulher*. São Paulo: Casa do Psicólogo.

Szejer, M. (1999). *A escuta psicanalítica de bebês em maternidade*. São Paulo: Casa do Psicólogo.

Van-Heteren, C. F. (2001). Fetal habituation to vibroacoustic stimulation in relation to fetal states and fetal heart rate parameters. *Early Hum Dev*, *61*, 135-145.

Winnicott[1], D.W. 1945c [1944]: "Alimentação do bebê". In Winnicott, D. W. *A criança e seu mundo.* Rio de Janeiro, LTC, 1982, pp. 31-6.

_____1945d: "Desenvolvimento emocional primitivo". In Winnicott, D. W. *Da pediatria à psicanálise*: obras escolhidas. Rio de Janeiro, Imago, 2000, pp. 218-232.

_____1945h: "Para um estudo objetivo da natureza humana". In Winnicott, D. W. *Pensando sobre crianças*. Porto Alegre, Artes Médicas, 1997, pp. 31-7.

_____1948b: "Pediatria e Psiquiatria". In Winnicott, D. W. *Da pediatria à psicanálise*: obras escolhidas. Rio de Janeiro, Imago, 2000, pp. 233-253.

_____1954a [1949]: "A mente e sua relação com o psicossoma". In Winnicott, D. W. *Da pediatria à psicanálise*: obras escolhidas. Rio de Janeiro, Imago, 2000, pp. 332-346.

_____1957f: "A contribuição da psicanálise à obstetrícia". In Winnicott, D. W. *A família e o desenvolvimento individual.* São Paulo, Martins Fontes, 2005, pp. 153-164; Winnicott, D. W. *Os bebês e suas mães*. São Paulo, Martins Fontes, 2006, pp. 61-72.

_____1958b [1950]: "A agressividade em relação ao desenvolvimento emocional". In Winnicott, D. W. *Da pediatria à psicanálise*: obras escolhidas. Rio de Janeiro, Imago, 2000, pp. 288-304.

_____1958d [1952]: "Ansiedade associada à insegurança". In Winnicott, D. W. *Da pediatria à psicanálise*: obras escolhidas. Rio de Janeiro, Imago, 2000, pp. 163-7.

_____1958f: "Memórias do nascimento, trauma do nascimento e ansiedade". In Winnicott, D. W. *Da pediatria à psicanálise*: obras escolhidas. Rio de Janeiro, Imago, 2000, pp. 254-276.

_____1958g [1957]: "A capacidade para estar só". In Winnicott, D. W. *The Maturational Processes and the Facilitating Environment.* London, Karnac,

[1] A bibliografia winnicottiana segue o modelo que foi compilado pelo Prof. Dr. Knud Hjulmand, do Departamento de Psicologia da Universidade de Copenhagen, publicada no volume 1, número 2, 1999, pp. 459-517, de Natureza Humana, e disponível em http://www.centrowinnicott.com.br/.

2007, pp. 29-36. Tradução brasileira: O ambiente e os processos de maturação. Porto Alegre, Artes Médicas, 1983, pp. 31-7.

_____1958n [1956]: "A preocupação materna primária". In Winnicott, D. W. *Da pediatria à psicanálise*: obras escolhidas. Rio de Janeiro, Imago, 2000, pp. 399-405.

_____1958p [1948]: "A reparação relativa à defesa organizada da mãe contra a depressão". In Winnicott, D. W. *Da pediatria à psicanálise*: obras escolhidas. Rio de Janeiro, Imago, 2000, pp. 156-162.

_____1960c: "Teoria do relacionamento paterno-infantil". In Winnicott, D. W. *The Maturational Processes and the Facilitating Environment*. London, Karnac, 2007, pp. 37-55. Tradução brasileira: O ambiente e os processos de maturação. Porto Alegre, Artes Médicas, 1983, pp. 38-54.

_____1964a: *A criança e seu mundo*. Rio de Janeiro, LTC, 1982.

_____1964c: "O recém-nascido e sua mãe". In Winnicott, D. W. *Os bebês e suas mães*. São Paulo, Martins Fontes, 2006, pp. 29-42.

_____1965: "Uma nova luz sobre o pensar infantil". In Winnicott, D. W. *Psychoanalytic Explorations* (1989a). Cambrigde, Mass.: Harvard University Press, 1989, pp. 152-57. Tradução brasileira: Explorações Psicanalíticas. Porto Alegre: Artes Médicas. 1994, pp. 119-123.

_____1965j: "Comunicação e falta de comunicação levando ao estudo de certos opostos". In Winnicott, D. W. *The Maturational Processes and the Facilitating Environment*. London, Karnac, 2007, pp. 179-192. Tradução brasileira: O ambiente e os processos de maturação. Porto Alegre, Artes Médicas, 1983, pp. 163-174.

_____1965vf [1960]: "O relacionamento inicial entre uma mãe e seu bebê". In Winnicott, D. W. *A família e o desenvolvimento individual*. São Paulo, Martins Fontes, 2005, pp. 21-27.

_____1967b: "A localização da experiência cultural". In Winnicott, D. W. *Playing and reality*. London, Tavistock, 1971. New York, Methuen, 1982, pp. 128-139. Tradução brasileira: *O brincar e a realidade*. Rio de Janeiro, Imago, 1975, pp. 133-144.

_____1968f [1967]: "A influência do desenvolvimento emocional sobre os problemas de alimentação". In Winnicott, D. W. *Pensando sobre crianças*. Porto Alegre, Artes Médicas, 1997, pp. 59-60.

_____1969b [1968]: "A amamentação como forma de comunicação". In Winnicott, D. W. *Os bebês e suas mães*. São Paulo, Martins Fontes, 2006, pp. 19-28.

_____1970b: "A experiência mãe-bebê de mutualidade". In Winnicott, D. W. *Explorações psicanalíticas*. Porto Alegre, Artes Médicas, 1994, pp. 195-202.

_____1971h: "Sonhar, fantasiar e viver: uma história que descreve uma dissociação primária". In Winnicott, D. W. *Playing and reality*. London, Tavistock, 1971. New York, Methuen, 1982, pp. 35-50. *O brincar e a realidade*. Rio de Janeiro, Imago, 1975, pp. 45-58.

_____1971k: 'Iiro' aos 9 anos e 6 meses. In *Consultas terapêuticas em psiquiatria infantil*. Rio de Janeiro, Imago, 1984, pp. 20-36.

_____1971va: "Os elementos masculino e feminino ex-cindidos encontrados em homens e mulheres". In Winnicott, D. W. A criatividade e suas origens. *O brincar e a realidade*. Rio de Janeiro: Imago, 1975, pp. 95-120; Winnicott, D. W. *Psycho-analytic Explorations*. Cambridge, Mass., Harvard University Press, 1992, pp. 168-189. Tradução brasileira: Explorações psicanalíticas. Porto Alegre, Artes Médicas, 1994, pp. 133-148.

_____1986f [1970]: "A cura". Winnicott, D. W. In *Tudo começa em casa*. Trad. Paulo Sandler. 3ª Ed. São Paulo Martins Fontes, 1999, pp. 105-114.

_____1987e [1966]: "A mãe dedicada comum". In Winnicott, D. W. *Os bebês e suas mães*. São Paulo, Martins Fontes, 2006, pp. 1-12.

_____1988: *Human Nature*. London, Free Association Books. Tradução brasileira: Natureza humana. Rio de Janeiro, Imago, 1990.

_____1989a: *Psycho-Analytic explorations*. Cambridge, Mass., Harvard University Press, 1992. Tradução brasileira: Explorações psicanalíticas. Porto Alegre, Artes Médicas, 1994. "Nota sobre o relacionamento mãe-feto", pp. 127-8.

_____1989n: "Individuação". In *Psycho-Analytic explorations*. Cambridge, Mass., Harvard University Press, 1992, pp. 284-8. Tradução brasileira: Explorações psicanalíticas. Porto Alegre, Artes Médicas, 1994, pp. 219-222

Wilheim, J. (1997). *O que é psicologia pré-natal*. São Paulo: Casa do Psicólogo.

Wilheim, J. (2003). *A caminho do nascimento*: uma ponte entre o biológico e o psíquico. São Paulo: Casa do Psicólogo.

Zimmer, E. Z.; Chao, C.R.; Guy, G.P.; Marks, F.; Fifer, W.P. (1993). Vibroacoustic stimulation evokes human fetal micturition. *Obstet Gynecol*, 81, 178-180.